Elisabeth Karamat

HONIGMANN

Elisabeth Karamat

HONIGMANN

Die wahre Liebesgeschichte einer Diplomatin
und eines spirituellen Heilers auf der Karibikinsel
St. Kitts

edition a

Die in diesem Buch geschilderten Begebenheiten haben sich tatsächlich ereignet. Die Namen der handelnden Personen wurden teilweise aus Gründen des Datenschutzes geändert.

Elisabeth Karamat: Honigmann

www.edition-a.at

Lektorat: Katharina Krones
Cover: Agata Anna Pierzchanowska (www.peperski.com)
Gestaltung: Raphaela Brandner
Druck: Theiss (www.theiss.at)

Schriften:
Moonlight Shadow von David Kerkhoff
Premiéra von Thomas Gabriel (www.typejockeys.at)

2 3 4 5 6 — 14 13 12 11

ISBN 978-3-99001-027-3

Was ist süßer als Honig und was ist stärker als ein Löwe?
(Buch der Richter 14,18; Altes Testament)

1

12. Juli 2009

Am Flughafen London Heathrow ging ich in eine Parfümerie. Ich war auf dem Weg von St. Kitts nach Wien und wollte die Zeit zwischen den Flügen nützen, um mir ein wenig Luxus für mein Leben auf der Insel zu gönnen. Strahlende Lichter und Farben, umrahmt von edlem Schwarz und Weiß, tanzten um mich herum, bis mir schwindlig wurde. Willkommen im Konsumtempel Europa!

Eine Verkäuferin in einem schwarzen Hosenanzug lächelte mich an. Sie stand am La-Mer-Stand, an dem niemand etwas kauft, weil jede der Cremen dort hundert Euro kostet.

»Kann ich Ihnen helfen?«, fragte sie freundlich.

»Ich suche einen guten Augen Khol, am besten einen wasserfesten.«

»Da wird sich doch etwas finden lassen.«

Während ich ihr folgte, heftete ich meinen Blick auf ihre schwarze Jacke, um im Lichtertrubel nicht die Orientierung zu verlieren.

»Sie können auch einen normalen Kajal nehmen, ich mache das immer so«, sagte sie.

»Nein. Ich lebe in der Karibik, in einem feuchten, heißen Klima, da hält kein normaler Kajal.«

»Na, dann brauchen Sie den von Lancôme. Die haben einen wasserfesten.«

Die Verkäuferin und ich gingen zum nächsten Stand.

»Was machen Sie in der Karibik?«, fragte sie.

»Ich lebe auf St. Kitts.«

Ihre Augen leuchteten auf.

»Wow! St. Kitts! Was genau machen Sie dort?«

»Ich arbeite in einem sozialen Landwirtschaftsprojekt mit schwierigen Jugendlichen«, sagte ich. Mein Blick flog über die Produkte. Wenn ich in Europa landete, überwältigte mich immer der Überfluss an Luxusartikeln. Es waren so viele Reize auf einmal. Lichter, Farben, Düfte. In meinem Dorf auf St. Kitts lebte ich ein einfaches Leben. Die Verkäuferin unterbrach meine Gedanken.

»Das ist ja so interessant«, sagte sie. »Erzählen Sie mehr von Ihrem Leben dort.«

Ich lachte vor Freude.

»Wo soll ich anfangen? Ich arbeite auf dem Feld in der Hitze. Das ist das beste Körpertraining.«

»Das kann ich mir vorstellen. Es muss ja wunderschön sein. Das Meer und das sonnige Klima«, schwärmte sie. Ihre Augen waren stark geschminkt, wie es sich für eine Parfümerieverkäuferin gehört. Etwas Gefühlvolles und Lebendiges lag in ihrem Blick. Unter der Schminke ragten gerötete, geschwollene Tränensäcke hervor. Vermutlich gab es zu viel Alkohol und Einsamkeit in ihrem Leben.

»Ja, es ist wunderschön. Ich bin dort das erste Mal seit Langem sehr glücklich. Ich will nie wieder weg«, sagte ich.

Sie sah mich verständnisvoll an.

»Wissen Sie, ich fahre zwei Stunden in die Arbeit und stehe den ganzen Tag hier im elektrischen Licht. Das ist doch kein Leben.« Tränen rannen über ihre Wangen.

Aufmunternd lächelte ich ihr zu.

»Das ist anstrengend. Wenn Sie mich besuchen wollen, kann ich Ihnen eine Unterkunft in unserem Dorf besorgen. Sie haben sich einen Urlaub verdient.«

Sie sah mich ungläubig an.

»Ich war schon jahrelang nicht mehr in Urlaub.«

»Dann wird es Zeit. Kommen Sie nach St. Kitts. In der Früh arbeiten wir auf dem Feld und am Nachmittag gehen wir an den Strand.«

»Das würden Sie tun?«

»Geben Sie mir einfach Ihre E-Mail-Adresse!«

Sie umarmte mich hingerissen.

»Das mach ich doch gleich.« Behutsam trocknete sie ihre Tränen und suchte in der Schublade nach einem Stift. Dabei schob sie mir unter der Hand zwei Probetiegel zu.

»Augencreme.« Sie zwinkerte.

»Danke.« Ich musste zum Gate. »Ich bin Lisuscha. Wie heißen Sie?«, fragte ich, glücklich über die Luxuscremen und darüber, dass ich etwas von meiner Freude mit dieser Frau geteilt hatte.

»Laura.«

»Laura, wir sehen uns auf St. Kitts.«

2

Zwei Jahre zuvor.

Als ich am Abend vor dem Fitnessstudio parkte, war es noch hell. Ich blickte in den bedeckten Himmel und versuchte, mich positiv auf einen kühlen Sommer in Brüssel einzustellen. Ich hatte mich zum Training überwinden müssen. Als ich die Tür öffnete, krachte es. Ein silbergrauer Lexus hielt abrupt an. Nicht auch das noch! Entnervt beugte ich mich über das Lenkrad. Wutentbrannt kam ein unglaublich gutaussehender Mann in einem taillierten Wollanzug zu meinem Fenster.

»Können Sie nicht aufpassen?« Abfällig betrachtete er meinen roten Alfa. Die Fahrertür hing nur noch an einer Schraube. Die ganze rechte Seite seines funkelnagelneuen Lexus hatte einen breiten roten Streifen abgekriegt.

»Sie müssen zu schnell um die Kurve gefahren sein«, konterte ich.

»Sie haben einfach nicht aufgepasst«, sagte er wütend.

Ein gemütlicher belgischer Polizeikommissar mit Bauch und Schnurrbart kam zur Unfallstelle. Der Fahrer des Lexus stellte sich als Kabinettsmitglied eines EU-Kommissars vor. Der Abschleppdienst nahm mein Auto mit. Mit Tränen in den Augen fuhr ich im Taxi nach Hause zu meiner Tochter Nidia.

Einige Wochen und eine sündteure Werkstättenrechnung später riss mich der ätzende Weckton meines Mobiltelefons aus dem Schlaf. Nidia duschte singend im Bad. Ich sollte ihr Frühstück machen, dachte ich, auch wenn sie es gewöhnlich ablehnte, weil sie zu spät dran war. Ich fragte mich, was Menschen fröhlich und munter aufstehen ließ und blieb im Bett liegen. Mit schwarz umrandeten Augen und ihrer khakifarbenen Regenjacke unter dem Arm huschte Nidia zu mir ins Zimmer und küsste mich auf die Wange. »Hab einen schönen Tag, Mami.« Die Tür fiel hinter ihr zu. Ich raffte mich auf und ging verschlafen zum Kleiderschrank. Arbeitsuniformen hingen da, Röcke und Jacken, klassisch, in schwarz, dunkelblau und beige. Nach der heißen Dusche parfümierte ich mich zur Belebung mit meinem Clinique-Parfüm »Happy«. Ich griff nach einem meiner hundert Seidentücher, die ich immer trug, weil ich empfindlich auf Zug reagierte. Obwohl es schon Mitte Mai war, war es noch zu finster, um die vielen Farbkombinationen meiner Lieblingsaccessoires auseinanderzuhalten. Mein Mobiltelefon läutete und ich stolperte über den Teppich zum Nachtkästchen.

»Denk an den Elternsprechtag«, sagte Nidia. Sie besuchte die Europäische Schule. Ich hatte eine Wohnung ganz in der Nähe der Schule im grünen Residenzviertel von Uccle gefunden. Mein Weg ins Büro war dadurch lang, dafür konnte sich Nidia autark zwischen Schule, Zuhause und ihren Freunden bewegen.

»Ich habe heute eine Sitzung und muss nachher den Bericht schreiben«, sagte ich. »Ich komme etwa um acht.«

»Du musst auf jeden Fall mit dem Bio-Lehrer sprechen. Der ist so blöd, echt arg der Typ.«

Nidia war das jüngste meiner drei Kinder und stand ein Jahr vor dem Abschluss. Ihre beiden älteren Brüder lebten in Deutschland und England, um dort ihre Ausbildungen zu machen. Noch ein Jahr, dann hatten alle meine Kinder die Schule hinter sich.

»Bitte kauf Katzenfutter für Gato«, sagte ich zu Nidia.

»Okay. Und du musst noch den Flug für Anfang August nach Österreich buchen wie mit Papi besprochen.«

Diese kleinen Aufträge, diese Details meines Lebens gaben mir das Gefühl, etwas Nützliches zu tun. Die Kinder fuhren in den Ferien immer zu ihrem Vater nach Österreich. Er machte teure Urlaube mit ihnen und seiner Freundin. Was würde ich machen, wenn sie weg waren? Irgendwo in die Wärme fahren, am besten mit meiner Schwester auf Kur ans Meer.

Das ferngesteuerte Garagentor rollte quietschend auf und ich fuhr mit dem neu lackierten Alfa aus der stockdunklen Garage. Die klare Stimme von Miriam Makeba klang aus den Boxen. Ich sang mit und versuchte, mich nicht vom stockenden Autoverkehr in Richtung EU-Viertel nerven zu lassen.

Im fünften Stock der österreichischen Vertretung saß Vivianne, die Telefonistin, an einem Pult gegenüber der Lifttür.

»Ein Anruf aus Wien für Sie«, rief sie mir zu.

»Danke, Vivianne! Ihr Augen-Make-up passt gut zum Pulli.«

Vor meiner Bürotür kam meine Mitarbeiterin Roxanna auf mich zu.

»Hallo Lisuscha«, sagte sie.

»Guten Morgen, Roxanna.«

Die Frauen in meinem Bekanntenkreis hatten alle ihre morgendlichen Augenschminkrituale. Während meine Augenstifte seit Langem unberührt im Keramikbecher über dem Waschbecken standen, definierten sie sich jede Früh vor dem Spiegel neu. Nidia stand auf schwarz verschmierte Augen, Viviane, die Telefonistin, mochte violetten Lidschatten und Roxanna hatte Augen wie Maria Callas. Wie die Callas war sie Griechin und hatte obendrein in ihrer Jugend Operngesang studiert.

»Der österreichische Apothekerverband verschiebt seinen Besuch um eine Stunde«, sagte Roxanna.

»Wir besprechen das nach der Sitzung, ja?«

»Guuut«, sang Roxanna mit ihrer vollen Sopran-Stimme.

In den vergangenen Jahren hatten Roxanna und ich einen gut funktionierenden Besucherdienst geführt. Jährlich organisierten wir für mehrere tausend Besucher Informationsprogramme an der Österreichischen Vertretung bei der EU. Mit ihren wallenden blondierten Haaren eilte Roxanna in ihr Büro. Während mein Computer hochfuhr, rief ich meine Kollegin in Wien zurück.

»Hallo Bea! Du hast angerufen?«

Bea und ich hatten drei Jahre zusammen in Brüssel gearbeitet. Sie war inzwischen Abteilungsleiterin im Außenministerium in Wien geworden. Wer aus Brüssel zurückkam, machte Karriere.

»Ich wollte mich nur kurz melden«, sagte Bea. »Wie hast du deinen vierzigsten Geburtstag gefeiert?«

»Gar nicht.«

»Oje. Gönn dir ein Abendessen in einem guten Brüsseler Restaurant«, sagte Bea. Sie war eine Lebensgenießerin. Solange sie in Brüssel gelebt hatte, hatte sie mich ab und zu aus meiner Selbstkasteiung herausgezogen. Neben meiner Arbeit und den Kindern hatte ich vier Jahre lang an meiner Dissertation geschrieben. Während die Kinder in den Ferien in Österreich waren, hatte ich in Brüssel meine Urlaube halb sitzend und halb liegend mit dem Laptop im Bett verbracht und meinen empfindlichen Nacken mit vielen Polstern gestützt.

»Sehen wir uns im Sommer in Österreich?«, fragte Bea.

»Eigentlich würde ich gerne in die Wärme fahren.«

»Ein Strandurlaub mit einem heißen Liebhaber wäre schon was Feines, was?«

»Ich habe eher an eine Kur mit meiner Schwester gedacht.«

Bea neckte mich gerne. Männer gab es nur vereinzelt in meinem Leben, und wenn, dann waren es kurze unspektakuläre Begegnungen, oft mit vergebenen Exemplaren. Seit meiner Scheidung vor zehn Jahren hatte ich keine längere Beziehung mehr gehabt.

Mit meiner Magnetkarte durchquerte ich die Sperre beim Eingang ins Ratsgebäude. Für den poststalinistisch wirkenden Koloss mit mehr als zweihunderttausend Quadratmetern Gesamtfläche war eine ganze Straße mit alten Häusern weggesprengt worden. Vor dem Gebäude standen Beamte und Beamtinnen in dunklen Regenmänteln mit grantigen Mienen Schlange. Sie waren für einen Tag zu Sitzungen aus ihren Hauptstädten angereist und mussten durch den strengen Sicherheitscheck. Wir, die in Brüssel stationierten Beamten, hatten die Magnetkarte, die uns das Warten ersparte.

Im Gebäude reihten sich zahllose genau gleich aussehende Konferenzräume rund um ein Sekretariat. Ein elektronischer Bildschirm zeigte an, in welchem Konferenzraum meine Lateinamerika/Karibik-Arbeitsgruppe tagte. An dem zwanzig Meter langen Tisch voller Wasserflaschen und Mikrofone nahm ich hinter dem Schild mit der Aufschrift »Österreich« Platz. Mein Blick wanderte zu den Vertretern der übrigen sechsundzwanzig Mitgliedstaaten, der Ratspräsidentschaft und der Kommission. Alle kannten einander durch die wöchentlichen Sitzungen und grüßten einander mit Kopfnicken.

»Wir haben jetzt die Eierköpfe der Generaldirektion Handel aus der Kommission unter uns, die hoffentlich Neues über das Mercosur-Abkommen haben«, sagte der junge irische Vorsitzende ins Mikrofon, nachdem er die Sitzung eröffnet hatte.

Die Angesprochenen lächelten geschmeichelt. Sitzungsdokumente raschelten. Ein Kommissionsvertreter ratterte in hartem, spanisch geprägtem Französisch die Haltung der Kommission herunter. Er wiederholte zum zehnten Mal die alte Position der Kommission zum Handelsabkommen mit Mercosur. Keine neue Information für uns. Dabei wollte die EU Fortschritte im Handel mit Brasilien und seinen Nachbarstaaten machen. Wozu waren wir eigentlich in die Sitzung gekommen? Es folgten die Wortmeldungen der Mitgliedstaaten.

Der griechische Kollege hatte ein prozedurales Anliegen.

»Ich glaube nicht mehr an den Weihnachtsmann, ich will das drin haben«, brüllte er.

Die italienische Kollegin rückte ihre in Moschino-Strickware gewickelte Oberweite zurecht, ehe sie zehn Minuten lang wohl artikuliert ihre landwirtschaftlichen Anliegen vorbrachte.

»Holla Tonta! *(Hallo Blöde!)* Wie geht es dir heute?«, textete ich aus Langweile der spanischen Kollegin.

»Tonta Tu! *(Selber blöd!)* Ich meditiere«, schrieb sie zurück.

»Finnland ist dafür, dass ...«, erklang die Roboterstimme unseres skandinavischen Kollegen. Ein Aufatmen ging durch die Runde. Der Finne brauchte für seine Position immer nur zwei Sätze.

Zu Mittag aß ich im Büro gebratene Nudeln vom Vietnamesen. Mein Nacken schmerzte vom Sitzen. Seit einem Reitunfall knapp nach meiner Scheidung plagte mich ein Bandscheibenvorfall im Hals. Ich hatte Angst vor den rituellen Links-Rechts-Küssen, die bei Empfängen manchmal recht unsanft auf die Backenknochen geknallt wurden. Höchste Zeit für eine Kur. Zwischen dem Arbeiten am Bericht hopste ich auf meinem blitzblauen Sitzball und löschte hunderte unnötige E-Mails, die am Vormittag eingegangen waren. Meine Bürostöckelschuhe hatte ich ausgezogen. Durch die Nylonstrumpfhose massierte die noppige Struktur des Teppichs meine Fußflächen. Durchhalten. Am Mittwoch war ich wieder bei Monsieur Chang, meinem chinesischen Masseur. Ich machte am Sitzball eine Brücke und konnte deshalb nicht auf das kurze Klopfen an der Tür reagieren. Joao, der portugiesische Majordomus der Ständigen Vertretung, sah auf meinen blutgefüllten Kopf hinunter.

»Madame, die Gruppe ist da. Roxanna holt sie unten ab«, sagte er, ohne eine Miene zu verziehen.

»Danke, Joao.« Stöhnend zog ich mich hoch und schlüpfte in meine Pumps.

Am späten Nachmittag des Freitags, als ich eigentlich schon nach Hause gehen wollte, rief mich mein Chef, der Botschafter, zu sich. Die ganze Woche über hatte ich nichts von ihm gehört oder gesehen.

»Dein Bericht ist eine Frechheit«, sagte er. »Du nimmst das alles ein wenig zu locker.«

»Der Bericht gibt wieder, was gesagt wurde. Die Sitzung war leider nicht produktiver.«

»Ich will einen kurzen, prägnanten Bericht, keine Dissertation.« Lauernd beobachtete er meine Reaktion.

»Na gut, ich schreib ihn um«, sagte ich.

»Der Bericht muss noch heute raus.« Er zog theatralisch eine Augenbraue hoch.

Niemand in Wien würde den Bericht heute noch lesen. Das wusste ich.

»Ich bin hart zu meinen Mitarbeitern. Aber du hast dir Brüssel selbst ausgesucht«, sagte er. Weich wie eine Riesenleberwurst lehnte er sich in seinem schwarzen ergonomischen Ledersessel zurück.

»Positive Motivation tut immer gut«, antwortete ich sarkastisch. Sechs Jahre lang hörte ich mir seine emotionsgeladene Kritik nun schon an. Viel Wut hatte ich in dieser Zeit in mich hineingeschluckt. Unsere Zusammenarbeit war von Anfang an unter keinem guten Stern gestanden. Bei einer unserer ersten Begegnungen in seinem Büro hatte er mir gepredigt, dass ich mehr Informationsmaterial lesen solle und sich lässig in seinem Ledersessel gedreht, um mir den Papierstoß hinter seinem Schreibtisch zu zeigen. Radabum! Er war vom Sessel und auf seinen Hintern gefallen. Die Beine angezogen hatte er am Boden gesessen und zu mir heraufgesehen. Ich hatte nicht gewusst, wohin ich schauen sollte, um ihm die Demütigung zu ersparen. »Der Botschafter sollte angeschnallt sitzen«, hatte Bea gescherzt.

Nidia musste ich absagen. Ich hatte zu ihrer Probe für ein Konzert von Nachwuchspianisten gehen wollen, bei dem sie nächste Woche im Brüsseler Konzerthaus spielen würde. Nun schrieb ich den Bericht um und kam erst spät am Abend nach Hause. Nidia war mit einer Freundin zu einem Clubbing gegangen. Mit Kopfhörern lag ich im Bett. Gato, unser Siamkater, lag zu meinen Füßen. Flach am Rücken liegend, die Handflächen zum Himmel gerichtet, gönnte ich mir eine lebensbejahende Meditation. Irgendjemand musste mir gut zureden, und wenn es nur die sonore Stimme von Louise Hay aus meinen Kopfhörern war. Süßer Schlaf überkam mich.

Am Montag schlug Helen, meine karibische Kollegin aus St. Kitts, ein Abendessen mit unseren Töchtern vor. Wir hatten uns vor einigen Jahren bei einer Sitzung kennengelernt. Helen war eine zierliche Frau, die ihre kurzen schwarzen Locken mit Gel stylte. Über den Verhandlungstisch hinweg hatten wir uns zugelächelt. Unsere Schicksale ähnelten einander. Wir wohnten im selben Viertel, waren beide geschieden und Helens Töchter Miranda und Sharida besuchten die gleiche Schule wie Nidia.

Die Woche wurde hart. Roxanna war in Hamburg. Vor einem halben Jahr hatte sie mit einer ganzheitlichen Psychotherapie-Ausbildung begonnen, für die sie berufsbegleitend Kurse besuchte. Ich musste mich ohnehin an ihre Abwesenheit gewöhnen. Vor Kurzem hatte sie mir zu meiner Bestürzung gestanden, dass sie nächstes Jahr an die Österreichische Botschaft nach Athen versetzt werden würde. Es war ihr eigener Wunsch, denn sie wollte in der Nähe ihrer Kinder sein, die beide in Griechenland studierten. Ich würde meine Freundin, Beraterin und engste Vertraute verlieren.

Am Freitag ging ich zum ersten Mal seit der Kollision mit dem Lexus wieder in das kleine Fitnessstudio des Hotels Darcon. In letzter Zeit trainierte ich seltener, weil es mich ermüdete und ich tags darauf kaum aus dem Bett kam. Trotzdem nahm ich stetig ab. Heute reichte meine Motivation gerade noch für eine kurze Einheit, nach der ich mich in die Sauna legte. Mit einer Handtuchrolle stützte ich meinen Nacken und streckte mich auf den brennheißen Brettern aus. Als ich die Augen schloss, flimmerte und rauschte es in meinem Kopf. Mein Körper entspannte sich in der Hitze und ich atmete regelmäßig. Was würde ich mit meinem Leben machen, wenn Nidia mit der Schule fertig war? Mein Exmann würde bald seine langjährige Freundin heiraten. Nach der Scheidung hatte ich gedacht, dass auch ich wieder eine Liebe finden würde. Aber dem war nicht so gewesen. Ich war allein und hatte keine Ziele. Wie ein Reptil konnte ich stundenlang in der Sauna liegen. Doch das war nicht besonders gesund. So konnte es nicht weitergehen. Ich wusste nicht, wie ich aus diesem dunklen Tunnel herauskommen konnte. Dennoch spürte ich, dass die Zukunft Besseres für mich bereithielt.

Bei unserem Abendessen erzählte ich Helen, dass ich im Sommer in Brüssel bleiben würde. Meine Schwester war von unserem Kururlaub abgesprungen. Das fand ich nicht so schlimm. Ich würde Geld sparen und meine Dissertation für eine Veröffentlichung bearbeiten.

»Warum kommst du nicht mit mir nach St. Kitts?«, fragte Helen. Sie hatte Lasagne und Salat gemacht, das Lieblingsessen ihrer Töchter, und servierte uns einen Rioja dazu.

Ich habe einfach zu viel zu tun, dachte ich und reagierte nicht. Nidia räumte mit den Mädchen schnell ab, damit sie sich zu dritt einen heruntergeladenen Film auf Mirandas Laptop ansehen konnten. Helen schenkte mir Rotwein nach.

»Es ist wunderschön dort. Du kannst bei mir im Gästeapartment wohnen«, sagte sie. »Nur meine Töchter und ich sind im Haus. Komm doch einfach mit.«

Ich zögerte.

»Ich fliege nächste Woche. Wenn dir das zu knapp wird, komm einfach nach«, sagte Helen. »Es gibt eine gute Verbindung über London oder Paris.«

Zu Hause gab ich in der Nacht noch »St. Kitts« in Google ein. Durch meine berufliche Beschäftigung mit Lateinamerika und der Karibik wusste ich ein wenig über die Politik und die Wirtschaft der Region Bescheid. Wunderschön war die Insel auf den Bildern, die ich im Internet fand.

3

Aus dem kleinen Fenster des Flugzeugs sah ich auf die untergehende Sonne.

»Gut, dass wir so niedrig fliegen«, sagte ein Inder neben mir. »Wenn wir abstürzen, schwimmen wir einfach bis zur nächsten Insel.« Nervös spielte er mit seinen pummeligen, behaarten Händen.

Ich war über Paris nach St. Martin geflogen und hatte auf der holländisch-französischen Karibikinsel mehrere Stunden auf die kleine Propellermaschine gewartet. Nun flogen wir an den Inseln St. Barth und Statia im karibischen Meer vorbei. Nach fünfzehn Minuten steuerte die alte De Havilland mit ihren zwanzig Passagieren St. Kitts an. Der Inder nickte mir zu, als wollte er mir vor der Landung Mut machen.

Nach der Passkontrolle im klimatisierten Flughafengebäude umarmte mich draußen die warme Meeresluft. Zwischen dem Geruch nach Gepäck und Kerosin erriet ich eine Note von verbranntem Zuckerrohr. Das Meer war beinahe in Reichweite und Kokospalmen wiegten sich in der Brise. Ich atmete tief durch und schüttelte meine Beine, um das taube Gefühl vom Transatlantikflug loszuwerden. Drei Filme hatte ich angesehen und keine Sekunde geschlafen.

Es herrschte reges Treiben auf dem kleinen Flughafen. Taxis und kleine Busse holten Touristen ab. Familien warteten auf ihre Angehörigen.

»Willkommen auf unserer schönen Insel«, sagte ein Faxifahrer in karibischem Englisch. »Ich hoffe, du hast einen guten Flug gehabt, Darling.« Freundlich und schroff zugleich packte er meinen Koffer.

»Wo musst du hin?«

Es war schon finster, als er mich an Helens Adresse absetzte. Sie wohnte am Stadtrand von Basseterre, der Hauptstadt von St. Kitts. Jauchzend vor Freude eilte sie mir aus dem hell beleuchteten Haus entgegen.

»Wie schön es hier ist«, sagte ich und drückte sie fest an mich. »Ich bin so froh, hier zu sein.«

»Mach dich frisch und dann führe ich dich zu Alfredos aus«, sagte sie. »Ein kleines Restaurant auf der anderen Seite von Basseterre. Aber es ist nicht weit, die Stadt ist winzig.«

Helen trug entschlossen mein Gepäck hinein. Ich blieb vor dem Haus stehen. Das Zirpen der Grillen durchdrang die warme Luft. Ganz in der Nähe entdeckte ich eine alte Zuckermühle in der Dunkelheit. In der Ferne leuchtete der Hafen von Basseterre. Ein Kreuzfahrtschiff lag dort vor Anker. Es war so mächtig, dass es die ganze Stadt samt ihrem Kirchturm bei Weitem überragte. Ich blickte auf das vom Mond beschienene Meer.

»Los jetzt«, drängte Helen. »Du bist müde vom Flug, aber du musst etwas essen.« Wir nahmen den alten weißen Toyota, den sich Helen für den Urlaub von ihrer Tante geliehen hatte.

Helen bestellte für uns beide gedämpften Roten Snapper mit Maismehlbrei.

»Danke Darling«, sagte sie der Wirtin zuzwinkernd, die uns zum Essen Ingwersaft servierte.

Helens Mutter war vor einem halben Jahr gestorben. Es war Helens traurige Aufgabe in diesem Heimaturlaub, das Haus auszuräumen. Trotzdem war sie guter Dinge.

»Ich male das Haus hellgelb an«, sagte Helen. »Im Garten ist auch viel zu tun. Er war Mom so wichtig.« Miranda und Sharida hatte sie für ein paar Tage zu ihrem Vater nach Nevis geschickt. Die beiden Inseln Nevis und St. Kitts bildeten miteinander einen Staat.

Übermüdet vom Flug beugte ich mich über den Fisch. Der Maismehlbrei war eine Art feine Polenta, die im Saft des Fisches lag. Still und genüsslich verzehrten wir unser Abendessen. Helen sorgte dafür, dass wir bald wieder nach Hause fuhren. Bevor ich mich ins Bett fallen ließ, untersuchte ich das Schlafzimmer und das Badezimmer auf Ungeziefer. Betäubt vom Duft des Jasminstrauchs neben meinem Fenster blendete ich die ungewohnte Umgebung aus und schlief ein.

Am Morgen kam ich mit dröhnendem Kopf auf die Veranda, von der aus ich das Meer sehen konnte. Es war erst acht Uhr, doch die Hitze breitete sich schon aus. Helen stellte Kaffee, Toast und aufgeschnittene Mango und Papaya auf den Frühstücktisch. Ich wollte möglichst schnell an den Strand.

»In einem halben Jahr ist für mich in Brüssel wahrscheinlich Schluss«, sagte Helen. »Mein Außenministerium will mich zurück auf St. Kitts haben.« Sie rückte weiße gusseiserne Sessel zum gedeckten Tisch.

»Dann werden wir uns bald nicht mehr sehen?«

»Unsinn«, sagte sie, während sie mir Frischkäse und Orangenmarmelade reichte. »Du weißt ja jetzt, wo ich bin. Du bist auf St. Kitts immer willkommen.«

Ihr Aufenthalt in Brüssel dauerte schon länger als ursprünglich geplant. Sie war geblieben, um ihren Töchtern den häufigen Schulwechsel zu ersparen. Aus dem gleichen Grund war auch ich nicht nach drei Jahren an eine andere Botschaft weitergezogen. Ich hatte das schwierige Verhältnis zu meinem Chef in Kauf genommen, weil Brüssel meinen Kindern guttat. Während ich Helens appetitliches Frühstück genoss, erwachten meine Sinne.

»Vielleicht arbeite ich in Zukunft nicht mehr fürs Außenministerium«, sagte sie und verschlang die letzten Papayascheiben. Sie erzählte, dass sie von einem eigenen Immobilienprojekt träumte.

Ihre Augen leuchteten vor Tatendrang. Ihr Haus stand auf einem weitläufigen Grundstück, das bis zum Meer reichte. Sie wollte dort Häuser bauen, um sie zu vermieten oder zu verkaufen. Schon ihr Vater hatte Immobiliengeschäfte gemacht. Damals, als es noch kaum Infrastruktur auf der Insel gab, war er damit vermögend geworden.

»Das ist ja so aufregend«, sagte ich. Ich fand es mutig von Helen, dass sie die Sicherheit ihres Jobs aufgeben wollte.

Helen war nicht in Ferienstimmung. Sie blieb zu Hause, um auszumisten. Ich verbrachte die Tage allein am South-Friars-Strand auf der südöstlichen Halbinsel, joggte ein paar Mal im Sand, korrigierte mein Manuskript und schwamm so oft wie möglich im Meer. An den Abenden war ich meist mit Helen unterwegs. Sie nahm mich mit zu ihren Freunden und gewährte mir Einblicke in das Leben der Menschen dieser Insel, die mir zunehmend gefiel.

Einmal arbeitete ich am Strand unter einem Schirm an meinem Manuskript, als mir eine Gruppe von Kindern auffiel. Sie unterhielten sich laut in einer mir unverständlichen Sprache. Ein Engländer mit längeren schneeweißen Haaren und zwei ältere Frauen begleiteten sie. Der Engländer gab den Kindern Anweisungen, während sie kreischend an seinen Armen zogen. Mit einer Taucherbrille und Flossen watschelte der alte Mann in einer engen altmodischen Badehose ins Meer und tauchte wie ein Walross unter. Die Kinder schrien vor Freude und tollten im Wasser auf ihm herum. Die zwei Frauen lagen auf ihren Handtüchern und ließen sich die Sonne auf ihre blasse Haut scheinen.

Als der Mann und die Kinder vergnügt aus dem Meer kamen, legte ich mein Manuskript zur Seite und gesellte mich zu ihnen. Wir kamen sofort ins Gespräch. Der Mann war anglikanischer Priester in St. Pauls, einem entlegenen Dorf am westlichen Ende der Insel. Er hieß Hugh Fowler und machte mit den Dorfkindern regelmäßig Strandausflüge.

Pater Fowler erzählte mir von einem Landwirtschaftsprojekt, das die anglikanische Kirche in St. Pauls betrieb. Seine amerikanische Frau Margareta unterhielt sich inzwischen mit ihrer Freundin, die zu Besuch aus Boston gekommen war. Sie besprachen eine Opernsendung, die Margareta für den lokalen Radiosender vorbereitete.

Der Nachmittag neigte sich seinem Ende zu und die Sandflöhe wurden zu einer beißenden Plage. Rasch packten wir unsere Sachen und verließen den Strand. Pater Fowler nahm mich in seinem Bus voller Kinder mit. Wir fuhren über die Hügel der steppigen Halbinsel nach Westen. Vorne sitzend hörte ich die beiden Frauen hinten im Bus noch immer die geplante Musiksendung erörtern. Nikita, eine der Jugendlichen, lehnte für mein Gefühl etwas zu nahe an dem Pfarrer mit den durchgewehten weißen Haaren. Der streckte einen Arm aus dem fahrenden Bus, als würde er fliegen.

Der Pater lud mich ein, noch vor meiner Abfahrt an einer Messe in St. Pauls teilzunehmen. Helen, die Zwillinge und ich fuhren gemeinsam hin. Pater Fowler gab in einer abgetragenen weißen Kutte und in Lederschlapfen das klassische Bild eines Missionars ab. Margareta spielte in einer gestärkten weißen Leinenbluse und mit ernstem Gesicht die kleine Kirchenorgel. Die hohen Fensterläden der Kirche standen offen und unzählige Ventilatoren surrten leise. Die rund zweihundert Jahre alte Kirche war aus Stein gebaut. Vor einigen Jahren hatte sie einen gelben Anstrich erhalten. Ihr Inneres war bescheiden und renovierungsbedürftig, aber hell und luftig.

Die Messe war gut besucht. Helen und ihre Mädchen fanden einige Reihen vor mir Plätze. Lebhaft sangen alle die Lieder mit. Die Kinder schüttelten die Tamburine und trommelten rhythmisch mit den Fingern darauf. Mein Blick wanderte zu den sonnendurchfluteten Zuckerrohrfeldern und zu dem mit Regenwald bedeckten Vulkan im Landesinneren. Auf der anderen Seite der Kirche erstreckte sich das Meer rund um die Nachbarinsel Statia.

Ein Brummen lenkte die Aufmerksamkeit der Kirchenbesucher nach oben. Unter dem hölzernen Deckengewölbe schwirrten Bienen.

»Die Bienen werden zu einer Plage«, sagte Pater Fowler. Er ersuchte um Spenden. »Wir brauchen vierhundert EC-Dollar, um den Honigmann mit der Entfernung des Bienennests beauftragen zu können.« Bedrohlich hallte das Echo des Summens von der hohen Decke herunter. »Wir wollen nicht, dass ein Kind gestochen wird«, sagte Pater Fowler.

Helens Mädchen rückten verschreckt zusammen.

»Eine bescheidene, aber intensive Messe«, sagte Helen, als wir aus der Kirche kamen und über den Pfarrgrund gingen. Dattel- und Kokospalmen umgaben das Grundstück, auf dem Hühner herumliefen und Schafe weideten. Violette, weiße und korallenfarbene Bougainvillea wuchsen hoch über den Zaun hinaus. Pater Fowler kam in den Garten nach, sobald er sich von den Kirchgängern verabschiedet und sein Messgewand abgelegt hatte. Helen, Miranda und Sharida standen im Obstgarten unter einem Baum. Die drei telefonierten angeregt mit dem Vater der Mädchen in Nevis. Vor ihrer Rückkehr nach Brüssel sollten sie ihn noch einmal besuchen.

»Bitte denk daran, den Honigmann anzurufen«, sagte Margareta zu ihrem Mann und stellte ein Tablett auf einen wackligen kleinen Tisch. Zittrig und durstig von der Messe und der Hitze spähte ich auf die eisgekühlten rosa Getränke. »Es wird ein Erlebnis, wenn der Honigmann kommt«, sagte Margareta. »Lisuscha, das solltest du sehen.«

»Ja?« Ich wunderte mich, warum sie mit dem Austeilen der Getränke so lange wartete. Mir schwindelte bereits vor Durst.

»Schon seine Erscheinung ist beeindruckend«, sagte Margareta. »Er ist ein Rasta mit nur einem Bein. Unglaublich, wie er trotzdem ganz locker auf die Leiter klettert. Und dann, wie er mit den Bienen umgeht! Er arbeitet ohne Schutzbekleidung.«

»Ohne Schutz? Wie hält er sich die Bienen vom Leib?«

»Gar nicht. Sie sind überall auf ihm und er spricht zu ihnen«, sagte sie.

»Wie bitte?«

»Ja, er spricht zu ihnen«, schwärmte die Pfarrersfrau. »Wahrhaftig ein Bienenflüsterer.«

Dankbar fasste ich nach dem Glas, das sie mir endlich reichte, und nahm einen großen Schluck vom frischen Fruchtsaft.

»Ja, ja, es gibt begabte Leute hier auf der Insel«, sagte der Pater.

»Das schmeckt köstlich«, schwärmte ich. »Wie Ananas, nur raffinierter.«

»Das ist ja ein knalliges Getränk«, sagte Miranda, als die drei zu uns zurückkehrten. »So etwas gibt es doch gar nicht.« Sie hielt ihr Glas mit der rosaroten dicken Flüssigkeit gegen das Licht.

»Das ist Sauersacksaft«, sagte Pater Fowler. »Das Rot kommt vom Granatapfelsirup, den Margareta gerne dazumischt.«

»Er gibt dem Drink einen Kick«, sagte Margareta zwinkernd.

»Die Früchte kommen von diesem Baum«, sagte Pater Fowler und zeigte in den Obstgarten. Einige Früchte ragten aus dem dichten Laub.

»Sieht aus wie eine Dinosaurierfrucht«, rief Sharida.

Vorsichtig betastete ich die grüne ledrige Haut und die vielen weichen Stacheln der Frucht.

»Sauersack ist sehr gesund. Soll auch gut gegen Krebs sein«, sagte Margareta.

Während ich den aromatischen Saft viel zu schnell austrank, erklärte mir der Pater das kirchliche Landwirtschaftsprojekt genauer. Bis 2005 war die Insel eine einzige Zuckerrohrkultur gewesen. Die Regierung wünschte sich nun mehr Vielfalt in der Landwirtschaft. Die Kirche sollte dieses Vorhaben auf ihrem Grund unterstützen und Obst und Gemüse anbauen. Besonders weit gediehen kann der Plan der Regierung nicht sein, dachte ich. Um den Pfarrgrund lagen brache Felder, auf denen weiter Zuckerrohr wuchs.

»Das Grundstück der Kirche ist sehr groß. Es gibt viel zu tun hier«, sagte Pater Fowler. »Wir werden einen Projektkoordinator brauchen.«

Quietschend lachten Helens Mädchen, während sie an den Zweigen einer mächtigen Tamarinde zogen, um die herunterrieselnden Schoten aufzuheben.

Der Pater ging mit uns zu einem etwas abseits vom Pfarrhaus und der Kirche gelegenen ehemaligen Schulhaus. Bevor St. Kitts unabhängig und die Bildung staatlich geworden war, hatte die Kirche hier eine Grundschule betrieben. Zehn Jahre zuvor hatte ein Hurrikan das hölzerne Gebäude im alten Kolonialstil schwer beschädigt. Mit Unterstützung ausländischer Sponsoren hatte Pater Fowler das Haus aus Pechkiefer neu errichten lassen. Es sollte ein Gästehaus werden, das der wirtschaftlich schwachen Pfarre ein Einkommen bringen sollte.

»Es ist wunderschön hier«, sagte ich.

Die Sonne ließ Polster gelber Dschungelglocken entlang des Obstgartens leuchten. Die Bienen umschwärmten rosa blühende Schlingpflanzen, die sich entlang der Friedhofsmauer rankten.

»Kommen Sie doch wieder«, sagte der Pater zum Abschied. »Wir finden sicher eine nützliche Tätigkeit für Sie. Wir teilen unsere Gäste immer zum Arbeiten ein.«

Helen, Miranda, Sharida und ich fuhren zum Shipwreck-Strand auf der südöstlichen Halbinsel.

»Seht doch«, rief Miranda, als Helen neben einer Strandbar parkte. Ein paar kleine Affen beobachteten uns neugierig von einem Hügel aus. Wir gingen an der rustikalen Shipwreck-Bar vorbei und stiegen die Stufen zum Strand hinunter. Der Besitzer der Bar hatte am Strand Sonnenschirme aus Palmzweigen aufgestellt. Der Strand war nach einem Piratenschiff benannt, das in der Bucht gesunken war und kundige Tiefseetaucher anlockte. Hungrig von der langen Messe in St. Pauls ließen wir uns auf den Liegestühlen nieder und bestellten Cheeseburger. Die Mittagssonne ließ das ruhige karibische Meer grün und türkis leuchten. Der Himmel war so klar, dass die Insel Nevis zum Greifen nahe schien.

In der Ferne vernahm ich dumpfe Laute. Hufgetrommel näherte sich. Ein junger Rasta ritt quer über den Strand und führte zwei Pferde neben sich her. Abseits der Badegäste glitt er vom Pferd und ging mit den Tieren ins Wasser. Ich machte mich auf, um die Szene mit meinem Blackberry festzuhalten. Von Weitem winkte und lächelte mir der Rasta zu.

»Darf ich dich mit den Pferden im Wasser fotografieren?«, fragte ich.

»Na klar.« Er sprang wieder auf eins der Pferde und posierte mit seinem jugendlichen muskulösen Oberkörper.

»Jetzt du«, sagte er.

»Ich?«

»Steig auf. Ich mache ein Foto von dir.«

»Ich bin schon lang nicht mehr geritten. Ich hatte einen Unfall.«

»Wir sind im Wasser. Es kann dir nichts geschehen.«

Mit seiner Hilfe schwang ich mich auf das Pferd, dem das Wasser bis zum Bauch reichte. Leise sprach ich zu dem schnaufenden Wallachen, der vom Galopp in der Hitze noch dampfte. Dabei streichelte ich das rotbraune Fell an seinem Nacken.

»Auf einmal keinen Hunger mehr?«, scherzten Helens Mädchen.

Ich setzte mich zu ihnen, um ihnen die Aufnahmen auf dem Blackberry zu zeigen.

»Da kommen die Hormone in Schwung«, sagte ich lachend.

»Die musst du auf Facebook posten«, meinten Miranda und Sharida.

»Das wäre was«, sagte ich. »Ich als Brüsseler Diplomatin halbnackt auf einem Pferd.«

»Du trägst einen Bikini und das ist die Karibik.«

»Es ist wie im Paradies hier«, sagte ich. Mir lachte das Herz.

Als wir zum Toyota zurückgingen, sprang eine Schar Affen ins Gebüsch. Sie hatten Bananen gefressen, die ihnen der Barbesitzer hingelegt hatte. Auf dem Heimweg flatterten meine Haare im Fahrtwind. Die Sonne sank bereits. Das Meer um die kleine vulkanische Insel schimmerte silbern. Ein düsteres Gefühl überkam mich, denn mein Abflug stand bevor. In zwei Tagen würde mich Helen zum Flughafen bringen. Bald würde ich wieder morgens bis abends in meinem Büro mit dem synthetischen Teppich eingesperrt sein. Tief atmete ich die frische Luft ein.

In Basseterre brachte Helen die Mädchen zur Fähre nach Nevis, wo ihr Vater sie abholen würde. Ich beobachtete den Rummel an der Anlegestelle, die gleichzeitig ein Busterminal war. Menschen strömten von der Fähre, und Busse hupten, um Passagiere anzulocken. Am Beifahrersitz des Toyotas wippte ich zu Reggaeklängen, die aus einer der unzähligen Bretterbuden kamen. Helen plauderte mit einem Barmann. Der Abend brach an und die Männer versammelten sich an den Bars.

Ein großgewachsener Rasta mit nur einem Bein stand kerzengerade unter dem Vordach einer Bude und sah seelenruhig quer über den Platz zu mir herüber. Aus der Ferne sah ich sein Gesicht mit den hohen Backenknochen nur undeutlich. Sein ergrauter Bart verlieh ihm Würde. Helen öffnete die Autotür.

»Nichts ist schöner, als Zuhause zu sein«, sagte sie.

»Wer ist dieser Mann mit einem Bein?« Ich zeigte auf die gegenüberliegende Seite des Terminals.

Helen verstaute einen Sack mit gekühlter Limonade auf der Rückbank.

»Keine Ahnung«, sagte sie.

»Ist das der Honigmann?«

Die Aufmerksamkeit des mysteriösen Mannes galt noch immer allein mir. Er ließ sich von dem quirligen Lärm auf dem Platz kein bisschen stören. Seine edlen Züge zogen mich in seinen Bann.

Helen startete den Wagen.

»Der einbeinige Rasta dort, ist das der Honigmann?«, rief sie dem Barmann zu, mit dem sie gerade geplaudert hatte.

»Ja, Sweetie. Aber pass auf. Der macht auch Obeah.«

Was ist Obeah, dachte ich. Das Gesicht des Honigmannes löste sich in der Dämmerung auf.

Zu Hause fühlte ich mich schwach. Zu viel Hitze und zu wenig Flüssigkeit, dachte ich und legte mich hin. Zwanzig Minuten später stand Helen in einem schulterfreien Leinenkleid in meinem Zimmer. Sie duftete nach Samsara.

»Auf mit dir, meine Süße! Wir gehen abendessen bei Shigidy Shack am Strand von Frigate Bay«, sagte sie. »Nachher gibt es dort ein großes Lagerfeuer. Michael, ein Jugendfreund von mir, kommt auch.« Sie drängte mich, mich herzurichten.

»Gib mir zehn Minuten.«

Helen und Michael bestellten Languste, ich entschied mich für Fisch. Die beiden schimpften, dass der Strand mit Bretterbuden verbaut worden war.

»Alles wegen der Cricket-Weltmeisterschaft im vergangenen Jahr«, sagte Michael.

Er war ein großer, schlanker Kittitian und verhielt sich höflich distanziert. Er war Elektroingenieur und sein Lieblingsthema waren Windräder und Solaranlagen für St. Kitts. Im Moment versorgten Dieselgeneratoren die Insel mit Strom. Das hatte wegen der hohen Kosten und der Abgase keine Zukunft. Ich war ein wenig stolz zu hören, dass sich österreichische Solarfirmen in der Karibik engagierten.

Nach dem Abendessen wollten Helen und Michael zu den Strandbars von Frigate Bay, über deren Bretterbuden sie eben noch geschimpft hatten. Viele amerikanische Studenten waren dort. Manche Bars spielten alten Reggae für die Expats, wie die hier lebenden und meist wohlhabenderen Ausländer genannt wurden. Für die Einheimischen gab es atemberaubend schnellen Calypso.

Während Helen und Michael Cocktails bestellten, flüchtete ich vor dem Trubel zu dem Lagerfeuer am Meer. Die Nacht war angenehm warm. Ich nahm einen der Liegestühle, die in der Dunkelheit standen, und rückte ihn näher zum Feuer. Weich und locker fühlte sich mein Nacken in diesem subtropischen Klima an. Meine Kinder waren mit ihrem Vater in Griechenland auf Urlaub. Es geht ihnen sicher gut, dachte ich. Als ich wie in Trance ins Feuer starrte, fühlte ich Wohlbehagen.

Michael brachte mir von der Bar einen Becher Fruchtpunsch und setzte sich zu mir.

»Alles okay?«, fragte er.

»Mehr als okay, danke.« Ohne das Feuer aus den Augen zu lassen, stellte ich den Becher in den Sand.

Michael erzählte mir, dass er in Kuba studiert hatte und dass er Vater von zwei Kindern war. Im flackernden Schein der Flammen erkannte ich die Umrisse seines Gesichts und seine breiten Schultern. Er war ein anziehender Mann. Kurz sahen wir uns in die Augen. Er klagte über seine unglückliche Ehe. Jemand warf Holz ins Feuer. Es krachte und die Flammen gewannen wieder meine Aufmerksamkeit.

»Michael, was ist Obeah?«, fragte ich.

»Aha, du lernst unsere Insel näher kennen«, sagte er.

»Ist das ein Kult wie Voodoo? Mit schwarzer Magie und Opferdarbringungen?«

»Es lässt sich vergleichen. Voodoo gibt es in Haiti. Es gibt unterschiedliche Kultformen in der Karibik. Es hängt davon ab, von wo genau aus Afrika die Millionen Sklaven gekommen sind. Sie haben diese Kulte mitgebracht und in der Karibik weiterentwickelt. Manche sagen, Obeah kommt von den Ashanti oder den Igbo.«

»Woher kamen die Sklaven auf St. Kitts?«

»Ganz gemischt. St. Kitts war eine Sammelstelle, von der aus die Engländer die Sklaven auf andere Inseln verkauften.«

Das Feuer loderte auf, als ein Mann eine Holzkiste hineinwarf.

»Schrecklich, aber auch faszinierend«, sagte ich, ohne mich von der Hitze abzuwenden.

»Oh ja, viel Geschichte«, sagte er. »Aber halte dich lieber fern von diesen Dingen.« Er lachte etwas zu laut.

Trotz des Lagerfeuers strich eine kühle Brise über meine Haut und ich wickelte mich in mein Pashminatuch.

»Am liebsten würde ich hier bleiben«, sagte ich, mich sanft hin und her wiegend.

»Es ist schön hier. Aber mit der Zeit würdest du auch andere Seiten der Insel kennenlernen«, sagte Michael. »Ich brauche bei meinen Energieprojekten ungeheure Geduld.« Er wollte zurück zu Helen an die Bar und stand leise stöhnend auf.

»Und doch machst du weiter hier«, sagte ich.

»Wer weiß, vielleicht ziehst du eines Tages nach St. Kitts. Leute wie du sind herzlich willkommen.«

Ich blickte vom Feuer auf.

»Danke, dass du das sagst.«

4

Als das Flugzeug abhob, weinte ich bitterlich. Es war, als ob ich das Hochgefühl auf St. Kitts zurückließ und wieder in mein Schmerzgefängnis der vergangenen Jahre zurückkehrte. In der kalten Kabine der Air-France-Maschine zog ich mir mein wollenes Pashminatuch über das Gesicht, damit ich ungestört und unkontrolliert schluchzen konnte, während die mächtige Boeing den Atlantik in Richtung Europa überquerte. Meine jahrelang aufgestaute Traurigkeit quoll aus mir heraus. Merkte niemand in Europa, dass der ganze Kontinent von einem grauen Schleier bedeckt war? Erkannten Meteorologen und Psychologen nicht, dass diese Halbfinsternis der Grund für die Härte und Kälte in so vielen Menschen war? Es war doch offensichtlich. Man musste nur aus den Tropen oder Subtropen nach Europa zurückfliegen und vor der Landung aus dem Fenster sehen. Das Flugzeug flog von den sonnigen Himmelshöhen durch eine trübe Glocke, die über Europa hing. Die Sonne schien zwar durch, doch es wurde kurz vor der Landung im Flugzeug dunkler. Auf St. Kitts war es sonnig wie über den Wolken gewesen.

In Brüssel war ich in Gedanken ununterbrochen auf St. Kitts. Noch im Jetlag rief ich Helen an, um ihr zu sagen, dass ich gut angekommen sei. In knapp einer Woche würde sie zurückfliegen. Während ich mich vom schmerzhaften Abschied erholte, erkannte ich die einschneidende Dimension des Erlebnisses. Diese Insel, auf der ich mich zwei Wochen wohl gefühlt hatte, gab mir zum ersten Mal seit Langem wieder Hoffnung. Nur wusste ich noch nicht, wie ich damit umgehen sollte.

Roxanna machte mir Mut. Sie erklärte mir, dass unsere Träume und Hoffnungen genau so wichtig sind wie unsere sogenannte Realität. Wir gestalten damit unsere Zukunft.

Während meiner Abwesenheit hatte sie eine Meinungsverschiedenheit mit einer Gruppe niederösterreichischer Bürgermeister gehabt, bei der sich unser Chef, der Botschafter, loyal hinter sie gestellt hatte. Er hatte auch charmante Seiten, nur bekam ich sie nie zu sehen. Zum ersten Mal überlegte ich, ob das auch an mir lag. Auf St. Kitts war ich ein anderer Mensch gewesen, fröhlich und offen. Jetzt fragte ich mich, wie ich in all den Jahren davor auf Menschen gewirkt hatte.

Am Abend rief ich Pater Fowler an. In meinem ausgewaschenen Plüschschlafrock kochte ich dabei in der Küche Ingwertee, um mich zu wärmen. Wehmütig hörte ich seinen Erzählungen aus dem sonnigen St. Pauls zu. Der Honigmann hatte Honig aus dem Bienennest in der Kirche gewonnen und ihm drei Flaschen davon vorbeigebracht. Die Kraft im Blick des Honigmanns war mitten durch den Trubel aus der Ferne zu mir gedrungen. Bei der Erinnerung schoss ein Hitzeschub durch meinen Körper. Nur konnte ich mir seine Gesichtszüge nicht mehr ausmalen. Es war zu schnell finster geworden am Busterminal von Basseterre.

Hin und her schwenkte ich den Teebeutel in der Tasse. Innerlich nahm ich Schwung, um dem Pater zu erklären, wie mich meine Reise verändert hatte, sodass ich in Zukunft ein anderes Leben führen wollte. Eines, das besser zu mir passte. Nidia stapfte mit ihren spanischen Reiterstiefeln und ihrer Regenjacke in die Küche. Die Klavierstunde im Konservatorium stand an. Den Hörer am Ohr blies ich ihr einen Kuss zu.

»Wenn meine Tochter in einem Jahr mit der Schule fertig ist, könnte ich mir eine Auszeit nehmen«, sagte ich zu Pater Fowler und warf den Teebeutel in den Müll.

»Warum kommen Sie nicht einfach für ein paar Jahre nach St. Kitts und arbeiten bei uns im Landwirtschaftsprojekt mit?«, fragte er.

Ich nippte am heißen Tee und dachte an den Pfarrgrund mit seiner Blütenpracht. Die Insel hatte mit dem fruchtbaren Boden und den brachliegenden Zuckerrohrfeldern Potential.

»Meinen Sie das ernst, Pater?«, fragte ich.

»Sie passen gut hierher.«

»Ich habe so etwas noch nie gemacht«, sagte ich.

»Es gibt immer einen Anfang. Ihre Ausbildung wird Ihnen nützen. Und Sie lieben die Insel und ihre Menschen. Das ist das Wichtigste.«

Die Vorstellung, mit dem Pater Entwicklungsarbeit zu leisten, machte mir Hoffnung. Ein klitzekleines Licht leuchtete am Ende meines dunklen Tunnels. Ich würde nicht tatenlos zusehen, wie es wieder erlosch. Welche Mühe es auch kostete, ich würde dankbar auf dieses Lichtchen zugehen. Das Grau des Tunnels würde sich dabei in lebensfrohe Türkis- und Grüntöne auflösen. Zum ersten Mal seit Jahren folgte ich wieder meiner Eingebung.

In den nächsten Monaten suchte ich so viele Informationen wie möglich über Landwirtschaft in der Karibik. Über Skype sprach ich mit Regierungsleuten auf St. Kitts und besprach die Möglichkeiten, auf der Insel Landwirtschaft zu betreiben. Sogar ein einjähriges Masterstudium für tropische Landwirtschaft in Antwerpen sah ich mir an. Auf der Suche nach einer Finanzierung für meine Pläne stellte ich Pater Fowlers Projekt verschiedenen österreichischen Entwicklungsorganisationen vor und bot mich selbst als Projektkoordinatorin an.

»Danke, aber da können wir nichts machen«, bekam ich unzählige Male als Antwort. Die Organisationen hatten ihre Schwerpunkte, von denen sie nicht abwichen.

In regelmäßigen Telefonaten besprach ich monatelang mit Pater Fowler die Möglichkeiten meines Umzugs.

Ich redete auch mit dem österreichischen Außenministerium darüber.

»Schlag dir das bitte aus dem Kopf. Ich brauch jeden Einzelnen von euch«, sagte der Personalchef, als ich um eine mehrjährige Beurlaubung bat. Dennoch plante ich mein neues Leben unbeirrt weiter.

Weihnachten verbrachte ich mit den Kindern in Brüssel. Matt machte in Berlin eine Ausbildung zum Designer von Computerspielen und Georg studierte in Bristol Physik.

Helen ging mit mir in die Weihnachtsmette. Die Kirche in Uccle war kalt und feucht und ich sehnte mich nach der Lebendigkeit des Kirchleins in St. Pauls, in dem Pater Fowler die Mette vermutlich in Ledersandalen hielt. Helen fröstelte in ihrem Mantel, obwohl sie darunter einen dicken, mit einem bunten Christbaum bestickten Pullover trug.

Am Christtag brachte Helen Schüsseln mit.

»Damit wir ein bisschen karibisches Weihnachten haben«, sagte sie, während sie die Alufolie abnahm. Glasierter Schinken und Süßkartoffelauflauf. Mit einem Glas Rotwein in der Hand verkündete sie beim Essen, dass sie am Sprung zurück nach St. Kitts war. Ihr Einsatz in Brüssel war zu Ende. Ein Job im Außenministerium von St. Kitts wartete auf sie. »Bald feierst du auch in der Karibik Weihnachten«, sagte sie.

Matt warf mir einen entsetzten Blick zu. Die Kinder wussten noch nichts von meinen Plänen. Stumm holte er nun den Truthahn aus dem Rohr und stocherte in der Füllung herum. Als uns Helen am späten Abend verlassen hatte, warteten die Kinder im Salon auf mich. Matt hatte mit seinen Geschwistern gesprochen. Sie stellten mich zur Rede. Sie wollten mich nicht gehen lassen. Es sei noch nichts sicher, weil das Okay des Außenministeriums fehle, versuchte ich sie zu beruhigen. Trotzdem fühlten sie sich im Stich gelassen. Ihre Kritik machte mich klein und schwach und schnürte mir das Herz zusammen.

»Ich muss diesen Schritt in meinem Leben setzen«, sagte ich mit Tränen in den Augen. Ausdruckslos sahen sie mich an, als ich ihnen versicherte, dass ich immer für sie da sein würde. »Ich muss hier raus, bitte versteht das.«

Meine Kinder verließen mich geschlossen, um schlafen zu gehen. Bedrückt räumte ich die Küche auf. Dabei hatte das Weihnachtsessen so schön begonnen. Jetzt war ich allein mit der großen Anrichte voller kaltem Truthahnfett. Geduld und Vertrauen brauchte ich jetzt. Der Krampf in meiner Brust löste sich etwas, während ich abwusch. Meine Kinder würden es mit der Zeit verstehen. Sie waren überrascht, hatten Angst und waren wütend. Während der Feiertage würde ich ihnen noch eine schöne Zeit bereiten. Dann hieß es wieder Abschied nehmen. Matt und Georg würden nach Berlin und Bristol zurückfliegen. Nidia hatte das letzte Halbjahr in der Schule vor sich und ich würde in die Tretmühle zurückkehren, bis ich nach St. Kitts ziehen und ein neues Leben beginnen konnte.

Zwei Wochen später bat mich der Botschafter mit lauerndem Blick in sein Büro. Es ging um eine Veranstaltung der Industriellenvereinigung, um die ich mich nicht gekümmert hatte. Die Organisatoren hatten keine Unterstützung des Besucherdienstes gewünscht. Die Mikrofone hatten nicht funktioniert, und dann war auch noch der Feueralarm losgegangen, weil der Koch vom Cateringservice die Crème brûlée mit einer Gasflamme angebrannt hatte. Zum Glück gab es keine Besprenkelungsanlage in den Räumlichkeiten, sonst wären die hohen Gäste auch noch nass geworden. Der Botschafter plusterte sich in seinem Dreiteiler auf.

»Ich weiß, wie du dich darauf freust, von hier wegzugehen und mich bald los zu sein«, brüllte er. »Aber so lange du noch hier bist, wirst du jede Abendveranstaltung überwachen und dafür sorgen, dass diese Mikrofone funktionieren.«

»Du kannst mich ja für ein paar Monate zu einem Tontechniker in Ausbildung schicken«, sagte ich. »Dann kriege ich das locker hin.«

»Was sagen Ihre Kinder dazu?«, fragte mein Psychotherapeut. Er war Amerikaner. In seinem kleinen Kämmerchen betreute er vor allem Nato-Funktionäre und andere Amerikaner, die sich lieber von einem Landsmann therapieren ließen. Ich saß ihm gegenüber und rutschte in dem großen Lederfauteuil auf und ab.

»Die Kinder nehmen es mir übel«, sagte ich. Nidia war seit Weihnachten wütend auf mich. Sie hatte geweint und redete nicht mehr mit mir. Matt verstand mich noch am ehesten, vermutlich weil er der Älteste war. Georg distanzierte sich und war streng mit mir.

»Ihre Kinder lieben Sie. Sie brauchen Zeit, um Ihre Entscheidung zu verstehen«, sagte mein Psychotherapeut.

»Ich liebe meine Kinder. Bis jetzt habe ich alles für sie getan.«

Der Therapeut schloss das gekippte Fenster, weil ich fror.

»Wenn Sie in die Karibik gehen, bedeutet das für Sie als Mutter, Ihre Kinder loszulassen«, sagte er. »Die Kinder sind groß genug. Sie lassen sie nicht im Stich.« Er setzte sich wieder.

»Wir werden uns in den Ferien sehen. Wenn ich in Europa bliebe, wäre es genauso«, versuchte ich, mich selbst zu überzeugen. »So wie bisher kann ich jedenfalls nicht weitermachen.« Tränen schossen mir in die Augen. »Ich halte das nicht mehr aus.«

Er reichte mir die Schachtel mit den Papiertaschentüchern.

»Haben Sie schon daran gedacht, Medikamente zu nehmen?«

»Ich will keine Tabletten, um mein altes Leben weiterzuführen«, sagte ich. Fest entschlossen schnäuzte ich mich. »Ich glaube an etwas. Ich glaube, dass das Leben schöner sein kann. Das kann es noch nicht gewesen sein.«

»Sie haben viel erreicht.«

»Ach was«, sagte ich gereizt. »Ich werde überhaupt nicht geschätzt für meine Arbeit.«

»Wollen Sie flüchten?«, fragte er.

Vom kleinen Fenster aus hatte mein Therapeut Ausblick auf einen engen Hinterhof. Merkte er nicht, wie dunkel es hier war?

»Ich weiß, worauf Sie hinaus wollen«, sagte ich und trocknete meine Tränen. »Ich weiß aber auch, dass ich meinen Weg gehen muss und dass sich alles andere einrenken wird.«

Die regelmäßigen Telefonate mit Pater Fowler gaben mir Kraft für meine Pläne, ein neues Leben zu beginnen. Während er mir eines Abends von den Kindern aus dem Dorf erzählte, stellte ich mir seinen vollgefüllten, wackligen Bus vor. Peinlich genau erzählte er Tratsch aus St. Pauls, als handle es sich um einen dienstlichen Bericht. Er hatte mit einigen Helfern die Kirche neu ausgemalt.

»Ist sie noch gelb?«, fragte ich.

»Ja. Jetzt sieht sie aber viel frischer aus.«

Zum Schluss gab er ein wenig von sich selbst preis. Seine Tätigkeit als Pfarrer in St. Pauls stand anscheinend unter einem schlechten Stern. Die jungen Dorfleute und die Rastas mochten ihn, im Gegensatz zu den Kirchenleuten. Er war mit dem Kirchenrat, der hauptsächlich aus den Mitgliedern des Kirchenchors bestand, verkracht. Seiner Frau Margareta gefiel es auf St. Kitts nicht mehr. Die Hitze setzte ihr zu und sie hatte endgültig die Geduld mit den Dorfbewohnern verloren. Aus seinen Erzählungen hörte ich Eheprobleme heraus, die der alte Pater nicht direkt ansprechen wollte.

Als Roxanna Brüssel verließ, umarmten wir uns zum Abschied innig. Sie schenkte mir eine Tasse mit einem großen roten Herz. Meine eigene Zeit in Brüssel würde in einem halben Jahr auch vorüber sein. Es war bereits Juli und Nidia hatte die Schule erfolgreich abgeschlossen. Sie ging für ihre Klavierausbildung nach Wien. Unseren Kater Gato nahm sie mit. Matt hatte seine Ausbildung in Berlin abgeschlossen und übersiedelte ebenfalls nach Wien. Die Geschwister würden sich in Wien eine Wohnung teilen. Georg blieb noch ein Jahr in Bristol.

Seit ich sagte und tat, was ich wollte, nahmen die Dinge ihren Lauf zu meinen Gunsten. Meine Wut auf die Welt ließ nach und ich hörte auf zu grollen. Gebet, Meditation und die positiven Affirmationen von Louise Hay trugen dazu bei. Ich überzeugte das Ministerium, mich für drei Jahre im Rahmen der Entwicklungshilfe zu beurlauben. Eine österreichische Entwicklungsorganisation und die Wiener Erzdiözese erklärten sich bereit, meinen Einsatz auf St. Kitts zu finanzieren. Dort würde ich als Projektkoordinatorin für die anglikanische Kirche in St. Pauls arbeiten.

»Du wirst ganz verwildert zurückkommen. Was machen wir dann mit dir?«, sagte der Personalchef im Außenministerium, als er mir in Wien die unterschriebene Beurlaubung überreichte.

Noch einmal erlebte ich, wie der Winter über Brüssel hereinbrach. Mit leichtem Gepäck wollte ich durch mein neues Leben gehen, wie es mir Pater Fowler geraten hatte. Ohne mit der Wimper zu zucken, warf ich kistenweise Bücher weg, die sich in den Jahren angesammelt hatten. Das ganze alte Zeug sollte raus. Nur wenige Möbel schickte ich nach St. Kitts, der Rest kam nach Wien, wo Nidia bereits lebte. Allein schleppte ich mehr als fünfzig Müllsäcke die Stiegen hinunter. Mein Nacken verkrampfte sich gefährlich. Zur Sicherheit hatte ich eine Massage bei Monsieur Chang gebucht.

Pater Fowlers Konflikt mit der Kirche war eskaliert.

»Du wirst eine andere Situation vorfinden, als wie du uns vor eineinhalb Jahren besucht hast«, sagte er. Gelassen hörte ich ihm zu, ohne Stellung zu beziehen. Die Wende in meinem Leben war unaufhaltsam.

Mein Abschied von der Ständigen Vertretung in Brüssel verlief nach sieben Jahren still. Mit einem förmlichen Händedruck verabschiedete ich mich vom Botschafter. Den Kolleginnen und Kollegen im Ministerium und den diversen Stellen in Brüssel und Österreich schrieb ich eine Abschiedsmail. Zur Feier des Tages bestellte Vivianne und eine weitere Telefonistin Döner. Wir ignorierten den Zwiebelgeruch in meinem Büro und sprachen von Roxanna. Es ging ihr gut in Athen.

Mein Flug war für den 10. Januar gebucht.

5

Nach der langwierigen Passkontrolle begrüßte mich die zirpende Nacht von St. Kitts wieder. In der warmen Januarluft erkannte ich den inseltypischen Geruch nach verbranntem Zuckerrohr.

Pater Fowler holte mich mit ein paar Jugendlichen vom Flughafen ab. Mit knappen Worten sagte er, dass er aus dem Pfarrhaus ausziehen müsse.

»Du bist zurückgetreten?«, fragte ich erstaunt.

Eine zierliche junge Frau saß vorne im Bus und ignorierte mich. Der Pater fuhr viel zu schnell die holprige Straße am Meer entlang.

»Alles ein schreckliches Durcheinander«, sagte er.

Seine Frau Margareta war ein paar Tage vor Weihnachten abgereist. Er hatte Joya, die stille junge Frau am Beifahrersitz, bei sich aufgenommen und wollte mit ihr ins Schulhaus ziehen. Ich fragte mich, ob sie seine Geliebte war. Das Meer war unheimlich still und schwarz und verschluckte alles bis zum Straßenrand.

»Wenn die Flut hoch ist, schwappen die Wellen über die Straße«, sagte der Pfarrer. »Daher kommen die Löcher im Asphalt.«

Der Mond leuchtete matt am Horizont. Mein Blick schweifte über das Meer, bis meine Augen sich vor Müdigkeit verdrehten. Mir war von Pater Fowlers Tempo ein bisschen schlecht. Nach dem Wunsch des Kirchenrates sollte ich vorläufig im Pfarrhaus wohnen. Wenn ein neuer Pfarrer kam, müsste ich ausziehen.

»Kann ich mit Joya heute noch im Pfarrhaus bleiben?«, fragte der Pater kleinlaut, als wir in St. Pauls ankamen. Er hatte mir geholfen und mir den Weg nach St. Kitts geebnet. Aber seine Frau war gerade erst abgereist und er wollte mit einem jungen Mädchen bei mir übernachten.

Ich schüttelte den Kopf.

»Na gut, dann hole ich morgen am Nachmittag den Rest meiner Sachen ab«, murmelte er verärgert. »Danach könnt ihr mich alle gern haben.«

Es war spät geworden. Mein sauberes, bequemes Bett aus Brüssel war im Container unterwegs. Ermattet legte ich mich auf das Bett, das der Pater zurückgelassen hatte. Es bestand aus einem rostigen Metallgestell und einer alten Matratze. Das ganze Pfarrhaus war heruntergekommen und verdreckt.

Als ich die Augen schloss, hörte ich das Konzert der Zikaden, Grillen und Frösche. Ich schlief schlecht. Drüben im Dorf bellten Hunde. Schritte in der Nähe des Hauses weckten mich. Aufrecht saß ich im Bett und lauschte. Doch ich hörte nur das Pochen meines Herzens. Draußen beleuchtete eine Straßenlaterne die kleine gelbe Kirche. Das Pfarrhaus lag weitab vom Dorf. Ich bin hier nicht sicher, dachte ich. Jetzt musste ich schlafen, denn ich hatte mir für meine ersten Tage auf der Insel einen Großputz vorgenommen. In der unheimlichen Dunkelheit sehnte ich mich nach der Wärme eines Mannes.

Am nächsten Morgen machte ich mich mit Eimer und Lappen ans Werk. Eine beleibte Kittitian beobachtete mich.

»Guten Morgen, ich bin Lisuscha«, sagte ich.

»Ich weiß, wer du bist. Ich bin Queenie. Guten Morgen«, antwortete sie.

Queenie war Pater Fowlers Putzfrau. Sie war merkbar unschlüssig, wo sie putzen sollte, bei mir im Pfarrhaus oder bei Pater Fowler in der ehemaligen Schule. Ich bat sie herein. Es gab viel zu tun. Staub klebte an den aufgerissenen Fliegengittern. Am dreckigen Fußboden lagen vertrocknete Kakerlaken. Queenie zeigte auf einen toten Hundertfüßler, der im dicken Staub von Pater Fowlers ehemaligem Büro lag.

»Hui, das ist ein großes Exemplar«, sagte sie. »Gib acht, dass du von so einem Vieh nicht gebissen wirst. Dann müssen wir dich ins Spital bringen.« Dann brummte sie: »Schlimm sieht es hier aus.«

Beim Kehren des Bodens kamen unter dem Sofa einige zerknüllte schwarze Stringtangas zum Vorschein. Queenie ließ heißes Wasser in die Küchenspüle fließen und sagte, dass sie bei den Fowlers zu wenig verdient hatte.

»Wir Schwarze sind nicht blöd. Weißt du, Lisuscha?«

»Das weiß ich. Den grauslichen alten Kühlschrank rühren wir nicht an. Den holt Pater Fowler am Nachmittag.«

»Okay. Warum kommt eine Frau wie du ohne Kinder und ohne Mann aus Europa hierher?«, fragte sie. Ihr Blick durchbohrte mich, während sie das nasse Putztuch ausdrückte.

»Ich musste raus aus meinem alten Leben«, sagte ich.

»Hm.« Skeptisch wandte sie sich zu den Regalen neben dem Küchenfenster. Ein dünnes oranges T-Shirt-Kleid bedeckte ihren stämmigen Körper. Sie wischte sich den Schweiß aus dem Gesicht. Die Perlen am Ende ihrer Rastazöpfe rasselten bei ihren Bewegungen.

»Fowler ist sauer, weil die Kirchenleute sein Benehmen nicht akzeptieren«, sagte Queenie. Dann erzählte sie, dass seine Frau nach Amerika zu ihrer Schwester gezogen war. Joya war erst neunzehn. »Ausgerechnet die berüchtigte Joya hat er sich ausgesucht. Sie nimmt ihn aus und stiehlt, was ihr unter die Finger kommt.« Queenie lachte böse und drückte ihr Putztuch über der Spüle aus.

Der Pater hatte Joya eines Abends auf der Straße aufgelesen. Sie kam aus Nevis und war von zu Hause weggelaufen. Fowler war stolz, dass er Joya von der Gelegenheitsprostitution weggebracht hatte. Jetzt lebte sie von ihm. Schweigend hörte ich zu. Queenie trat einen Schritt zurück, um das Regal zu betrachten, das sie gerade putzte.

»Ich sage dir Lisuscha, hier geht es nicht mit rechten Dingen zu«, sagte sie und warf die Stringtangas in den Mülleimer.

Pater Fowler war erst aus dem Pfarrhaus ausgezogen, als ihm Ms Hills, die älteste Dame im Kirchenrat, mit der Polizei gedroht hatte. Queenie bückte sich und wischte mit ihrem nach Pinien duftenden Lappen den unteren Teil des Regals ab. Der Kirchenrat hatte Fowler mangels anderer Möglichkeiten schließlich ein Zimmer im ehemaligen Schulhaus zugestanden. Dort wohnte er jetzt mit seiner Joya. Queenie redete und redete, während sie arbeitete.

»Was für ein Projekt ist das eigentlich, für das du gekommen bist?«

»Die Zeit des Zuckerrohrs ist vorbei. Die Pfarre hilft mit, die Landwirtschaft auf der Insel vielfältiger zu machen. Dabei wollen wir Jugendliche mit schwieriger Vergangenheit einsetzen.«

»Das hat sich Pater Fowler ausgedacht«, sagte Queenie. »Stimmt's?«

»Genau.«

»Wie soll das weitergehen, wenn er nicht mehr der Pfarrer ist?«

»Der Kirchenrat hat das Projekt beschlossen.«

»Steht er auch dahinter?«

»Es wird schon werden.«

»Ich gehe jetzt zu Fowler.« Queenie trocknete ihr Gesicht mit einem Handtuch ab, das sie mitgebracht hatte. »Ruf mich an, wenn du mich brauchst. Ich will zehn Dollar die Stunde.« In ihrer riesigen Handtasche grub sie nach ihrer Handcreme und schmierte sich sorgfältig bis zu den Armen ein. »Morgen ist Messe, um halb neun«, sagte sie. Sie betrachtete meine Arbeitskleidung. »Wir ziehen uns schön an für den Herrn.«

An der Eingangstür lehnend, sah ich zur Kirche hinüber. Eine Rotte schwarzer Schweine wühlte grunzend die Erde am Friedhof auf.

»Schau dir diese Drecksviecher an«, sagte Queenie und drehte sich mit ihren klimpernden Zöpfen um.

»Wem gehören die denn?«, fragte ich.

»Vermutlich niemandem. Die graben noch die Toten aus.« Sie lachte hell auf und ging schlurfend, aber mit viel Hüftschwung ins Dorf zurück. Die Busfahrt für zwei EC-Dollar sparte sie sich lieber. Das Dorf war nur einen Kilometer entfernt.

Pater Fowler hatte um das Pfarrhaus einen Regenwald wachsen lassen. Mücken, Hundertfüßler und Ratten nisteten darin. Zwei Ficusbäume waren dicht neben dem Haus zu Riesen hochgeschossen. Sie mussten gefällt werden, sonst würden sie wohl bald mit ihren Wurzeln das Fundament sprengen. Außerdem nahmen sie alles Licht weg.

Als der Pater seine Sachen holen kam, war er wütend auf mich. Er hatte sich deutlich mehr Loyalität von mir erwartet.

»Lass bitte die Gartenwerkzeuge da«, sagte ich.

»Diesen undankbaren Banausen schenke ich nichts.«

»Wir brauchen die Geräte für das Projekt.«

»Ist mir egal.« Er schleuderte eine Schaufel und einen Rechen in seinen Bus und holte den schimmelnden Kühlschrank aus dem Haus. Er wollte ihn in den Abwassergraben werfen und hatte dafür fünf Jugendliche aus dem Dorf mitgebracht.

»So ein Kühlschrank verseucht das Grundwasser«, sagte ich.

»Dann sterben eben ein paar Fische«, sagte Pater Fowler.

»Bringt den Kühlschrank bitte zur Deponie.«

»Wie soll ich das machen? Ha?« Die Jugendlichen halfen dem alten Pater, den Kühlschrank zum Bus zu schleppen.

»Danke, Jungs!«, rief er ihnen zu. Dann richtete er sich auf seinen zitternden Beinen auf, schob seine Brille zurecht und strich sich die weißen Haarsträhnen aus dem verschwitzten Gesicht. Sein Blick blieb an einer verlassenen Zuckermühle auf einem Hügel hängen. Nach den vielen Telefonaten mit ihm wusste ich, dass er diesen Ort liebte. Er packte wieder den Kühlschrank.

»Du darfst ihn nicht in den Abwassergraben werfen«, sagte ich noch einmal.

»Wer bitte, Eure Majestät, soll den verdammten Kühlschrank zur Deponie bringen?« Er bebte vor Zorn.

»Es gibt sicher einen Abholdienst.«

Er schielte zu den Jugendlichen.

»Du untergräbst meine Autorität«, sagte er und trommelte mit seinen Fäusten auf den Kühlschrank. Das Gerät kippte langsam in meine Richtung. Erschrocken wich ich zurück, als es zu Boden donnerte.

»Was soll das?«, rief ich.

»St. Pauls' Kids, lasst uns diesen verdammten Kühlschrank in den Abwassergraben werfen. Yeah!«

»Yeah«, sagten die Jugendlichen zögerlich, bis sie alle lachten und den Kühlschrank in den Bus hoben.

»Ich bin fertig mit dieser Pfarre. Du wirst mich nicht mehr sehen«, sagte er. »Den Rasenmäher hole ich mir auch noch.«

Der wacklige Bus verschwand über die Wiese in Richtung Abwassergraben.

Was war das für ein Anfang?

Nach Pater Fowlers Abgang lernte ich bei einer Runde durch den Pfarrgrund James kennen. Ihm gehörten die Schafe, die am Pfarrgrund weideten und die mit ihrem kurzen Fell wie Ziegen aussahen.

»Fowler soll das in England machen, Kühlschränke in den Graben werfen«, sagte James. Er band einen Schafbock von der Tamarinde los. »Welcher Teil von Joya gefällt Pater Fowler wohl?«, fragte er dabei mit breitem Grinsen. »Darüber rätseln Männer und Frauen am Abend vor dem Laden im Dorf. Joyas Seele kann es nicht sein, die ist schmutzig, sagen sie. Und ihr Körper? Die junge Joya ist ein dürres Knochengerüst, das keiner anfassen will, und sie hat nicht einmal ein schönes Gesicht.« James schilderte mir, wie das Rätseln jedes Mal in einem dreckigen Lachen endete.

Die Glocken läuteten nur wenige Meter entfernt, als ich vor der Sonntagsmesse die Wäsche auf der Terrasse des Pfarrhauses aufhängte. Meine erste Begegnung mit den Mitgliedern des Kirchenrates stand bevor.

Der Erzdiakon aus Basseterre las die Messe. Er war vorübergehend für die Pfarre zuständig. Sein neugieriger Blick fiel auf mich.

»Das dort ist Ms Hills«, tuschelte mir Queenie zu. »Mit ihr würde ich mich gutstellen.«

Sie deutete auf eine Frau, die mit fünf anderen Frauen ganz vorne im Kirchenchor saß. Es war deutlich zu sehen, dass sie die Autorität hatte. Sie trug traditionellen Schmuck und nur die lila Tönung in ihrem kurz geschnittenen Haar milderte etwas die Strenge in ihrem faltigen Gesicht. Mit einem Kopfnicken hieß sie mich willkommen. Als ich mich in der vollen Kirche hinten neben Queenie setzten wollte, deutete mir Ms Hills, weiter nach vorne zu kommen. Ein gutes Zeichen, dachte ich. Wir hatten uns noch nicht gesehen, trotzdem wusste sie, wer ich war. Ich war gespannt auf unsere erste Besprechung.

»Good Morning, Church«, sagte eine der Chordamen. Mit straff zurückgezogenem Chignon lehnte sie lässig am Stehpult. Die Glaubensgemeinschaft antwortete mit einem Murmeln. »Wir beten für die bettlägrige Esther Williams. Möge Gott ihrer Schwester, die sie pflegt, Kraft in diesen harten Zeiten geben.« Ich folgte ihrem Blick nach links, der auf dem versteinerten Gesicht einer Kirchenbesucherin haften blieb. Das war offenbar die Schwester.

»Esther oben im Wohnprojekt geht es schlecht«, flüsterte in der Reihe vor mir eine Frau, die ganz in Rosa gekleidet war. »Niemand weiß, was sie hat.«

»Sie haben sie verhext«, brummte die andere Frau und wedelte mit ihrem Fächer. Sie trug eine dunkle Fliege-Puck-Brille. Neugierig lehnte ich mich vor und spürte den angenehmen Hauch des Fächers in meinem Gesicht.

»Die Schwester selbst hat sie verhexen lassen«, sagte die Frau in Rosa. »Brav jeden Sonntag in die Kirche gehen und dann so etwas tun.« Sie schüttelte ihren Kopf mit dem großen Hut darauf.

Ihre Nachbarin warf einen schnellen Blick zu der Schwester, deren Gesicht noch immer versteinert war.

»Sie hat es garantiert getan. Deshalb wollte sie den Honigmann nicht ins Haus lassen, als die arme Esther nach ihm rief.«

Ich spitzte die Ohren. Immer noch spürte ich die Kraft des Blicks, den er mir vor mehr als eineinhalb Jahren zugeworfen hatte. Woher kam er? Warum durfte er nicht zur kranken Esther? Arbeitete er mit dunklen Kräften?

Wir standen für das Loblied auf. Die Kinder ließen die Tamburine rasseln, während alle Kirchenbesucher laut mitsangen.

6

Für meine ersten Erledigungen fuhr ich am Montag in die Hauptstadt. Neben Lebensmitteln musste ich Reinigungsmittel, Rattengift und Insektenpulver kaufen. Ohne Auto war ich auf die aufgeputzten Minibusse angewiesen, die nonstop mit lauter Musik und in irrem Tempo um die Insel fuhren. Sie waren voller bunter Lichter und mit Aufschriften wie »Fighting Cock« oder »Lovesponge« geschmückt. Eine junge Frau in Jeans-Leggings und weißem Top stieg ein. Sie bückte sich und zeigte dabei einem Fahrgast ihren prallen Hintern. Als sie in den Sitz neben mir plumpste, schaukelten ihre großen Silberohrringe.

»Einen schönen guten Morgen allen«, sagte sie und strich sich über ihr geöltes Haar.

Ein angetrunkener Passagier beobachtete sie.

»Von mir bekommst du es von hinten, hart und ohne Liebe«, lallte er.

»Ein bisschen mehr Manieren da hinten«, sagte sie grimmig.

»Deine Pussy wird es lieben«, sagte der Mann.

»Glaubst du, ich achte auf dich? Fährst nach Basseterre, um dir eine Freundin zu kaufen.«

»Ruhe da hinten«, rief der Busfahrer.

»Ich spucke auf euch alle«, schrie der Mann in der hintersten Reihe.

»Können Sie bitte den Bass etwas zurückdrehen?«, fragte ich den Busfahrer.

Er überhörte es.

»Busmann, dreh den Bass runter«, rief meine Sitznachbarin, ohne meinen dankbaren Blick zu erwidern.

Der Busfahrer machte die Musik etwas leiser, um sie nach einigen Minuten wieder voll aufzudrehen.

»Hey Busmann«, rief ein junger Mann von hinten. »Halt kurz an für mich.«

Sobald es der Verkehr erlaubte, blieb der Busfahrer auf der Fahrspur stehen. Der junge Mann, der amerikanische Rapperkleidung trug, stieg aus und trat hinter den nächsten Baum. Während sich alle im Bus diskret abwandten, starrte ich neugierig auf ihn, wie er sich seine am Gesäß sitzende Pluderhose herunterzog. Der Busfahrer scherzte mit einem Passagier in der ersten Reihe. Alle warteten geduldig und wippten gemächlich zu »Rock Away« von Beres Hammond, einer der alten Reggae-Größen. Er sang seine Reggae-Balladen rauchig und so melodiös, dass er die übelsten Typen, selbst den wütenden betrunkenen Mann auf der Hinterbank, besänftigte. Nach einigen Minuten stieg der junge Rapper wieder in den Bus.

»Danke, Mann.«

»Kein Problem, Boy.«

Es ging offenbar lebendig und ein wenig grob zu. Ich konnte mir trotzdem vorstellen, dass ich mich an die Lebensart der Insel gewöhnen und hier akzeptiert werden würde.

In Basseterre stieß ich auf einem idyllischen runden Platz mit einer alten Uhr in der Mitte auf ein Restaurant namens Balahoo, das Internetanschluss hatte. Ich nahm auf der Terrasse Platz und nützte die Gelegenheit, um meinen Kindern zu schreiben.

»Alles ist neu und aufregend und es geht mir gut«, schrieb ich. Ich freute mich über eine E-Mail von Nidia, in der sie mir schrieb, dass sie eine wichtige Klavierprüfung gut bestanden hatte.

Während die Autos um den runden Platz, den Circus, kreisten, genoss ich die Meeresbrise. Die unteren Stockwerke der Häuser waren aus dem inseltypischen schwarzen Vulkangestein. Die oberen Stockwerke waren aus Holz, in Pastelltönen bemalt und von weißen Fensterläden unterbrochen.

Roxanna schrieb ich in einer E-Mail, dass ich nicht wusste, wie ich das Landwirtschaftsprojekt, für das ich hierher gekommen war, ohne die Hilfe von Pater Fowler voranbringen sollte.

An einem Nebentisch scherzte ein älterer bärtiger Amerikaner mit zwei Kellnern. Er lächelte mir zu, während er seine Zigarette ausdrückte. Ich fragte mich, was dieser Mann in Khakihosen und Treckingschuhen auf der Insel machte. Als ich beim Verlassen des Lokals an ihm vorbeiging, stellte er sein Glas Brandy ab.

»Hi, Vincent mein Name«, sagte er. Vincent arbeitete im Psychiatrischen Krankenhaus von Basseterre. Er war in den USA als Psychiater in Rente gegangen und hatte sich danach für zwei Jahre zum amerikanischen Freiwilligendienst, dem Peace Corps, gemeldet. »Das hier ist ein Kaff, aber gar nicht so übel«, sagte er, während er mich mit seinen blitzblauen Augen musterte. »Man findet schon seine Art, damit umzugehen. Es gibt ein neues Kino mit einer ordentlichen Klimaanlage, auch wenn die Filmauswahl ein Witz ist, und ein paar brauchbare Restaurants. Ja, und die Strände sind schön.« Er zündete sich eine Zigarette an.

Vincent und ich tauschten Telefonnummern aus.

»Wir bleiben automatisch in Kontakt. Die Insel ist klein«, sagte er.

In Gran's Supermarkt roch es nach vergammeltem Fleisch, Fisch und Chlor. Es gab kaum frisches Obst, dafür viel importiertes geschmackloses Gemüse, das sicher wochenlang in Containern aus den USA in der Karibik herumgefahren war. Ich kaufte Sojamilch, Haferflocken und Cornflakes. Gemächlich wischte eine Verkäuferin den Fleisch- und Fischsaft auf, der aus der Gefriertruhe tropfte. Mit Grausen wandte ich mich ab und beschloss, hier vegetarisch zu kochen. Eine Frau mit olivgrünem Strohhut und mitgebrachter Öko-Einkaufstasche beobachtete mich.

»Deshalb nennen sie es Stinker-Gran's«, grinste sie. »Hi, ich bin Venus.«

Venus und ich unterhielten uns in der langen Warteschlange an der Kasse, die niemanden störte. Die angenehme Kühle der Klimaanlage besänftigte alle. Im gedehnten Englisch von Downtown Washington D.C. erzählte Venus, dass sie sich auf St. Kitts niedergelassen und einen Rasta geheiratet hatte. Sie nutzte die Landwirtschaft ihres Mannes, um dort Risikojugendliche zu betreuen.

»Dann sind wir so etwas Ähnliches wie Kolleginnen«, sagte ich erfreut. »Ich arbeite an einem Landwirtschaftsprojekt, bei dem junge Arbeitslose zwischen neunzehn und sechsundzwanzig eingesetzt werden sollen.«

Sie betrachtete mich prüfend.

»Davon habe ich gehört«, sagte sie. »Es ist das Projekt der Kirche, nicht wahr?«

»Stimmt. Die Regierung hat ebenfalls Mittel zugesagt«, sagte ich.

»Sei nur vorsichtig«, sagte sie. »Du kannst dich hier weder auf die Kirche noch auf die Regierung verlassen.«

»Wer finanziert dein Projekt?«

»Ich sammle in den USA Spenden und dann und wann fällt eine Förderung ab«, sagte sie. »Es ist immer knapp. Ruf mich an, wenn du etwas brauchst.«

Leicht verunsichert ließ Venus mich zurück.

James half mir am nächsten Tag, den Urwald rund um das Pfarrhaus zu lichten. Ich war die Hitze und die körperliche Arbeit nicht gewohnt. Meine Muskeln zuckten vor Schwäche. James haute mit seiner Machete auf die dicken Stämme ein. Ob Jasminbusch oder junger Nonibaum, alles vernichtete er. Er stutzte die Kletterrosen, die durch das Fenster in das Gästezimmer gewachsen waren. Shantel, ein

Mädchen aus dem Dorf, stand daneben und sah zu. Als wir an den dornigen Rosenzweigen rüttelten, krabbelte Ungeziefer heraus. Ein Hundertfüßler biss Shantel in die Hand, die zur Größe einer Kartoffel anschwoll. James brachte sie sofort zum Arzt.

Zwei kleine schwarze Schweine liefen neben mir her, als ich zu Mittag nach St. Pauls ging. In einem Laden an der Bushaltestelle des Ortes kaufte ich gebratenen Fisch mit Johnny Cakes, kugelrunde, in Fett gebackene Germkuchen mit Hot Sauce. Auf den brüchigen Treppen vor dem Laden warteten Frauen und Kinder auf den Bus in die Hauptstadt Basseterre. Der Laden gehörte einer Ms Carty, die auch eisgekühlte Limonade, Knabberzeug, Fischdosen, Grundnahrungsmittel, Waschpulver und einzelne in Seidenpapier gewickelte Klopapierrollen verkaufte. Zwei Farmerinnen kehrten von der Arbeit auf dem Feld zurück und leisteten der alten Ms Carty, die sich auf ein Gehgestell stützte, Gesellschaft.

»Die jungen Leute wollen nicht arbeiten. Die wollen nur schnelles Geld«, schimpfte eine von ihnen, als sie mich sah. Es hatte sich herumgesprochen, dass ich mit Jugendlichen arbeiten würde.

Ms Carty holte mir eine Flasche von dem lokalen Grapefruit-Drink »Ting«. Ihre O-Beine krümmten sich, als sie zur Kühltruhe ging und ihr Haupt mit den kleinen weißen Zöpfen hineinsteckte. Die Arthritis war ihre Altersfolter. Ich wischte mir das Gesicht trocken und nahm einen großen Schluck des eiskalten prickelnden Getränks.

Ms Cartys Haus war mindestens hundert Jahre alt. Nichts war in den vergangenen Jahrzehnten daran geändert worden, obwohl auf St. Kitts durch das heiß-feuchte Klima und die Stürme alles schnell verwitterte. Zwischen dem abblätternden, türkisfarbenen Balkon und den Telefonmasten auf der anderen Straßenseite spannten sich noch die roten Fähnchengirlanden von den Wahlen im vergangenen Jahr. Die Labour-Partei hatte wieder gewonnen und St. Pauls, mein Dorf, stellte zum dritten Mal in Folge den Premierminister.

Mir fiel auf, dass die Bäuerinnen ähnlich wie ich gekleidet waren. Sie hatten Sportsocken über ihre lockeren Arbeitshosen gestülpt, damit die Feuerameisen und Hundertfüßler nicht in die Hose kriechen konnten. Dazu trugen sie ein langärmeliges Hemd und einen breiten Sonnenhut. Stolz, die richtige Arbeitskleidung gewählt zu haben, wollte ich mit meinem Blackberry eine Aufnahme von uns dreien machen.

Die Frauen hoben abweisend die Hände.

»Viele Menschen wollen nicht fotografiert werden«, erklärte mir Ms Carty. »Sie haben Angst vor Hexerei und Obeah.«

Die Frauen kamen auf Esther aus dem Wohnprojekt zu sprechen, von der ich schon bei der Messe gehört hatte.

»Esther geht es immer schlechter«, sagte eine der Bäuerinnen finster. »Der Honigmann behandelt sie jetzt, aber wahrscheinlich kommt er zu spät. Sie ist schon todkrank.«

»Von wo ist dieser Honigmann?«, fragte ich.

»Aus Saddlers, zwei Dörfer weiter. Er war gerade da.« Berta zeigte zur Hauptstraße. »Vermutlich ist er ins Ghetto gegangen.«

Vom Ghetto hatte ich schon von Pater Fowler gehört, der für seine Strandausflüge Kinder von dort abgeholt hatte. Es war ein Teil des Dorfes, in dem die Ärmsten, die Ausgegrenzten und die Kriminellen lebten.

Am Abend lag ich aufgewühlt von meinen vielen neuen Eindrücken im Bett. Es war hier viel einfacher als in Brüssel, Menschen kennenzulernen. Vieles war mir neu und unverständlich. Die Geschichten über Obeah und den Honigmann hinterließen ein unheimliches Gefühl in mir. Draußen in der Garage brummte der Stromgenerator des Pfarrhauses. Während ich in meinem inzwischen aus Brüssel eingetroffenen Bett lag, hallte die tiefe Einsamkeit in mir nach, die ich in Europa erlebt hatte. Vielleicht würde sich das hier ändern. Morgen Vormittag würde ich Ms Hills treffen.

»Pater Fowler will auch noch den Rasenmäher abholen«, sagte ich zu Ms Hills. In einem lockeren hellblauen Kleid saß sie auf der Bank meiner Veranda. Ich wusste inzwischen, dass Ms Hills in jüngeren Jahren Direktorin des Gymnasiums in Basseterre gewesen war. Ihr Mann war Bildungsminister gewesen. Sie war seit drei Jahren Witwe.

»Sie geben ihm nichts«, sagte sie mit dem ihr eigenen strengen Blick und rasselte dabei mit ihren silbernen Armreifen. »Wie kommen Sie mit dem Projekt voran?«

»Der Premierminister unterstützt das Projekt in seinem Dorf und die Regierung hat die Finanzierung von zwölf jungen Leuten zugesagt«, sagte ich. »Wir werden gute Trainer brauchen. Ich habe mich schon erkundigt. Es wird schwer sein, Experten zu finden, die sich engagieren wollen.«

»Ich kann Ihnen Justus Williams empfehlen«, sagte sie. »Er lebt in Dieppe Bay, einem Dorf in der Nähe. Er arbeitet im Landwirtschaftsministerium und hat früher unseren Pfarrgrund gepflegt. Was wollen Sie anbauen?«

»Ich dachte daran, ein Gemüsefeld hinter dem Pfarrhaus anzulegen. Wir könnten Tomaten, Paprika, Auberginen, Süßkartoffeln und Zwiebeln anbauen. Rund um das Haus plane ich eine Pflanzenschule, damit wir in Säcken die vielen Zierpflanzen und Blumen am Pfarrgrund vermehren.«

»Es muss ein Einkommen für die Kirche bringen«, sagte sie ernst. »Das hat der Kirchenrat ganz klar bestimmt. Haben Sie schon eine Idee, wie Sie das machen wollen?« Sie prüfte mich.

»Wir werden unsere Produkte den Supermärkten anbieten. Wir werden das Gemüse in den Bus packen und hinfahren«, antwortete ich.

Sie schwieg.

»Die Blumen und die Zierpflanzen werden wir ebenfalls den Supermärkten anbieten.«

Ms Hills erhob sich.

»Wir organisieren regelmäßig Kirchenbasare«, sagte sie. »Dort können Sie es auch versuchen. Sie sind extra aus Europa hierher gekommen. Also machen Sie etwas Gutes aus diesem Projekt.« Sie schritt zu ihrem alten Nissan, der vor dem Pfarrhaus in der Wiese stand.

Meine neue Existenz stand trotz der Freundlichkeit, die ich unter Ms Hills strenger Schale spürte, auf wackligeren Beinen, als ich gedacht hatte. Beklemmt ging ich ins Haus.

Vor der Tür hörte ich ein Geräusch. Ein Mann mit einer Machete in der Hand stand draußen und stellte den Fuß in die Tür, sobald ich sie aufgemacht hatte.

»Ich hole den Rasenmäher für Pater Fowler«, sagte er mit müdem bedrohlichen Blick.

»Sag Pater Fowler bitte, dass er sich wegen des Rasenmähers an den Kirchenrat wenden muss«, sagte ich tapfer.

Er schnitt eine Grimasse.

»Was glaubst du, wer du bist?« Sein Gesicht war grau und furchig. »Du bist ein Nichts hier. Ich zerhacke dich und schicke dich nach Europa zurück.«

Als ich an ihm vorbei wollte, gab er den Weg nicht frei. Ich nutzte eine kleine Unaufmerksamkeit von ihm und schlüpfte unter seinem Arm durch ins Freie. Rasch sah ich mich um. Es war niemand zu sehen. Auch James war nicht bei seinen Schafen. Mein Telefon läutete. Erleichtert hob ich ab.

»Ich bin es. Cynthia«, sagte eine Stimme, die ich nicht kannte. »Der Typ bei dir heißt Busta. Nimm dich vor ihm in acht. Er raucht Crack und ist gefährlich. Wir haben schon die Polizei angerufen.«

»Wo sind Sie?«, fragte ich.

Cynthia hatte sich hinter der Kirche versteckt. Ich erkannte sie an ihrem Chignon wieder. Sie hatte die Sonntagsmesse mit den Worten

»Good Morning, Church« eröffnet. Bei ihr war eine zweite Frau, die ebenfalls dem Kirchenrat angehörte.

Die Angst saß mir noch in den Gliedern.

»Warum haben Sie mir nicht früher gesagt, dass Sie da sind?«, fragte ich.

Sie hatten selbst Angst gehabt. Besonders viel Rückendeckung hatte ich von diesen beiden Mitgliedern des Kirchenrates nicht bekommen.

Wir warteten hinter der Kirche, bis zwei Polizisten auftauchten. Busta strich inzwischen fluchend ums Haus. Vermutlich suchte er den Rasenmäher. Die Polizisten stellten ihn zur Rede. Sie verboten ihm, sich dem Pfarrhaus noch einmal zu nähern.

Ich flüchtete vom Pfarrgrund und besuchte Helen. Seit meiner Ankunft vor knapp einem Monat hatte ich noch keine Zeit gehabt, sie in Basseterre zu besuchen.

»Willkommen auf St. Kitts, Liebes«, rief sie mir von ihrem Garten aus entgegen. Als wir uns umarmten, betastete sie meine Rippen. »Hast du abgenommen?«

»Ich habe viel gearbeitet«, sagte ich. »Du siehst gut aus.«

»Gärtnerkluft statt Sitzungsgewand.« Helen schüttelte Erde von ihrer Leinenhose. Sie hatte gerade mit einem Gärtner junge Kokospalmen gesetzt.

»Irina kocht uns ein köstliches Curry«, sagte Helen. Scharfe Currys waren Helens Vorliebe.

Irina war aus Guyana und arbeitete gelegentlich bei Helen im Haushalt. In der Küche sah ich eine kleine pummelige Frau, die mich mit glänzenden Augen anlächelte. Als wir aus dem Haus gingen, tuschelte mir Helen zu, dass Irina eine Seherin war und Geister austrieb.

Ich erzählte Helen von meinem Zusammenstoß mit Busta. Bei der Erinnerung daran zitterte ich noch immer.

»Du musst nur aufpassen«, sagte sie. »Die Polizei ist ja jetzt informiert. Sieh zu, dass deine Tür immer gut verschlossen ist.«

Wirklich beruhigt war ich durch diese Worte nicht. Helen lenkte mich mit den neuen Plänen für ihr Bauvorhaben ab. Sie wollte es nach der nahegelegenen Zuckermühle »Sugar Mill Estate« nennen.

»Die Wohnanlage bekommt ein kleines Fitnesscenter«, sagte sie. Wir hoben die Limonadengläser. »Auf Sugar Mill Estate«, sagte ich und wir stießen an.

Nach dem Mittagessen stapften wir durch das stachelige Dickicht zum Strand hinunter. Eine Kolonie weißer Fischreiher brütete auf ausgetrockneten Bäumen, die die Zuckermühle beschatteten.

»Das Gestrüpp muss weg«, sagte Helen, die vorausging. Sie wollte die kleine Bucht mit Sand aufschütten und einen Bootssteg bauen. Die Wellen klatschten rhythmisch gegen die Felsen. Wir schwammen und machten danach lachend und gelöst Gymnastik im Sand. Wann immer ich wollte zum Meer gehen zu können – so hatte ich mir mein neues Leben auf der Insel vorgestellt.

Am späten Nachmittag nahm ich den Bus nach Hause. Ich wollte zurück in St. Pauls sein, bevor es dunkel wurde. Der Bus hielt direkt vor Helens Garten.

»Einen schönen Nachmittag, wünsche ich«, sagte ich beim Einsteigen geübt und ging nach hinten.

Ich sah ihn sofort. Er saß in der letzten Reihe. Der Platz neben ihm war frei. Aus Rücksicht auf sein amputiertes Bein zögerte ich eine Sekunde, mich zu setzen. Er lächelte selbstbewusst, zog den Stumpf näher zu sich und signalisierte mir, Platz zu nehmen. Ich strahlte ihn an.

»Du bist der Honigmann?«, fragte ich.

»Unter anderem«, antwortete er. »Ich heiße Kwando.«

Etwas schüchtern stellte ich mich vor und verfiel dabei in meine gewohnte Brüsseler Diplomatenmanier.

»Ich weiß, wer du bist«, sagte er, als ich sachlich meine Arbeit für die Kirche erklärte. Seine lebendigen braunen Augen waren auf mich gerichtet und strahlten eine Wärme aus, die mich jede schummrige Geschichte über seine Obeah-Arbeit vergessen ließ.

Wir schwiegen. Manchmal, wenn uns der rasende Bus auf der Hinterbank rüttelte, berührte mich sein kräftiger Arm. Mein Blick blieb auf seinem wohlgeformten, rechten Bein haften, auf den starken Muskeln und dem großen Kniegelenk. Das war also Kwando, der Honigmann.

»Ich fahre weiter nach Saddlers«, sagte er ruhig, als ich in St. Pauls ausstieg. »Ich komme dich besuchen.«

»Das würde mich freuen.«

Zu Hause gönnte ich mir eine Pflegesession mit einer Reinigungsmaske. Es erschreckte mich, wie meine Haut nach nur einem Monat konstanter Sonneneinwirkung litt. Wenn das so weiterging, würde ich am Ende wie ein fleckiger, verdorrter Apfel aussehen. Zusätzlich zum Sonnenhut brauchte ich stärkere Sonnenschutzcreme.

Tags darauf fuhr ich nach Basseterre zur Einwanderungsbehörde, um meine fertigen Papiere abzuholen. Jetzt war ich offiziell Bürgerin von St. Kitts. Auch wenn mich Vincent, der mich angerufen hatte, darauf hinwies, dass meine Aufenthaltsbewilligung nur für drei Jahre galt.

»Das macht nichts«, sagte ich. Ich war nun ein Resident und durfte mich am Flughafen bei der Kittitians-and-Residents-Schlange anstellen. Mein Sommergewand aus Brüssel war mir zu heiß. Zur Feier des Tages kaufte ich mir in einem indischen Geschäft, das mir Helen empfohlen hatte, leichte luftige Baumwollkleider.

Als ich nach Hause kam, standen ein Mann und eine Frau vor dem Pfarrhaus. Der Mann war Justus, von dem Ms Hills gesprochen hatte.

»Ich habe von Ihrem Projekt gehört«, sagte er. Justus war ein kleingewachsener dünner Kittitian mit spärlichen kurzen Haaren.

Er trug spitze schwarze Lederschuhe, die besser ins Landwirtschaftsministerium in der Hauptstadt passten als hierher aufs Land. Die drahtige Hermine hatte er einfach mitgebracht.

»Hermine ist Fußballtrainerin«, sagte Justus und lächelte. »Sie kann gut mit Jugendlichen.«

Hermine erwiderte mein Lächeln nicht.

»Ich habe in Venezuela Landwirtschaft studiert«, sagte sie.

Die friedliche Umgebung mit ihrer üppigen Vegetation und der reinen Luft gefiel den beiden so gut, dass sie im Projekt mitarbeiten wollten. Hermine prüfte die Obstbäume und Justus ging schweigend neben uns her.

»Wir könnten Sauersackbäume pflanzen«, sagte Hermine. »Es gibt auf der Insel zu wenige davon.«

Justus wollte unsere Zusammenarbeit mit seinem Ministerium besprechen. Er hoffte, dass er dem Projekt als Experte zugeteilt werden könnte. Um Hermines Entlohnung wollte ich mich selbst bei der Regierung kümmern.

»Du siehst fröhlich wie ein kleines Mädchen aus in deinem Kleid und mit deinen Locken«, sagte James, der Schafhirte, als er mich an diesem Abend mit frisch gewaschenen Haaren auf der Terrasse sah.

»Es geht bergauf«, sagte ich. »Wir können mit dem Landwirtschaftsprojekt bald anfangen.« Ich wollte Ms Hills und damit dem Kirchenrat so bald wie möglich von dieser positiven Entwicklung berichten. Am Samstag würde ich wieder mit Helen an den Strand fahren und ausgiebig schwimmen. Ich fragte mich, ob der Honigmann je an den Strand ging. Wie lebte dieser rätselhafte Mann?

Der Honigmann besuchte mich nicht. Aber alles andere entwickelte sich gut. Die Österreichische Botschaft in Caracas, die von Venezuela aus für St. Kitts zuständig war, sagte eine kleine Unterstützung für das Projekt zu. Das Landwirtschaftsministerium stellte Justus tatsächlich dem Projekt zur Verfügung und wie erhofft fand ich auch für Hermine eine Finanzierung.

Die Regierung schickte uns zunächst fünf arbeitslose junge Männer. Das Angebot an sie lautete, ein Arbeitstraining und eine kleine Entlohnung zu erhalten. Das ganze sollte sechs Monate dauern, mit Verlängerungsmöglichkeit. Sie konnten dabei aus verschiedenen Bereichen wählen. Die fünf, die zu uns kamen, hatten sich für Landwirtschaft entschieden. Sie hatten früh Schicksalsschläge erlebt und die Schule abgebrochen.

Ich fragte Venus, die Frau, die ich im Supermarkt kennengelernt hatte, um ihren Rat für den Umgang mit solchen Jugendlichen.

»Rechne mit seltsamem Benehmen und Gewalt«, sagte sie. »Du musst sie mit Geduld und Würde behandeln und du musst an sie glauben, egal wie sie am Anfang wirken.«

Nach wenigen Wochen hatten wir bereits zwölf Teilnehmer, sieben junge Männer und fünf junge Frauen. Justus, Hermine und ich trafen uns zu einer Besprechung auf der Terrasse des Pfarrhauses.

»Mit so vielen Teilnehmern brauchen wir ein gutes Konzept«, sagte ich.

Justus nickte nachdenklich.

»Je mehr Teilnehmer, desto besser«, sagte Hermine. »Wir bilden sie alle aus. Wir gründen eine Akademie. Wir machen Geschichte auf St. Kitts.«

»Ausbildung allein reicht nicht«, gab ich zu bedenken. »Der Gemüseanbau muss Geld für die Pfarre abwerfen.«

Hermine winkte ab.

»Ach, lass die Pfaffen. Die sorgen schon für sich. Wir bilden die karibische Jugend aus.«

Insgeheim wartete ich auf den Besuch des Honigmannes. Ich sah Vincent wieder, den amerikanischen Psychiater. Im eisig klimatisierten Kino von Basseterre, dem einzigen auf der Insel, sahen wir uns einen mittelmäßigen Actionfilm an. Danach fuhren wir im Bus nach Hause.

Vincent wohnte in Sandy Point, das auf halbem Weg zwischen Basseterre und St. Pauls lag. Er hatte Schwierigkeiten, mit den Einheimischen Kontakt zu knüpfen und kritisierte die Inkompetenz auf der Insel. Er beichtete mir, dass er noch nie in seinem Leben so viel getrunken hatte wie hier, trotz seines schlimmen Diabetes. Nach ein paar Brandys zu viel war er sogar einmal in eine Rauferei am Busterminal verwickelt gewesen. Seine überraschende Offenheit erklärte ich mir mit seiner Einsamkeit.

»Sobald ich kann, haue ich hier ab«, sagte er.

Ich ertappte mich dabei, wie ich an jeder Haltestelle nach dem Honigmann Ausschau hielt.

Justus stieg ein und setzte sich zu uns. Wir redeten über die Affen auf der Insel. Es waren Grünmeerkatzen aus Westafrika, die vor langer Zeit als Haustiere auf die Insel gekommen waren und sich stark vermehrt hatten. Inzwischen gab es an die vierhunderttausend von ihnen. Die Affen waren intelligent und ließen sich nicht fangen. Vergiften wie streunende Hunde ließen sie sich auch nicht. Bevor eine Affenherde etwas aß, schickte sie einen Vorkoster aus, der die Nahrung probierte. Wenn sich die Bauern Hunde zur Abschreckung zulegten, freundeten sich die Affen mit ihnen an und tollten mit ihnen über die Felder. Manche Bauern fingen sie in Fallen und verkauften sie angeblich für Tierversuche.

Justus' Augen glänzten glasig im halbdunklen Bus. Es war schon spät und unser Landwirtschaftsexperte hatte ein paar Guinness zu viel gehabt.

»Wir dürfen die Affen nicht umbringen, auch wenn sie ganze Ernten vernichten«, sagte Justus. »Die Regierung sagt uns, dass das die Amerikaner stört. Selbst schießen sie alles ab in ihrem Land.

Niemand beschwert sich darüber, dass sie die niedlichen Waschbären umbringen, weil sie eine Pest sind.«

Als Vincent ausgestiegen war, lehnte sich Justus zurück und schwieg den Rest der Strecke. Im Radio spielte es »Hot hot hot« von Arrow, während der Bus durch die Finsternis nach Westen fuhr. Keine Spur vom Honigmann.

Einer unserer Jugendlichen, genannt Tall Man, erzählte mir von Pater Fowler. Tall Man war am Schulhaus vorbeigegangen und hatte die junge Joya mit nichts als einem schmalen Handtuch bekleidet auf der Veranda gesehen.

»Das ist mein Engel«, hatte der Pater grinsend gemeint und sie an den nackten Schultern berührt.

»Was ist das für ein Priester?«, fragte Tall Man.

Seit seinem Rücktritt lebte der Pater zurückgezogen im Schulhaus. Er hatte weder Kontakt zu den Kirchenleuten noch zu mir, die hundert Meter von ihm entfernt im Pfarrhaus wohnte. Wenn ich ihn manchmal in Shorts und mit nacktem Oberkörper im Garten arbeiten sah, fragte ich mich, wie dieser Pfarrer mit den vielen Veränderungen in seinem Leben umging.

Es war ein besonders heißer Tag und Hermine sagte den Jugendlichen, dass sie heute kein Unkraut jäten müssten. Sie wollte mit ihnen in dem improvisierten Klassenzimmer bleiben, das sie außerhalb des Pfarrgrundes bei einem kleinen Sportplatz errichtet hatte. Ich fand es nötiger, dass die Jugendlichen das Gemüsefeld, das wir hinter der Kirche mit Blick zum Meer angelegt hatten, jäteten. Das Unkraut schlug schon tiefe Wurzeln. Die Sonne erhitzte unsere Gemüter.

»Die Jugendlichen sollen Theorie lernen, damit sie eine berufliche Zukunft haben«, sagte Hermine. »Die Rackerei auf dem Feld bringt ihnen nichts.«

Zum Glück unterbrach uns das Läuten eines Mobiltelefons. Blair, einer der Jungen, erhielt einen Anruf.

»Lisuscha, es ist Adio«, sagte Blair. Mein Herz schlug schneller. Ich wusste, dass Adio der Gehilfe des Honigmanns war. »Sie wollen dir Honig verkaufen und könnten jetzt vorbeikommen.«

»Wie viel für den Honig?«, fragte ich. Ich wollte so sachlich wie möglich klingen, um nicht meine Freude vor Hermine und den still gewordenen anderen jungen Leuten preiszugeben.

»Adio sagt, vierzig EC-Dollar die Flasche.«

»Gut.«

»Sie sind in zwanzig Minuten beim Pfarrhaus.«

»Ich komme hin.«

Es waren Wochen vergangen, seit ich Kwando, den Honigmann, im Bus getroffen hatte. Leichtfüßig machte ich mich zum Pfarrhaus auf und zupfte dabei meine Hose zurecht. Kwando saß bereits ruhig auf der Bank vor dem Haus. Adio, sein Hilfsmann, gab mir die Honigflasche und kassierte. Spielerisch schwenkte ich den dickflüssigen dunklen Honig in der alten Rumflasche und begegnete dem milden Blick Kwandos. Ich sah darin, dass er nicht wegen des Honigs gekommen war und dass er ihn mir geschenkt hätte, wenn er allein gewesen wäre.

»Komm mit zum Feld«, sagte ich. »Ich zeige dir unser Projekt.«

Unter den wilden Guavenbäumen, die am Weg zum Feld standen, waren wir auf einmal allein. Als Kwando hinter mir stehenblieb, drehte ich mich zu ihm um. Stillschweigend sahen wir uns an. Der süße Duft der Guaven hing betörend in der windstillen Aprilluft. Kwando machte einige Schritte auf mich zu. Er bewegte sich mit seinen Krücken geschmeidig wie ein Raubtier. Er war groß und mir gefiel sein Gesicht mit den hohen Wangenknochen.

»Ich freue mich, dass du gekommen bist, Kwando«, sagte ich verlegen.

»Gut so, Lisuscha«, sagte er leise und lächelte mich an, ohne seinen Blick von mir abzuwenden.

Am liebsten hätte ich ihm erzählt, wie einsam die ersten Nächte gewesen waren und wie sehr mich die Arbeit im Projekt manchmal anstrengte. Mit seinen dunklen Augen beobachtete er mich. In seinem Blick lag eine unheimliche Welt, die mich anzog. Ich konnte nicht anders, als ihm weiter in die Augen zu sehen. Tiefer wollte ich in das Geheimnisvolle sinken, das sich mir öffnete.

»Da seid ihr ja. Lisuscha, zeig uns das Feld«, unterbrach uns Adio, der nachgekommen war.

Statt Hermine und den Jugendlichen halfen mir Kwando und Adio beim Jäten. Kwando lehnte auf dem Feld an einer Krücke und beugte seinen breiten Rücken. Mit seinen kräftigen Armen riss er geschickt das Unkraut aus der lockeren Erde. Seine Rastalocken hingen herunter.

Adio merkte, dass ich Kwando beobachtete. Er erzählte mir, dass Kwando nicht nur die lästigen Nester der wilden Bienen entfernte, sondern auch eine Landwirtschaft besaß.

»Niemand hat so viel Land wie Kwando«, sagte Adio. »Es liegt hoch oben unter dem Vulkan.« Kwandos Farm musste hart am Regenwald liegen, wo die Vegetation sattgrün und üppig war. »Kwando ist fit, weißt du«, sagte Adio. »Er ist ein Kämpfer. Er hat den schwarzen Gürtel in Karate.«

Kwando lachte.

»In Taekwondo, Adio.«

»Er war der Schnellste und Beste in der ganzen Karibik«, sagte Adio.

»Ich bin es immer noch«, sagte Kwando. Schweigend jätete er weiter.

»Wenn Kwando arbeitet, dann arbeitet er und redet nicht viel«, erklärte Adio.

So schnell würden sich mir die Geheimnisse dieses Mannes nicht offenbaren.

Zum Abschied gab ich Kwando Guaven mit. Wie elektrisiert berührten sich unsere Hände dabei.

»Ich komme wieder«, sagte Kwando mit weicher, tiefer Stimme.

7

Ich tauchte Frangipani- und Oleander-Stecklinge in Wurzelhormonpulver, um sie in die lockere Erde zu stecken, die ich zuvor in schwarze Plastiksäcke gefüllt hatte. Meine Pflanzenschule nahm Gestalt an. Fast vier Monate war ich schon auf St. Kitts. Im August würde der neue Pfarrer kommen. Bis dahin musste ich aus dem Pfarrhaus ausziehen. Um vier Uhr wurde es kühler und das Arbeiten in der Natur wurde zum Balsam für die Seele. Die Stille war heilend. Weit weg war ich vom Wirbel der Stadt und heraußen aus der Tretmühle. Ich fragte mich, wo ich in Zukunft wohnen könnte. Mit meinem bescheidenen Entwicklungshelferinnen-Gehalt musste meine Unterkunft möglichst günstig sein. In diesem neuen Land war ich auf mich selbst gestellt.

Ein brennender Schmerz ließ mich aufschreien. Feuerameisen waren in meine Arbeitsbluse hochgekrochen. Sie bissen mich in die Arme und Schultern. Ich schlug auf mich ein, schüttelte mein Hemd und kühlte die brennenden Stellen mit Wasser. Es war zwecklos. Die Ameisenbisse brannten wie Feuer.

Ich blieb auf der Hut vor dem listigen alten Pater Fowler, aber wir näherten uns einander wieder an. Er pflegte kaum Kontakt zu Erwachsenen. Nach fünfzig Jahren als Priester in verschiedenen Ländern lebte er nun zurückgezogen und hatte stark abgenommen. Besorgt über seinen Zustand brachte ich ihm eines Tages Essen, wofür er sich bedankte. Er aß sonst nur Thunfisch aus Dosen und Cracker. Jeder hat seine Fehler, dachte ich und stieg vom hohen moralischen Ross.

An einem Samstag raffte sich Pater Fowler wieder zu einem seiner Strandausflüge auf und ich nahm daran teil. Joya war bei ihrer Familie in Nevis. Der Pater und ich holten zwanzig Kinder aus dem Dorf ab. Shantel passte auf die Kleinen auf. Der Biss des Hundertfüßlers an ihrer Hand war inzwischen geheilt.

In St. Pauls deutete der Pater auf eine mit Goldfarbe bemalte Bronzeskulptur von Robert Bradshaw, dem ersten Premierminister von St. Kitts.

»Die Gegend hat eine beeindruckende Geschichte«, sagte er. »Von hier sind viele politische Unabhängigkeits- und Gewerkschaftsbewegungen ausgegangen. Niemand auf St. Kitts wollte sich mit den Leuten hier anlegen. Früher wurden hier Ortsfremde mit Bierflaschen, Steinen und Brotfrüchten beworfen.« Der Pater fühlte sich offenbar den Rebellen und Ausgestoßenen zugehörig.

»Was ist mit Saddlers?«, fragte ich. Das war das Dorf, in dem der Honigmann lebte.

»Saddlers liegt im Nordwesten«, sagte Pater Fowler. »Es war schon immer ein berüchtigtes Dorf. Harte Typen, Querdenker, Rebellen. In Saddlers gab es bereits freie Bauern, als die Bewohner von Basseterre den Engländern noch die Türklinken polierten.«

Der Fahrtwind massierte mein Gesicht. Hoch oben ragte der Vulkan aus dem Nebel. Warum ließ sich Kwando so viel Zeit, bevor er wiederkam?

Wir verließen das Dorf über eine Oleanderallee und der Pater schaltete für die Kinder das Radio ein. Es war Juni und die Hurrikanzeit hatte soeben begonnen, warnte ein Sprecher im Radio. Das Gelächter im Bus übertönte die karibische Gospelmusik. Laut schreiend wechselten die Kinder Sitzplätze. Mit wilden Gesten begrüßten sie Touristen auf der Straße, die unseren Bus voller Kinder fotografierten. Der Pater gab Gas und streckte seine Hand aus dem Fenster, als würde er fliegen. Das machte er immer, wenn er zufrieden war.

Shantel packte eine Weißbrotstange aus, riss sie für die Kinder in Stücke und legte jedem eine Banane hinein. Es war still, solange die Kinder aßen. An der südöstlichen Spitze der Insel, wo die Sandstrände weiß waren, liefen die Kinder kreischend zum Meer. Einige amerikanische Expats saßen vor einer Strandbar unter einem breiten, dunkelblauen Sonnenschirm und picknickten mit eisgekühltem Wein.

Während der Pater mit den Kindern Wasserball spielte, kümmerte ich mich um drei kleine Mädchen, die schwimmen lernen wollten. Als ich aus dem warmen, klaren Wasser kam, hörte ich Pater Fowler über die anglikanische Kirche und unser Projekt schimpfen. Er redete mit einem argentinischen Paar, das auf Hochzeitsreise war. Ich zog mein Handtuch aus dem gemeinsamen Haufen und suchte mir abseits eine Liege unter einem Sonnenschirm. Er sollte nicht vor anderen Leuten so über die Kirche schimpfen und schon gar nicht über unser Projekt, dachte ich. Aber so war er nun einmal. Er ließ sich nicht einschränken. Er war so großzügig und bescheiden, dass er mit den jungen Leuten umging, als wären sie seine Freunde. Er hatte selten ein mahnendes Wort für sie. Aber er tat nur, was er wollte. Einfach machte er es sich dabei nicht. Er wollte Priester sein und gleichzeitig seine junge Joya haben. Er wollte von der Kirchengemeinschaft geschätzt werden und gleichzeitig mit den Ausgestoßenen die Pharisäer meiden.

Wir waren am South-Friars-Strand und es war ein schöner Tag. Die Sonne schien stark. Unter dem Schirm nickte ich ein und träumte vom Honigmann. Wenn er auf seinen Krücken geschmeidig wie ein Panther ging, traten die Muskeln seiner Oberarme hervor.

Eines Tages kurz vor Sonnenuntergang kam Kwando wieder. Er war in Begleitung seines Helfers Adio und eines zweiten Mannes namens Bobby, der sie gefahren hatte. Wir spazierten über den Pfarrgrund.

Ich zeigte Kwando die Fortschritte, die die Pflanzenschule gemacht hatte. In der Abenddämmerung ließen wir uns auf der Veranda nieder. Ich servierte meinen Gästen ein eisgekühltes Ingwergetränk. Kwandos Bewegungen im Dunkeln waren zurückhaltend. Von der Seite beobachtete er jeden meiner Schritte, ohne mich anzusehen.

»Gut schmeckt dein Ingwersaft, Lisuscha«, sagte Adio. »Warum ist er so dunkel?«

»Ich süße ihn mit Palmzucker. Daher kommen die braune Farbe und der Karamelgeschmack. Ich liebe Ingwer.«

Kwando hielt das Glas in seiner großen Hand und lächelte mich an. Umgeben von seinen Männern sprach er höflich distanziert zu mir.

»Ich komme gerade von einer Patientin«, sagte er.

Ich horchte auf.

»Die Leute sagen, du bist ein Obeah-Mann«, sagte ich.

»Ich bin kein Obeah-Mann«, sagte er. »Ich lehne Obeah ab. Ich heile mit Gottes Hilfe Menschen, die verhext wurden.« Er trieb böse Geister aus, Duppies oder Jumbies, wie sie die Kittitians nannten. Er machte das Böse, das andere angerichtet hatten, wieder gut.

»Ich lege niemandem Ziegenherzen unter das Kopfkissen«, sagte er lachend. Er hatte bei einem im Urwald der Insel Dominika lebenden Heiler gelernt, Kräuter, Entgiftungen, Massagen und vor allem Gebete einzusetzen. Damit kämpfte er gegen die Folgen von Obeah-Flüchen.

Viele Menschen hier glaubten zumindest unterschwellig noch an Obeah. Zehn Jahre hatte Kwando auf verschiedenen karibischen Inseln mit seiner Heilerausbildung und seiner Bienenarbeit verbracht.

»Was ist eigentlich aus der verhexten Esther Williams geworden?«, fragte ich.

»Du hast von ihr gehört?«

»In der Kirche.«

»Ich habe sie leider schon in einem fortgeschrittenen Stadium ihrer Krankheit vorgefunden«, sagte Kwando.

Sie war in Lebensgefahr gewesen. Er hatte die Hoffnung nicht aufgegeben. Esther war trotzdem gestorben. Kwando war überzeugt, dass ihre Schwester sie umgebracht hatte, auch wenn sie eine noch so brave Kirchengängerin war. Wie benebelt hörte ich ihm zu. Kwando misstraute den Anglikanern. Er erzählte mir von dem Gerücht, dass sie seit Jahrhunderten einen Totenkult mit ausgegrabenen Menschenknochen, Kräutern und Gesängen praktizierten. Obeah-Priester hatten sich immer wieder als Anglikaner getarnt, um unter der Herrschaft der Engländer ungestört ihr Unwesen treiben zu können.

In der Dunkelheit erkannte ich Kwandos ruhiges Profil. Er schlug vor, dass wir zusammenarbeiten. Ich sollte ihm auf seinem Grund helfen, er würde mir dafür am Pfarrgrund behilflich sein.

»Du willst eine Frau zum Unkrautjäten?«, scherzte ich. Unkrautjäten war unter der Würde der meisten Männer aus St. Kitts, hatte ich von den jungen Teilnehmern des Projekts gelernt. Es war Frauenarbeit.

»Ich will, dass wir zusammenarbeiten«, sagte Kwando.

»Warum willst du mich zum Arbeiten? Warum nimmst du keine Einheimische?«

»Das ist eine gute Frage«, antwortete Adio statt ihm. Die drei Männer lachten laut.

Kwando erklärte, dass ich das Marketing für seine Landwirtschaft übernehmen könnte. Adio und Bobby bekräftigten jede Aussage Kwandos. Er hatte eine natürliche Autorität.

»Bist du verheiratet? Hast du Kinder?«, platzte es aus mir heraus.

»Nope.« Kwando senkte sein Gesicht. Seit einigen Monaten lebe er im Haus seiner Familie in Saddlers, das seiner Mutter, ihm und seinen elf Geschwistern gehöre, erzählte er mir. Er hatte neun Schwestern und zwei Brüder. Seine Mutter war seit einer Augenoperation im Februar auf Hilfe angewiesen. Die meisten seiner Geschwister waren im Ausland, die übrigen waren mit ihren eigenen Familien beschäftigt.

»Davor habe ich auf meiner Farm gewohnt«, sagte er. Kwandos Mutter stammte aus Dominica. Sein Vater war ein Farmer aus Saddlers gewesen und vor fünfzehn Jahren gestorben.

»Nächste Woche fliege ich nach Österreich zur Hochzeit meines jüngsten Bruders«, sagte ich. »Zeigst du mir dein Land, wenn ich zurückkomme?«

»Das mache ich.« Seine Stimme wurde undeutlicher. »Vielleicht heiraten wir, wenn du zurückkommst«, sagte er.

Die beiden anderen Männer sahen mich erwartungsvoll an.

»Was hast du gesagt?« Verwirrt blickte ich von Kwando zu den Männern. »Habt ihr das gehört?«

Kwando lachte in seinen Bart.

»Was sagst du dazu?«, fragte mich Adio.

Kurz überlegte ich und spürte dabei Kwandos prüfenden Blick.

»Ich halte es fest«, sagte ich.

»Was heißt das? Du lehnst ab?«, fragte Adio.

»Ich habe gesagt, dass ich es im Kopf behalten werde«, sagte ich.

Die drei Männer sahen einander wortlos an und Kwando schien zufrieden zu sein.

»Merkt ihr, dass wir gerade in ein sehr aufschlussreiches Gespräch verwickelt sind?«, fragte ich, um die Stimmung aufzulockern.

»Das kann man wohl sagen«, bestätigten Adio und Bobby.

»Und ihr seid Zeugen«, rief ich übermütig.

Die ganze Situation mit Kwando und seinen Männern kam mir vor wie ein Dorfzeremoniell aus alten Zeiten. Er war mit seiner Gefolgschaft gekommen, um mich näher kennenzulernen. Vor

Zeugen hatte er um meine Hand angehalten und ich hatte es mit mir geschehen lassen.

Die Nacht war eingebrochen und Kwando gab das Zeichen zum Aufbruch. Im Rausch des Erlebten stellte ich die Gläser und den Krug mit dem Ingwersaft auf das Tablett. Pater Fowler fuhr mit seinem Bus am Pfarrhaus vorbei.

»Du hattest Besuch?«, fragte er.

»Ja, ich bring die Gläser hinein.«

»Viele Bienen um Lisuscha«, sagte er. »Wer war denn da?« Er war hemmungslos neugierig.

»Der Honigmann und zwei andere Männer.«

»Ah. Der Honigmann.« Pater Fowler zog die Brauen hoch. »Der Honigmann wird alle Bienen verjagen, denn er will selbst Honig mit Lisuscha machen. Wir sehen uns am Sonntag in der Messe.«

Pater Fowler brauste zum Schulhaus. Er war besser gelaunt, weil er mit dem Kirchenrat einen Waffenstillstand geschlossen hatte. Er hielt den Pfarrgrund um das Schulhaus instand und spielte jeden Sonntag die Orgel in der Messe. Er kam auch zu den Chorproben, dafür durfte er weiterhin im Schulhaus wohnen.

Am Sonntag vor meiner Reise nach Europa bat mich Ms Hills zum ersten Mal, in der Messe zu lesen. Betont und laut las ich aus dem Buch der Offenbarung. Nur die Stimme konnte ich noch nicht so begeistert heben, wie es der Erzdiakon tat, der nach wie vor die Messen hielt. Angesichts der Wirtschaftskrise sprach er diesmal in seiner Predigt von Selbstversorgung und Nahrungssicherheit. Er schlug vor, dass alle Kirchen landwirtschaftliche Pilotprojekte auf ihrem Grund haben sollten. St. Pauls könne sich mit seiner Initiative profilieren. Ich fühlte mich in meiner Arbeit bestätigt und lächelte die Frauen des Chors an. Mit unbewegten Mienen saßen sie da. Manchmal fragte ich mich, was sie von meiner Arbeit wirklich hielten. Ihre mangelnde Anteilnahme, wenn ich in den Kirchenratssitzungen, die in der Kirche stattfanden, über die Fortschritte des Projektes berichtete, ließ mich an meinem Nutzen zweifeln. Doch sie hatten meine Zugehörigkeit zu ihrer Pfarre inzwischen mit einem Platz in der ersten Reihe des fünfköpfigen Chors besiegelt. Da stand ich während den Messen und sang mit, obwohl ich selten zu den Chorproben ging. Einige Lieder kannte ich schon. Nach einem halben Jahr in St. Pauls war ich ein Teil der Glaubensgemeinschaft geworden. Viele Jahre hatte ich allein gekämpft und versucht, wieder zu meinem Glauben zu finden. Dieses neue Gemeinschaftsleben gab mir Kraft. Das letzte Mal hatte ich mich mit vierzehn so erleichtert und fröhlich gefühlt. Es gab Konflikte unter den Kirchenbesuchern, aber sie beteten gemeinsam. Das brachte letztendlich Frieden und zeigte ihnen neue Wege.

8

Als ich von meinem Urlaub in Wien zurückkam, fand ich das Pfarrhaus trotz Hurrikanzeit in gutem Zustand vor. Es war Juli und bisher hatten die Wirbelstürme die Insel verschont. Ms Hills, der Kirchenrat und der Erzdiakon hatten beschlossen, dass ich endgültig aus dem Pfarrhaus ausziehen musste, denn der neue Priester sollte bald in St. Pauls eintreffen. Der Kirchenrat bot mir ein Haus im Dorf an. Es lag in einer engen Straße mitten in St. Pauls. Als ich den schmalen, eingezäunten Rasenstreifen abging, merkte ich, wie sehr ich die Natur um das Pfarrhaus vermissen würde.

Mit Kopftuch und in einer bunt bekleckten Arbeitskluft machte ich meine zweite Bleibe auf der Insel wohnlicher. Zefinaya, ein junger Zimmermann aus St. Pauls, stand mir beim Ausmalen und beim Tauschen der Fliegengitter bei. Er ersetzte auch das alte Linoleum des Fußbodens durch helle Keramikfliesen. Kwando brachte mir ein Mittagessen. Auf einem umgestülpten Farbeimer aß ich neugierig seinen warmen Süßkartoffeleintopf, während er den Zementstaub vom Boden wusch. Kwando fühlte sich sichtlich für mich verantwortlich. Es sah so aus, als hätte er sich seit seinem Besuch im Pfarrhaus vor meiner Reise nach Österreich für mich entschieden. Anscheinend gab es keine Phase des romantischen Händchenhaltens und Hinfieberns, bis wir uns der Leidenschaft hingeben und uns danach überlegen würden, wie es weiterginge. Ich fragte mich, ob das hier so Sitte oder Kwandos ganz eigene Art war.

Um meine Küche schnell funktionstüchtig zu machen, bestellte Kwando eine Gasflasche und steckte daran einen Gaskocher an. Seine

Nähe gab mir Sicherheit, doch ein Unbehagen schlich sich bei mir ein, als er so unvermittelt häuslich wurde.

Für meinen Umzug vom Pfarrhaus ins »Dorfhaus«, wie der Kirchenrat das kleine Haus mit dem sandfarbenen Anstrich und den braunen Dachbalken nannte, schickte er mir einen Fahrer mit einem Pick-up. Am Abend packten Kwando und ich in der Küche im kalten Licht einer Neonröhre Geschirr aus. Es war finster geworden im Dorf. Eine kühle Brise zog durch das Küchenfenster herein. Ich spürte Kwandos Wärme. Als mich sein muskulöser Arm streifte, durchzog ein Lustgefühl meinen Körper. Kwando stellte einen Teller ab und griff nach mir. Wir küssten uns zärtlich, bis er meinen Hinterkopf fasste und meine Lippen erforschte. Ich ließ mich fallen. Befremdet durch die neue Umgebung lag ich neben ihm im Bett und streichelte seine Brust. Unsere Körper spielten achtsam und scheu miteinander. Kwando war bei mir, und ich wusste, dass wir noch vieles vor uns hatten.

In der Nacht schreckte ich aus einem Traum hoch, an den ich mich nicht mehr erinnern konnte.

»Ich brauche Zeit«, sprudelte es aus mir heraus. Mehr als zehn Jahre lang war ich ohne Mann gewesen. Kwando ging die Dinge zu schnell an. Die Vorstellung, meinen Freiraum aufzugeben, löste nackte Angst in mir aus.

»Du bist nicht bereit für mich«, sagte er. »Ich gehe jetzt.«

Es war ganz still im Haus, als Kwando in die Dunkelheit hinausging. Eine bleierne Müdigkeit überfiel mich. Unsere erste Nacht hatte abrupt geendet. Dabei hatte mir Kwando während der Wochen der Renovierung und des Umzugs so geholfen. Es roch nach frischer Farbe. Ich musste mich ausschlafen. Alles andere würde sich am nächsten Tag lösen.

Am Morgen ging ich zum Pfarrgrund. Ich wollte mich wieder konzentrierter dem Projekt und den jungen Leuten widmen. Hermine hatte in den vergangenen Wochen lautstark die Kontrolle in der Gruppe übernommen. Die Jugendlichen folgten ihr wie einer Bandenführerin. Justus verhielt sich ruhig und zurückhaltend. Das Projekt hatte sich seit Februar positiv entwickelt – bis auf einen Zwischenfall in meiner Abwesenheit. Ein Jugendlicher namens Nathan hatte seinen Halbbruder Bishen mit einem Zaunpfahl angegriffen. Wären Tall Man und Joanna nicht dazwischengegangen, hätte Nathan seinem Halbbruder glatt den Schädel eingeschlagen. Die Polizei hatte ihn später gesucht. Nathan kam nie mehr zurück.

Hermine und ich predigten den jungen Leuten, dass wir keine Gewalt duldeten. Wir akzeptierten auch kein Guinness-Bier und kein heimliches Marihuana-Rauchen während der Arbeit. Besorgt merkte ich, dass das Unkraut auf dem Feld hoch gewachsen war und die jungen Tomaten, Paprika und Melanzani bedrängte. Auch das Guineagras breitete sich aus. Hermine tat nichts, um die Jugendlichen zum Jäten zu ermutigen. Zu müde zum Diskutieren kümmerte ich mich selbst darum.

Kurz vor der Mittagspause stand Adio auf dem Feld und winkte. Kwando hatte ihn geschickt, um mir Bananen von seinem Grund zu bringen. Ein Gefühl von Wärme erfüllte mich, als ich über das Feld zu Adio ging.

Ich brachte etwas von den Bananen dem neuen Pfarrer, Pater Edward, und seiner sanften Frau vorbei. Sie wohnten seit Kurzem im Pfarrhaus.

Pater Edward war ein pensionierter Pfarrer aus St. Kitts, der in Brooklyn, St. Croix und Antigua gearbeitet hatte. Er schien ein gütiger, kompetenter Mann zu sein. Am Ende seiner Laufbahn erwartete ihn nun Pater Fowlers schwieriges Erbe. Kwando rief mich an, als ich gerade bei dem Ehepaar war.

»Du arbeitest so hart. Du brauchst ein bisschen Abwechslung«, sagte er. Er wollte mich in die Hauptstadt ausführen.

Als ich am Abend am Terminal in Basseterre aus dem Bus stieg, wartete Kwando schon auf mich. Die Menschen, die gehetzt in die Stadt wollten, drängten an mir vorbei und schubsten mich. Kwando zog mich aus dem Gewirr und führte mich zum Eissalon. Die Verstimmung zwischen uns war vorüber. Kwando ging alles sehr schnell an. Doch auch ich hatte meine Entscheidung schon getroffen. Ich dachte nicht darüber nach, ob ich mich mit ihm einlassen sollte und ob ein Rasta und Obeah-Heiler in meine Welt passte. Er war der mächtigste Mann, den ich je erlebt hatte.

»Wie hast du dein Bein verloren?«, fragte ich, als wir am Abend von unserer Leidenschaft durchtränkt nebeneinander lagen. Ich berührte seinen Beinstumpf.

»Bei einem Motorradunfall«, sagte er. »Am ersten Dezember ist es genau zwanzig Jahre her. Ich war jung und draufgängerisch. Ich hab mir ein Motorrad in St. Martin gekauft und es nach St. Kitts gebracht. Eine Honda Cross, 600 Kubikzentimeter hatte ich, ein feuriges Ding.«

»Eine Cross?«

»Ja, ein Rallye-Motorrad, damit ich den Berg zu meinem Grund hochkam. Das war mein Spaß und auch mein Unglück.«

Er war damals vierundzwanzig Jahre alt gewesen und Farmer seit seiner Kindheit. Mit seinem schwarzen Gürtel in Taekwondo verdiente er sich zusätzliches Geld als Sicherheitsmann. Im Dorf erzählten sich die Männer noch immer, dass noch nie jemand so stark und schnell wie Kwando gewesen war. Kwando war auf dem Weg nach Hause nach Saddlers gewesen. Ein LKW war zu schnell auf die Hauptstraße abgebogen und hatte Kwando auf seinem Motorrad niedergefahren. Kwandos linkes Bein war zwischen Motorrad und LKW geraten und zerschmettert worden. Er war mit dem Motorrad drei Meter durch die Luft geschleudert worden und am Straßenrand gelandet. Die zerschellten Beinknochen traten hell aus der Fleischmasse hervor. Die Haut auf seinem Bein hing in Fetzen herunter. Sein Fuß im Schuh war zu Brei zerquetscht. Kwando hatte sein Knie neben ihm auf der Straße liegen gesehen. Bei dieser Vorstellung zuckte ich zusammen und hielt mich an seinem kräftigen, intakten Bein fest.

»Es ist okay, Baby. Es ist vorbei«, sagte er, eine Hand in meinen Haaren.

Eine ganze Stunde lang hatte er allein auf die Rettung gewartet. Um die starke Blutung zu stoppen, schnürte er seinen Oberschenkel mit seinem Hemd ab. Trotzdem verlor er viel Blut. Er blieb die ganze Zeit bei Bewusstsein, verfluchte die Insel, ihre Langsamkeit und Unfähigkeit. Das Meer schluckte seine Wutschreie. Er bat einen einsamen Passanten, eine Machete zu bringen. Er wollte sich das Bein selbst abnehmen, um endlich die Schmerzen loszuwerden. Doch er hatte Angst vor einer Blutvergiftung.

»Das Warten auf die Rettung war das Schlimmste«, sagte er. »Jede Sekunde verging in Zeitlupe.«

»Ich wünschte, ich wäre bei dir gewesen«, sagte ich mit Tränen in den Augen.

In seine Geschichte vertieft, sah er zu mir.

Als ihn die Rettung endlich ins Krankenhaus gebracht hatte, war er immer noch bei Sinnen gewesen. »Nehmt es ab! Mein Bein kann nicht mehr gerettet werden. Schnell, macht eure Arbeit«, hatte er den Ärzten gesagt. Die Narkose wirkte nicht richtig und Kwando war während der Amputation wach, aber ohne Schmerzen. Er hörte die schrille Säge, die seinen Oberschenkelknochen unwiderruflich durchtrennte. »Danke Doc, Sie haben gute Arbeit geleistet«, sagte Kwando, nachdem sie ihm das amputierte Bein zugenäht hatten. Er wollte gleich vom OP-Tisch aufstehen. »Halt, mein Freund!«, sagte der Arzt erheitert und hielt ihn zurück. Ich konnte mir gut vorstellen, dass Kwando in der Lage war, tragischen Situationen eine gewisse Komik abzugewinnen.

»Die Krankenschwestern saßen an meinem Bett und flochten meine Haare, bis die Oberschwester sie wegschickte, weil ich Ruhe brauchte«, sagte er.

Ich atmete seinen warmen Duft nach Holz und Blumen ein und liebkoste seinen lang ausgestreckten nackten Körper, bis er einschlief. Als ich in der Nacht aufwachte, kniete Kwando mit an der Stirn gefalteten Händen am Boden neben dem Bett. Wie lange betet er schon, fragte ich mich.

Am nächsten Morgen hallte draußen ein Schrei auf dem Asphalt der Straße wider und ich rannte aus dem Haus. Ein erwachsener Mann hielt einen Jugendlichen auf dem Boden fest. Der Bub schrie und versuchte, sich aus dem Polizeigriff zu lösen.

»Bleib cool, sonst machst du es nur schlimmer! Hörst du?«, schrie der Mann.

»Was machen Sie da?«, rief ich. Die beiden befanden sich auf dem Grund des Dorfhauses, das die einzige Wiese weit und breit besaß.

»Er hat versucht, mir fünfhundert Dollar für seine Drogen zu stehlen. Schon zum zweiten Mal. Aber das lassen wir in unserem Dorf nicht zu. Wir beklauen uns hier nicht.« Der Mann zog seinen Ledergürtel aus der Hose, um den strampelnden Jungen zu fesseln. Ein Polizist fuhr in einem Wagen vor und beobachtete das Geschehen teilnahmslos. So war das also. Es herrschte ein eigenes Gesetz in diesem Dorf, das sogar die Polizei wortlos akzeptierte. Jetzt erlebte ich hier zum zweiten Mal nach Bustas Angriff auf mich Aggression und Gewalt.

Der Mann hob den gefesselten Jungen auf, schob ihn grob in den Fond des Polizeiwagens und stieg mit dem Polizisten vorne ein. Inzwischen hatten sich mehrere Nachbarn auf der Straße versammelt, um das Spektakel zu beobachten.

»Das ist Ms Janets Bub. Sie werden ihn sicher verprügeln«, sagte Kwando ruhig und berührte meine Schulter. Er war aus dem Haus gekommen und stand dicht hinter mir.

Aber der Junge gab nicht auf. Geschickt kletterte er aus dem Fenster des wegfahrenden Polizeiwagens und rannte los. Die Männer fingen ihn wieder ein und fuhren mit ihm ab.

Nachdem Kwando seinen morgendlichen Buschtee, bestehend aus Zitronengras, Basilikum und Bitterkraut mit viel Zucker getrunken hatte, ging er auf seine Farm. Bestürzt über die Härte der Erwachsenen gegenüber dem Jungen rief ich Venus an.

»Ja, Gewalt von klein auf, das sind die Jugendlichen hier gewohnt«, sagte sie. Venus war stolz darauf, dass ihr Programm mit der Risikojugend langsam Anerkennung fand. Sie bekam Unterstützung aus den USA und Taiwan. »Mit dem Landwirtschaftsprojekt mit den Jugendlichen hast du eine sinnvolle Aufgabe hier«, sagte sie.

Venus machte mir Mut. Ich setzte mich an den Laptop, um die Nachrichten aus Europa zu verfolgen und nach E-Mails meiner Kinder zu schauen. Irgendwo in den Kisten war noch Roxannas große rote Tasse aus Brüssel. Noch zögerte ich, meiner Freundin in Athen von meiner Liebe zu berichten.

Vincent rief mich an, um zu fragen, wie es mir in meiner neuen Bleibe, im Dorfhaus ging. Er war guter Dinge, denn er hatte eine Frau kennengelernt. Wie er war sie eine Freiwillige des amerikanischen Peace Corps auf St. Kitts. Aufgeregt schwelgte ich in meinen Erzählungen über den Honigmann.

»Hallo da drinnen!«, rief eine hohe Stimme.

»Vincent, ich muss aufhören. Da ist jemand.«

»Okay. Gehen wir doch alle zusammen essen, vielleicht zum Inder?«, schlug Vincent vor.

»Machen wir.«

Eine alte Frau stand in einer Hausschürze und Pantoffeln vor meinem Gartentor.

»Hier, ich hab dir eine grüne Papaya gebracht. Wir sind ja Nachbarn.«

»Danke sehr! Wie heißt du?«, sagte ich und blickte in ihr freundliches, faltiges Gesicht. Die Frau hatte Eckzähne wie ein Faschingsvampir.

»Ich bin Ms Janet und wohne da drüben.« Sie zeigte auf das niedrige himmelblaue Haus hinter einem der Wellblechzäune.

Sie lächelte mich gütig an, doch ihr Blick schien verloren.

»Sie haben meinen Enkel heute früh mitgenommen«, sagte sie. »Es macht mich so unruhig, ich muss ein bisschen herumgehen.«

»Das tut mir leid. Wo ist der Junge jetzt?«

»Auf der Polizeistation. Sie behalten ihn bis zur morgigen Gerichtsverhandlung dort.«

»Hat er etwas gestohlen?«

»Mein Enkel sagt, nein.« Sie sah mich eindringlich an. »Ich habe ihn erzogen. Seine Mutter ist weit weg. Ich habe mich um diesen Jungen gekümmert. Es macht mich krank, daran zu denken, dass er in einer Zelle übernachten wird.« Ihre Stimme brach ab.

»Wie alt ist er? Fünfzehn?«, fragte ich.

»Sechzehn«, sagte sie schmerzerfüllt und schüttelte den Kopf. »Bete für ihn! Bete, Lisuscha!«

»Das werde ich tun.«

»Du kannst aus der grünen Papaya eine Suppe machen. Gott segne dich!«

»Danke, Ms Janet!«

Am Abend fiel der Strom aus. An den Wänden entlang tastete ich mich ins Schlafzimmer. Ab ins Bett. Da war ich am sichersten vor der schummrigen Finsternis des ungewohnten Hauses. Kwando fand die Sturmlaterne auf der Küchendiele und brachte uns Licht ins Schlafzimmer.

»Es war kein normaler Tag heute«, sagte Kwando und stellte die Öllampe auf das Nachtkästchen. »Ich habe Geister in Gläser getan und schreckliche Wellen von ihnen empfangen.«

»Was für ein Auftrag war das, Kwando?«, fragte ich. Inzwischen wusste ich ein wenig von seiner Tätigkeit.

Kwando setzte sich zu mir auf das Bett.

»Eine Frau und ihr Sohn haben mir gesagt, dass hunderte von Echsen und Fröschen im Haus seien. Sie haben mich beauftragt, Jumbies aus dem Haus zu entfernen, die sie terrorisieren.«

»Jumbies?«

»Jumbies sind böse Geister. Sie werden durch Obeah beschworen.«

Fasziniert hörte ich ihm zu. Kein Christentum und keine Sklaverei hatten diesen alten Glauben auslöschen können. Kwando erklärte mir, dass Obeah auf St. Kitts und Nevis besonders mächtig war, nur in Haiti und Surinam war diese Art von Kult noch präsenter.

Kwando hatte zwanzig der Tiere eingefangen und sie in große Konfitürengläser gesteckt. Es kam vor, dass sich einmal ein paar Eidechsen ins Haus verirrten, aber so viele waren ungewöhnlich.

»Was haben die Jumbies der Familie sonst noch angetan?«, fragte ich.

»Die Geister haben ihnen keine Ruhe im Haus gelassen, knarrendes Holz an der Decke, scheppernde Küchenkästen. Aber vor allem haben sie schlechte Energie verbreitet, sodass sich die Menschen im Haus schrecklich gefühlt haben«, erklärte Kwando.

Kwando war zu faul gewesen, die Gläser zum Meer zu bringen und mit ihrem gefährlichen Inhalt ins Wasser zu werfen, wie er es hätte tun sollen. Wie immer redete er, als seien seine Aufträge die normalste Sache der Welt. Im Bett liegend hörte ich ihm gespannt zu. Das Licht der Sturmlampe zuckte und warf mannshohe Schatten, die an der Wand tanzten. Kwando hatte die Gläser einfach dem Müllmann gegeben, der gerade vorbeigefahren war. Der Arm des Müllmanns hatte gezuckt und er hatte das Gleichgewicht verloren. »Mann, was gibst du mir da für Zeug?«, hatte der Müllmann ihn gefragt.

»Das gibt's doch nicht«, sagte ich.

»Sie nennen mich auch Duppy Conqueror, Geisterbezwinger, wie im Lied von Bob Marley«, erklärte er mild lächelnd. Geister austreiben, Jumbies oder Duppies, wie auch immer sie genannt wurden, sei psychisch extrem anstrengend, erklärte mir Kwando. Es brauche aber weniger Zeit als Menschen zu heilen, die verhext worden waren.

»Verhexte heilen, meinst du wie Esther Williams?«

»Sie konnte ich leider nicht mehr retten.«

Hellwach lag ich da und staunte im flackernden Licht diesen Mann an, der so viele Rätsel und so viel Unbekanntes barg. Eigentlich müsse er sich vor einem Auftrag zurückziehen und sammeln, am besten auf seinem Grundstück, weit weg von den Menschen, sagte Kwando und legte sich neben mich.

»Betest du deshalb in der Nacht, wenn ich schlafe?«

»Unter anderem deshalb. Aber genug davon für heute«, sagte er. Genüsslich schloss ich die Augen, als er mein Gesicht mit seinen von der Feldarbeit schwieligen Händen streichelte.

»Du bist honigfarben. Das gefällt mir«, sagte er, während er mich im schwachen Licht der Sturmlampe betrachtete. Seine große, schwere Hand ruhte auf meinem Bauch. »Meine Seele hat dich aufgenommen, ich werde dich mein ganzes Leben lang lieben.«

In seinem karibischen Englisch klang das altmodisch und poetisch. Wie konnte dieser mächtige Mann, der böse Geister austrieb, so zärtlich und gefühlvoll mit mir umgehen?

Ich legte meine Arme um seinen Hals und küsste ihn.

»Kwando«, seufzte ich. Unsere Gesichter schmiegten sich zärtlich aneinander. »Ich beginne, deinen Bart zu lieben.« Er wanderte mit seinen Lippen meinen Körper entlang und grub sein Gesicht in meinen Schoß, bevor das Feuer zwischen uns entflammte. »Ich könnte schreien.«

»Schhhh!«, machte er. Die Nachbarn würden uns womöglich hören. Wir lachten leise.

»Es wird Zeit, dass wir unser Haus in den Bergen haben«, sagte er.

»Aber ich bin doch gerade erst hier eingezogen«, wandte ich ein.

»Morgen nehme ich dich auf meine Farm mit.«

Wir brauchten eine Stunde, um zu Kwandos Grund zu gelangen, der in tausend Metern Höhe lag. Diesen Aufstieg machte er jeden Tag um sieben Uhr morgens nach seinem Taekwondotraining. Trotz seiner Krücken war er so schnell, dass ich ihm nur keuchend folgen konnte.

»Willst du haltmachen?«, fragte Kwando.

»Es geht schon. Mir ist nur ein bisschen heiß«, sagte ich und wischte mir das Gesicht mit meinem Taschentuch ab.

»Bald verlassen wir die heißen Niederungen«, sagte er und ging wieder voraus.

Je höher wir aufstiegen, desto kühler wurde es. Meine durchnässten Kleider wurden zu kalten Lappen um meinen Leib. Schließlich öffnete Kwando ein verrostetes Eisentor. Dahinter begannen seine hunderte Morgen brachliegendes Land. Es grenzte an den Regenwald, der den oberen Teil des Vulkans bedeckte. Während Kwando zehn Jahre auf anderen karibischen Inseln verbracht hatte, war das Unkraut hier baumhoch gewachsen. Der Regenwald holte sich so den Boden zurück. Das bedeutete viel harte Arbeit und ich fragte mich, wie ein Mann das hinbekommen sollte. Es war schwierig, auf St. Kitts Hilfe in der Landwirtschaft zu bekommen. Das hatte ich selbst erfahren. Doch Kwando liebte seinen Grund, den er, seitdem er ein Kind war, mit seinem Vater bewirtschaftet hatte. Er war damit verbunden. Hier wollte er leben.

»Siehst du die Mangobäume?«, fragte er. »Einige tragen Blüten.« In der Ferne versuchte ich, die Mangoblüten zu erkennen. Kwando streichelte meine Schulter und ich lehnte mich an ihn. »Daneben, weiter links, ist eine Höhle. Siehst du den Eingang?« Zwischen den Mangobäumen öffnete sich der graue Stein.

»Warst du schon drin?«, fragte ich.

»Ob ich schon drin war?« Er lachte unvermittelt los und fasste sich gleich wieder. »Es ist der beste Schutz gegen einen Hurrikan. Besser als jeder Bunker.«

»Ist es dort nicht kalt?«

»Ich mache Feuer und dann wird es ganz wohlig warm«, sagte er und lachte wieder leise auf.

Wir gingen noch ein Stück weiter nach oben, und er zeigte mir ein Plateau, auf dem er ein Haus bauen wollte.

»Irgendwann werden wir hier oben leben«, sagte er und legte seinen Arm um mich. »Würde dir das gefallen?«

Er streichelte meine Haare. Hier gab es weit und breit keine Menschen.

»Du hast dir einen paradiesischen Platz ausgesucht«, sagte ich. Die Aussicht auf das Dorf und das Meer überwältigte mich.

»Zions Land«, sagte Kwando. »Das ist ein göttlicher Zufluchtsort wie in der Bibel. Wenn alles untergeht, Tsunamis die Inseln verwüsten und die Menschen nichts mehr zu essen haben, wird dieses begnadete Stück Land noch immer fruchtbar sein.«

»Das Land unter dem Vulkan«, sagte ich. Hinter uns erstreckte sich sattgrün und dicht die Kulisse des Regenwaldes. Die Spitze des Vulkans lag im Nebel.

Ich setzte mich auf einen Stein, während Kwando meterhohe abgestorbene Bananenstauden ausgrub, um ein Beet für Kraut und Tomaten anzulegen. Die humusreiche Erde unter den Bananenpflanzen brodelte von Riesenameisen. Er werkte allein, ein Mann stark wie ein Löwe, aber nur mit einem Bein.

Als er das Beet bereitet hatte, pflanzte ich die Setzlinge, die Kwando aus Samen großgezogen hatte. Er hob eine tote Ratte mit buschigem grauem Fell am Schwanz auf und warf sie in einen Graben.

»Die Affen werden vor dem Aasgeruch flüchten«, sagte er.

»Was machst du, damit die Affen nicht die ganze Ernte zerstören?«

»Hunde helfen ein wenig. Und es muss einfach genug Essen für uns alle da sein«, sagte er fröhlich. »Ich habe so viele Obstbäume. Die Affen lieben vor allem die Mangos und die Bananen.«

Während wir wieder abstiegen, flogen weiße Reiher über den klaren blauen Himmel. Der Wind rauschte durch die Palmen und das hohe Guineagras. Das Geblöke einer Ziegenherde kündigte die menschlichen Siedlungen an. Kwando rutschte im nassen Gras mit seinen Krücken aus. Automatisch wollte ich ihm zu Hilfe kommen.

»Es geht schon«, sagte er kurz angebunden und fand blitzschnell sein Gleichgewicht wieder.

»Alles okay?«, fragte ich.

»Es ist schon gut«, sagte er forsch und ging weiter.

Am nächsten Morgen erzählte ich Helen am Telefon von Kwando.

»Es hat dich ordentlich erwischt«, sagte sie.

»Ach Helen, was soll ich dir sagen?«

Zu meinen eingeweichten Haferflocken trank ich Nescafé mit Trockenmilchpulver. Seit dem Umzug hatte ich noch nicht richtig eingekauft.

»Während ich in Basseterre Immobilien entwickle, wandelt Lisuscha auf Pfaden, von denen ich keine Ahnung habe«, sagte Helen. »Die Rastas können in Beziehungen mit Frauen sehr ernsthaft sein.«

»Ich liebe seine Verlässlichkeit und seine hundertprozentige Zuwendung«, sagte ich und schlürfte meinen heißen, süßen Nescafé aus Roxannas Tasse.

»Die anderen karibischen Männer hüpfen von einer Blume zur anderen. Sie haben das Gefühl, dass die Welt immer besser wird, je mehr Samen sie verteilen. Das ist so dämlich, die stecken noch voller Sklaverei. Die Engländer haben sie gezüchtet.«

»Was meinst du?«

»Als die Sklaverei zu Ende ging, haben die Engländer große, starke afrikanische Männer ausgesucht, ihnen Alkohol gegeben und sie wie Schweine mit mehreren Frauen zusammengepfercht, bis sie sich vermehrt haben. Unsere Idiotenmänner haben sich von dieser Mentalität noch immer nicht befreit. Nur die Rastas sind anders. Nicht alle, aber einige von ihnen leben recht bewusst.«

Helen mochte die Untreue der Männer auf St. Kitts historisch begründen, doch ich fragte mich, ob die Männer in anderen Teilen der Welt treuer waren. Kwando war jedenfalls anders.

»Ich spüre, dass er voll zu mir steht«, sagte ich. Es war eine Gewissheit, die ich lange gesucht und kaum mehr zu finden gehofft hatte. »Und Helen, er ist so stark und männlich … so etwas habe ich noch nie erlebt.«

»Wie ist der Sex mit ihm? Ist er gut?«

»Wir sind beide gut.«

»Du hast recht, es gehören immer zwei dazu. Ist er gut bestückt?«

Ich lachte. Wie sollte ich ihr verdeutlichen, was zwischen Kwando und mir vorging? Es lag an seiner Kraft, gekoppelt mit seiner Tiefe, seinem Drang nach immer mehr spirituellem Erlebnis. Kwando war grundanständig und behandelte mich mit Respekt. Er war sogar schüchtern, aber nicht prüde. Ich versuchte, ihr das zu erklären.

»Ist das aufregend genug?«, fragte Helen. »Hat er Humor?«

»Oh ja, Kwando kann auch lachen und sich an Kleinigkeiten erfreuen«, sagte ich und dachte an die letzte Nacht, als er mich gefragt hatte, ob ich für ihn ein knallrosa Spitzennachthemd anziehen würde, das er für mich gekauft hatte. Schwarz lehnte er ab. Das war für ihn die Farbe des Todes. Rosa war seine Lieblingsfarbe. »Was machst du, wenn ich es anziehe?«, hatte ich ihn gierig gefragt.

»Seid ihr nicht zu verschieden?«, fragte Helen. »Aus zu unterschiedlichen Welten? Du bist so gebildet. Du hast ein Doktorat. Wird er dir nicht langweilig?«

»Langweilig? Kwando ist hochintelligent«, konterte ich etwas irritiert. »Er weiß über Dinge Bescheid, von denen ich keine Ahnung habe. Und alles, was ich ihm sage, interessiert ihn.« Nein, mit Kwando war mir nicht langweilig. Es war herausfordernd. Trotz der Unterschiede war ich entschlossen, mit ihm weiterzumachen.

»Ich möchte ihn bald kennenlernen, diesen Mann, der dich so einnimmt, dass ich dich kaum noch sehe«, sagte Helen.

Kwando musste ein Bienennest im Haus der Hebamme von St. Pauls entfernen und nahm mich mit. Er stand auf der Leiter und beobachtete zufrieden das Loch, das er mit dem Stemmeisen unter dem Dach des Hauses geschlagen hatte. Bienen flogen ein und aus. Ich beobachtete ihn aus einigen Metern Entfernung. Die Nachmittagssonne schien auf seinen glänzenden Oberkörper. Die Hebamme hatte uns hereingelassen und war weggegangen, um den Pfarrer zu besuchen. Es war früher Nachmittag und ganz still. Kwando lächelte mir zu und wischte sich ein letztes Mal mit einem Tuch sein Gesicht trocken, ehe er sich völlig auf die Arbeit mit den Bienen konzentrierte. Er hielt sich an der Leiter fest und sprang auf seinem Bein eine Sprosse höher. Er steckte den Kopf in das Loch, um nach dem Bienennest zu sehen. Ich erschauderte. Er hatte wirklich überhaupt keine Angst vor den Bienen. Sie schwirrten um seine Rastamähne. Er nahm das Terpentin aus seinem Rucksack, der an der Leiter hing, und sprühte ein wenig davon in das Loch. Es war kein Gift, er wollte die Bienen nur in Bewegung setzen. Sie wurden unruhig und ihr Brummen wurde lauter.

»Kommt, kommt, kommt heraus«, sagte er in seiner tiefen, besänftigenden Stimme zu den Bienen.

Ich trat noch einen Schritt zurück.

»Die Einzigen auf dieser Insel, die auf ihn hören, sind die Bienen«, hatte eine Barfrau in Basseterre einmal zu mir gesagt. Kwando hatte herzhaft darüber gelacht. Während immer mehr Bienen aus dem Dach flogen, verharrte Kwando still auf der Leiter. Die Bienen flogen gegen sein Gesicht und setzten sich auf seine geschlossenen Augenlider und auf seinen Bart. Er bewegte sich nicht. Ein bedrohlich brummender Schwarm umgab ihn wie eine schwarze Wolke.

»Ruhig, heraus sollt ihr kommen«, sagte er sanftmütig und wartete auf der Leiter.

Der Bienenschwarm erhob sich immer höher über das Dach, bis er sich in Luft auflöste. Kwando wich nicht von der Stelle, bis keine einzige Biene mehr auf seinem Gesicht saß. Als nur noch einzelne Bienen durch das Loch ein- und ausflogen, machte sich Kwando daran, das Nest aus dem Dach zu entfernen.

Das Nest war rund einen Meter breit und damit offenbar größer, als er gedacht hatte. Er ging ins Haus, um im Schlafzimmer die Decke aufzustemmen.

Zögerlich kam ich zur Haustür, als er mich von drinnen rief. Das Brummen der Bienen war noch in meinen Ohren. Nach einer halben Stunde konnte Kwando mit einem Messer die prall gefüllten Waben herausschneiden. Er warf sie in einen Eimer. Dunkel und zäh tropfte etwas von dem Honig auf den Fußboden.

»Mal sehen, wie viele alte Rumflaschen ich mit diesem Honig füllen kann«, sagte er. »Eine Flasche ist für dich.«

»Danke.«

»Meine Mutter bekommt keine, die ist zuckerkrank und darf keinen Honig essen. Eine bekommt die Hebamme, weil das Nest in ihrem Haus war. Den Rest verkaufe ich, den Armen um vierzig und den Wohlhabenden um siebzig EC-Dollar. Jeder soll sich den Honig leisten können.«

Singend vor Freude räumte ich am nächsten Morgen die Waschmaschine aus. Roch irgendetwas besser als frisch gewaschene Wäsche?

»Was ist süßer als Honig?«, hatte mich Pater Fowler schelmisch gefragt, als er Kwando und mich eines Tages am Pfarrgrund angetroffen hatte. Mit dem Korb an der Hüfte ging ich zur Veranda, um die Wäsche aufzuhängen. Seitdem ich mit Kwando zusammen war, war Pater Fowler aufgetaut. Er war überzeugt, dass wir uns beide in gesellschaftlich ausgegrenzte Einheimische verliebt hatten. Wir liebten sie auf unsere Art und erkannten ihre Stärken, egal was die Leute sagten. Zwei Affen lugten still und neugierig ins Haus. Leise näherte ich mich der Tür. Der eine flüchtete. Der andere kam neugierig näher. Sein Rücken war grünlich gelb, als wäre er in Blütenpollen getaucht. Er fragt sich vermutlich, was für eine seltsame Gestalt da hinter dem Fliegengitter steht, dachte ich.

So viel Nähe zu Affen hatte Seltenheitswert. Sie waren menschenscheu. Dieser aber kam bis auf eine Armlänge heran, als wüsste er, dass uns ein Fliegengitter trennte. Mit kleinen, menschlich wirkenden Fingern hielt er sich am Geländer der Veranda fest. Ich dachte daran, wie sehr die Bauern die Affen hassten. Durch das Spekulationsgeschäft mit Immobilien auf der südöstlichen Halbinsel wurde der Lebensraum der Affen zerstört und ihre Nahrung knapp. Deshalb wanderten sie herum und suchten nach neuen Biotopen. Kein Wunder, dass sie ganze Felder zerstörten. In Zukunft würden die Affen und die Menschen vielleicht im Dorf zusammenleben. Nur was würden die Affen essen? Müll? Sie waren so empfindlich gegen schlechte Gerüche. Wie Kwando sagte, es musste einfach genug Essen für Menschen und Affen geben. Vielleicht war mein kleiner Besucher ein Pionier, ein Erforscher solcher neuer Lebensweisen. Sanft und leise sprach ich zu ihm. Aus der kleinen schwarzen Maske sahen mich aufgerissene Augen gebannt an.

9

Kwando nahm mich das erste Mal zu einem seiner Aufträge mit. In der Früh nahmen wir die Fähre von Basseterre nach Nevis. Während der Fahrt hatte Kwando die Augen geschlossen und sprach nicht mit mir. Unruhig saß ich neben ihm. Ich hätte ihn gerne gefragt, was ich bei seiner Patientin erleben würde. Aber er schien sich ganz auf die spirituelle Arbeit zu konzentrieren, die ihn erwartete, und seine Umgebung auszuschalten. Als wir den Kanal zwischen den beiden Inseln durchquerten, kühlte ein kurzer Regenschauer die Luft ab.

Wir standen vor dem alten Holzhaus der Frau, die Kwando gerufen hatte. Kwando und ich lächelten uns noch einmal zu, bevor die Tür langsam aufging. Die Frau erschrak, als sie mich sah.

»Keine Sorge, das ist meine Freundin aus Österreich«, sagte Kwando. Dann wandte er sich zu mir. »Lisuscha, das ist Yvette.«

»Du bist nicht aus St. Kitts?«, fragte Yvette. Sie musterte mich mit Schießlochaugen.

»Nein, ich bin Österreicherin, aus Europa.«

»Ich habe dir gesagt, dass ich sie mitbringe. Es ist schon gut«, sagte Kwando.

Die Frau nickte und ließ uns herein. Wenn ich nicht aus St. Kitts war, hatte ich keine Ahnung von Obeah, folgerte die Frau offenbar. Somit würde ich nicht bei was auch immer Kwando und sie vorhatten dazwischenfunken.

Neben der Tür lagen haufenweise Schuhe in unterschiedlichen Größen. Entlang der Wand dienten hellgrün bemalte Bretter als Ablage für Körper- und Haarlotionen, Nagelzwicker und andere

Hygieneartikel. Es war zu viel Zeug im Haus und die Luft roch abgestanden. Yvettes greise Mutter stand wortlos vom Tisch in der Mitte des Raums auf und verzog sich in die Küche, um Kwando und mir Platz zu machen. Yvette setzte sich zu uns und schilderte Kwando ihre Symptome. Seit ihr Exmann einen Fluch auf sie und die Kinder gelegt hatte, hatte sie schlaflose Nächte und litt an Schwellungen und Schmerzen in den Armen und Beinen. Mit krächzender Stimme erzählte Yvette von sich und ihrer Tochter und redete immer schneller auf Kwando ein. Ihre Augen bewegten sich unkontrolliert. Kwando bat Yvettes Mutter, Wasser für die Kräutertinktur zu kochen.

»Er ist dafür zum Haitianer gegangen«, sagte Yvette. »Der hat Bilder von mir und meinen Kindern aus dem Haus gesaugt.«

»Gesaugt?«, fragte Kwando.

»Ja, wie soll der Haitianer sonst zu den Bildern gekommen sein? Er hat sie beschädigt, während er an uns seine Obeah-Arbeit verrichtet hat«, sagte Yvette. »Dann hat er sie wieder ins Haus zurückgeschickt.«

Kwando hörte geduldig zu und zupfte Kräuter aus seinem Beutel, während das Wasser kochte. Yvette stand auf, um die Fotos zu holen. Befremdet sah ich ihr nach.

»Siehst du, auf diesem Foto geht ein roter Strahl durch das Gesicht meiner Älteren.« Yvette beugte sich zu Kwando und zeigte ihm das Bild. »Seitdem hat sie Augenschmerzen und sieht schlecht. Hier ist der Strahl, genau in Augenhöhe.«

Ohne etwas zu sagen, griff Kwando in den Beutel nach mehr Kräutern.

»Und da! Das Foto der Jüngeren. Schau dir an, wie das Gesicht durchlöchert wurde.«

»Ist das die Kleine, von der du gesagt hast, dass sie in letzter Zeit um sich schlägt und sich dabei selbst ohrfeigt?«, fragte Kwando.

Yvettes Hände spielten kribbelig mit den Fotos ihrer Kinder auf dem Tisch. Kwando forderte ihre Mutter in der Küche auf, die

Kräuter in das kochende Wasser zu werfen und den Topf nach einigen Minuten vom Feuer zu nehmen. Yvette erzählte, dass eine gewisse Ms Phipps Teufelswerk betreibe.

»Ms Phipps? Die mit dem Hafendirektor von Nevis verheiratet ist?« Kwando wirkte alarmiert.

»Genau«, sagte Yvette.

»Ms Phipps und ihr Sohn haben mich vor etwa zwei Monaten beauftragt, Jumbies aus ihrem Haus zu entfernen«, sagte Kwando. »Ich habe den Auftrag erledigt. Und dann haben sie mir vorgeworfen, dass ich die falschen Jumbies entfernt habe und wollten ihr Geld zurück. Sie haben gedroht, mich umzubringen.«

»Ms Phipps hat sich dem Teufel verschrieben.« Yvette schnappte nach Luft. »Sogar ihre Tochter hat sie geopfert. Die ist jetzt besessen. Ihr Mann hat nichts mit dem Ganzen zu tun.«

»Diese Frau ist zu allem fähig«, sagte Kwando. »Aber ich habe ihnen das Übel zurückgeschickt. Du wirst sehen, was ihrem Sohn und ihr jetzt geschehen wird. Jah, mein Gott, lebt.« Er machte eine Bewegung mit seiner großen Hand, als würde er etwas abblocken.

Was ging da vor? In was war Kwando da verwickelt?

»Zwei SUVs in der Garage stehen haben, aber die längste Zeit keinen Sex haben können«, sagte Yvette.

Was hatte das eine mit dem anderen zu tun, fragte ich mich.

»Ist der Hafendirektor impotent?«, fragte Kwando.

»Nein, das Problem liegt wohl bei ihr. Er hat jedes Mal einen Schock bekommen, wenn er sie besteigen wollte.«

Kwando und Yvette schüttelten den Kopf.

Ich versuchte, so wenig wie möglich in Yvettes aufgerissene Augen zu sehen. Das wirre Gerede machte mich müde. Überreizt rieb ich mir die Stirn. Kwando bemerkte mein Unbehagen. Sein milder Blick deutete mir, dass dieses Verhalten ein Teil ihrer Krankheit war.

»Komm, wir lesen inzwischen aus der Bibel«, sagte Kwando.

Beide packten ihre Bibeln aus. Kwando las aus Psalm 35.

»Zücke den Speer und versperre den Weg gegenüber meinen Verfolgern; Sprich zu meiner Seele: Ich bin deine Hilfe! Es sollen sich schämen und zuschanden werden, die nach meinem Leben trachten; es sollen zurückweichen und beschämt werden, die mir Unheil ersinnen ...«

Seine ruhige Bassstimme machte mich schläfrig. Ich stützte mich auf meine verschränkten Arme auf dem Tisch. Mit meinem Beschützer hatte ich nichts zu fürchten. Es riss mich hoch, als Yvettes Mutter den großen Topf mit den kochenden Kräutern auf den Tisch knallte. Sie verschwand wieder in der Küche. Kwando legte die Bibel hin und fügte der Tinktur einige Tropfen Ammoniak, roten Lavendel, Zitronellenöl und eine nach Teer riechende braune Flüssigkeit hinzu. Ein strenger, reinigender Duft dampfte aus dem Topf. Mit dem Schöpflöffel füllte Kwando zwei Flaschen. »Zum Trinken« schrieb er auf die eine Flasche und »Zum Baden« auf die andere.

»Gib auch deinen Töchtern je einen Becher davon«, sagte er.

Er tupfte ein paar Tropfen auf die Ränder der Fotos. Dann bat er Yvette, den Topf mit der übrigen Tinktur ins Bad zu tragen. Sie solle duschen und sich dann mit der Kräutertinktur beträufeln. Stumm befolgte Yvette Kwandos Anweisungen. Er nahm einen Stuhl und setzte sich vor die angelehnte Badezimmertür. Dort las er mit seinem vollen Bass aus dem alten Testament. Er hielt seine Bibel dabei verkehrt, beobachtete ich fasziniert. So hatte er es bei seinem Lehrer in Dominica gelernt. Angenehmer Terpentin- und Zitronellengeruch verbreitete sich im Haus.

»Ich bin fertig. Der Topf ist leer«, sagte Yvette hinter der Tür.

Kwando klappte die Bibel zu. Sie solle sich abtrocknen und dann hinlegen, befahl er. Yvette tat, wie ihr geheißen.

»Jetzt musst du dich ausruhen«, sagte Kwando. »Wie fühlst du dich?«

Yvette berührte mit ihren Lippen ihren Arm.

»Ich fühle mich frisch und sauber wie noch nie. Und angenehm müde«, sagte sie.

»Ich komme nächste Woche wieder. Dann regeln wir die Bezahlung«, sagte Kwando. Er nahm seine Krücken. »Komm Lisuscha. Ich bin fertig.«

Wir verließen das verhexte Haus und nahmen die Mittagsfähre von Nevis nach St. Kitts zurück. Wir saßen im Bug, der unter uns die Wellen durchschnitt. Das Vibrieren der Motoren machte Kwando müde. Nach dem kurzen Regen am Vormittag stand die Mittagssonne inzwischen sengend heiß über dem Meer. Kwando legte seinen Kopf auf meinen Schoß. Mit einem Tuch bedeckte ich sein Gesicht, um es vor der Sonne und dem salzigen Wind zu schützen. Ich dachte daran, wie rastlos und gequält die Frau anfänglich gewirkt hatte und wie ruhevoll sie nach Kwandos Behandlung gewesen war. Lang ausgestreckt lag er da und regte sich die ganze Fahrt nicht. Ich hielt Kwandos Kopf mit der üppigen Mähne und mein Blick folgte dem weißen Schaum der Wellen.

Hier ging es um einen alten Glauben. Dass Kwando heilende Wirkung auf Menschen hatte und ihre Schmerzen lindern konnte, dessen war ich mir sicher. Die Frage war, mit welchen Kräften Kwando arbeitete.

Im Dorf erzählten die Leute einander, dass Kwando und ich zum Standesamt gefahren seien, um zu heiraten. Sie hatten gesehen, wie wir schön angezogen – ich sogar mit Hut – in den Bus nach Basseterre gestiegen waren.

»So sind sie. Sie fassen schnell ihre Schlüsse«, sagte Kwando. »Sie haben die Dinge für uns schon geregelt.«

Er führte mich den Weg entlang der Felsen hinunter zum Strand von Saddlers. Lachend ging ich hinter ihm durch das Gebüsch. Das war der Strand, an dem er als Kind mit den anderen Kindern gespielt hatte. Wir gelangten zu einer verlassenen Bucht mit schwarzem Sand. Ich verharrte bei dem Anblick der mächtigen weißen Wellen, die am pechschwarzen Lavastein zerschellten.

»Wild das Meer bei uns in Saddlers, nicht wahr? Das ist die Atlantikseite. Dafür gibt es hier keine Gelsen und Sandflöhe«, rief Kwando laut, um die Brandung zu übertönen. »Irgendwo zwischen Afrika und Amerika tobt ein Sturm im Atlantik. Hurrikanzeit!«

Der blaue klare Horizont verriet nichts von einem Unwetter. Kwando führte mich zu einem geschützten Ort zwischen den glitschigen Vulkansteinen.

»Unser Pool«, sagte er.

Wir schwammen in dem weiß schäumenden Sprudelbad. Hier konnte uns die Strömung nicht hinaus aufs offene Meer ziehen und wir waren auch vor Haien geschützt. Haie gab es überall um die Insel, vor allem im Atlantik. Wir ließen uns von dem frischen reinen Wasser tragen. Kwando rief mir etwas zu. Ich konnte ihn nicht hören. Eine zwei Meter hohe Welle schwappte über die hohen Steine in das Becken. Wir hielten uns am rutschigen Gestein fest, um nicht gegen die Felsen geschleudert zu werden. Kwandos Oberkörper ragte einige Meter entfernt aus dem brodelnden Wasser und wir lachten einander an.

Vom Sauerstoff euphorisiert kletterten wir aus dem Becken und setzten uns in den schwarzen Sand. Kwando packte Bananen und Cashewnüsse aus. Wir tranken Kokosnusswasser dazu. Mit einem Schlag seiner Handkante spaltete er die Kokosnüsse.

»Wow, schwarzer Gürtel«, sagte ich bewundernd.

Er umfasste meinen Knöchel mit seiner großen Hand und wir saßen schweigend am Meer. Befreit vom anstrengenden Arbeitsalltag hielt ich dankbar inne. In meiner Welt auf St. Kitts konnte ich Kwando lieben, im Meer schwimmen, am Feld arbeiten, in die Messe gehen, meditieren und lachen. Kwando fragte nie nach meinem Leben davor, als ich Diplomatin in Brüssel gewesen war. Er nahm mich, wie ich war. Doch wenn ich mich aussprach wie jetzt, hörte er konzentriert zu. So als wollte er sich dieses so andere Leben auf dem fernen europäischen Kontinent bildlich vorstellen.

»Es kostet viel Kraft, aus der Sicherheitszone auszutreten und den vorgegebenen Weg zu ändern«, sagte er nach einer Weile. Er selbst hatte in seinem Leben mehr lernen wollen. Kwando hatte immer gewusst, dass er mehr konnte, als die Farm seiner Eltern bewirtschaften.

Lächelnd beobachtete er mich, wie ich gierig aus den Kokosschalen das Gelee kratzte.

»Kwando, ab wann wolltest du ein Heiler werden?«, fragte ich.

»Schon als Kind. Ich habe Gefahren im Voraus gespürt und Dinge gesehen, die andere nicht sahen.«

»Hast du Jumbies oder Duppies gesehen?«

»Yap!«

»Wie sehen sie aus?«

»Sie können viele Erscheinungsformen haben. Irgendwelche Tiere wie Eidechsen zum Beispiel. Als kleiner Junge bin ich einmal allein vom Feld ins Dorf gegangen und habe von Weitem Feuer gesehen, das sich bewegte. Als ich näherkam, waren es Feuergestalten, die schnell davonhuschten.«

Kwandos Schwester Hildred hatte eine wesentliche Rolle bei seinem Weg zum Heiler gespielt. Als sie mit fünfzehn psychisch erkrankt war, war Kwando erst fünf Jahre alt gewesen. Hildred hatte sich viel um ihn gekümmert, bevor sie in der Psychiatrie eingesperrt worden war. Kwando wuchs heran und wollte herausfinden, was mit seiner Schwester geschehen war. Er wollte sie und andere Menschen wie sie heilen. Er war überzeugt, dass Hildred verhext worden war. Auf der Insel gab es keine Möglichkeiten, das Heilen zu erlernen. Aber Kwando sog alles auf, was er darüber hören konnte. Als er fünfunddreißig war, hörte er von einem Heiler in Dominica, der auch ausbildete. Zwei Monate später machte er sich auf nach Dominica. Seine Mutter stammte von dort. Kwando besuchte pflichtbewusst seine Verwandten, bevor er sich ein Jahr lang in den Dschungel zurückzog, um von dem Heiler zu lernen.

»Um etwas zu erreichen, müssen wir es uns zunächst visuell vorstellen«, sagte er. »Jeder Gedanke, den wir hegen, jedes Wort, das wir aussprechen, beeinflusst uns, unsere Zukunft, unsere Umwelt und die nächsten Generationen. Jeder einzelne Mensch hat viel Macht.«

»Du glaubst das auch?«, fragte ich. Kwandos Welt der Geister war mir fremd und doch waren wir uns in solchen Ansätzen einig. Mit ihm ließ ich mich auf etwas völlig Neues ein, das Altes sprengte. Kwando hatte mich aus meinem jahrelangen emotionalen Halbschlaf geweckt.

»Dafür brauchen wir das Gebet und die Meditation«, sagte er bestimmt.

Eine Regenwolke näherte sich und wir brachen abrupt vom Saddlers-Strand auf.

Zu Hause im Dorfhaus kochte Kwando für uns. Heiter und verklärt nach dem Sex lagerte ich meine Beine an der Lehne des Sofas hoch. Kwandos Oberkörper war nackt und ich bewunderte seine breiten Schultern und sein schmales Becken. Mit seinen sehnigen dunklen Armen werkte er sicher und gekonnt in der Küche. Er leerte Öl in die Bratpfanne und gab gehackte Zwiebeln, Knoblauch, Gemüse und einige der aromatischen kleinen lokalen Paprika hinein. Dann tat er Stockfisch und eine grob gewürfelte Brotfrucht dazu. Am Schluss legte er ein paar kleine Doktorfische auf die kochende Mischung und deckte die Pfanne zu. Auf diese Weise wurden sie nur zehn Minuten im aromatischen Dunst gegart. Da Kwando ein Rasta war, aß er kein Fleisch, keine Eier und auch nur selten Milchprodukte. Er kochte am liebsten Fisch und niemand konnte den Fisch so gut zubereiten wie er. Es duftete köstlich. Das Geheimnis seiner Fischrezepte war, dass er die frischen kleinen Fische, die er am selben Tag am Markt kaufte, mit etwas gesalzenem Stockfisch kochte.

Kwando brachte mir ein Glas zum Sofa.

»Da, dein Aphrodisiakum, das du so liebst.«

»Ingwersaft!«

In Brüssel hatte ich Ingwer noch gegen die innerer Kälte getrunken. Diese Zeit war vorbei. Ich lehnte den Kopf zurück und ließ das eiskalte, scharfe Getränk meinen Rachen hinunterfließen.

Während er unser Essen anrichtete, erklärte Kwando, wie er seine Landwirtschaft vorantreiben wolle. Kwando setzte seine Hoffnung in einen Mann aus Saddlers, der mit ihm arbeiten wollte und angeblich auch Kontakte zu Märkten auf anderen karibischen Inseln hatte. Dort könnte er sein Gemüse verkaufen. Wir schmiedeten gemeinsam Pläne für sein ausgedehntes Ackerland. Wir wollten eine exportorientierte Landwirtschaft aufbauen.

»Mein Land ist dann genauso deines wie meines«, sagte er. »Aber zunächst kaufe ich dir eine Kuh, sobald ich es mir leisten kann.«

»Warum eine Kuh?«, fragte ich.

»Das ist eine gute Investition. Mein Vater hat meiner Mutter auch eine Kuh geschenkt.« Er sagte manche Dinge ganz ernst, die mich zum Lachen brachten. Doch ich erkannte, dass Kwando alles mit mir teilen wollte. Er hatte wenig, doch er gab alles. So eine Großzügigkeit hatte ich bei einem Mann noch nie erlebt.

»Danke für alles, Kwando. Danke für dieses wunderbare Essen. Du gibst mir so viel«, sagte ich.

Er legte noch mehr Fisch auf meinen Teller.

»In der nächsten Woche werde ich sechs Bienennester bei der Reggae-Bar von Turtle Beach entfernen«, sagte er.

»Mit dem Geld, das du dabei verdienst, kannst du den Traktorfahrer für das Pflügen deiner Felder bezahlen«, sagte ich.

Kwando winkte ab.

»Mach dir darüber keine Sorgen. Wir werden schon zur richtigen Zeit pflügen«, sagte er.

Skeptisch machte mich, dass er das Geld nicht gleich investierte und den Großteil seines Ackergrundes brachliegen ließ. So viel ich wusste, hatte er auch keine ordentliche Grundbucheintragung für sein Land.

»Du musst auch die Papiere für deinen Grund in Ordnung bringen«, sagte ich.

»Ja, ja«, sagte Kwando.

Es klang gereizt und ich wollte nicht nachhaken.

»Ich hab noch eine Avocado einer Nachbarin.« Ich stand auf, um sie zu holen. Kwandos Blick verfinsterte sich.

»Du darfst nie etwas von anderen Leuten annehmen. Das kann dir schaden!«

»Nicht einmal eine Avocado von einer Nachbarin?«, fragte ich.

»Das schon gar nicht. Nur ja kein Essen. Nie«, sagte er eindringlich.

»Ist das nicht übertrieben?«

»Ich weiß, wovon ich spreche. Das ist meine Arbeit. Ich bringe das Übel in Ordnung, das Menschen anderen antun.«

Nicht ganz überzeugt setzte ich mich wieder.

»Wenn dir deine Nachbarin eine Avocado gibt, dann nimmst du sie, aber du isst sie nicht. Hörst du? Pflanze meinetwegen den Kern in deinem Garten ein. Wenn sie dich fragt, wie dir ihre Avocado bekommen hat, sagst du: Sehr gut, danke!«

10

Justus, Hermine und ich pflanzten mit den Jugendlichen Gemüsesetzlinge. Inzwischen hatte ich gelernt, mit den Schwächeanfällen umzugehen, die ich in der Hitze oft hatte. Viel trinken musste ich und zwischendurch immer wieder Süßes und Salziges essen.

Zwei Taiwaner kamen vorbei, um uns zu helfen. Auf Rat der Regierung hatten wir uns an sie gewandt, um Know-how zu sammeln. St. Kitts erkannte als eines von ganz wenigen Ländern Taiwan als eigenen Staat an, weshalb Taiwan der Insel Hilfe in Form von landwirtschaftlichem Expertenwissen anbot. Die beiden Männer brachten Süßkartoffelsetzlinge und zeigten uns, wie wir sie pflanzen konnten.

»Lächerlich«, sagte Hermine. »Das kann doch jeder auf St. Kitts. Zeig mir einen Bauern hier, der keine Süßkartoffeln anbaut.«

»Wir sollten die Hilfe der Taiwaner trotzdem annehmen«, sagte Justus. Er versuchte, Hermine zu beschwichtigen.

»Gebt uns Geld für das Projekt. Euer Know-how brauchen wir nicht«, schrie sie. »Wir haben genug Experten hier.« Sie stapfte davon.

Die Taiwaner schwiegen betreten. Ohne Hermine arbeiteten wir weiter.

»Heute haben sie wieder einen Jugendlichen erschossen. Das ist der zwanzigste Mord in diesem Jahr«, sagte Justus. »Diese Kids bekommen Waffen von irgendwoher und erschießen einander, ohne mit der Wimper zu zucken.«

Auch die Vergangenheit der jungen Männer in unserer Gruppe war von Gewalt geprägt, einige hatten schon Haftstrafen hinter sich.

Hier bei uns konnten sie für ein paar Stunden ihre Verzweiflung und ihre schwierige Situation vergessen.

»Hey China-Man! Kannst du mal kommen und mir helfen?«, rief Bishen zu einem der Taiwaner.

»Der Mann hat einen Namen«, ermahnte ihn Justus. »Also beleidige Mr Shui nicht!«

»Okay, Mr Shui, kannst du bitte kommen?«

In fröhlicher Stimmung pflanzten die jungen Leute alle Setzlinge, wie es die Taiwaner vorgeführt hatten. Auf einem offenen Feuer neben dem Feld kochte Blair, ein ruhiger junger Mann mit geflochtenen Haaren, im Rastastil in einem Tontopf. Als Brennmaterial nahm er die ausgetrockneten Kokosnussschalen. Er rieb die Kokosnüsse, fügte Wasser dazu und drückte die Kokosmilch aus, um den Reis darin zu garen. Alfred, einer der jungen Männer, stand in neuen schwarz glänzenden Basketballschuhen neben dem Feuer und sah Blair zu, wie er zum Schluss das Gemüse in den Topf warf. Die jungen Frauen verzogen die Mienen. Das Rasta-Essen schmeckte ihnen nicht.

»Ihr wollt nur euer Huhn, das euch fett macht und voller Hormone ist«, sagte Alfred.

»Wenn sie lange genug am Feld arbeiten, werden sie froh sein, etwas essen zu können«, sagte Blair ruhig.

»Chernize ist schwanger, also halt dich zurück, Mann«, sagte Joanna. Chernize hatte bald nach Eintritt in unser Projekt erkannt, dass sie ihr drittes Kind erwartete. Sie blieb trotzdem im Programm und machte nur leichte Arbeit. Alle jungen Frauen bei uns waren Teenager-Mütter. Sie hatten meist mit vierzehn ihr erstes Kind bekommen.

Zu Mittag hatten wir alle Süßkartoffeln gepflanzt und saßen zusammen unter einem Baum neben dem Feld, wo die jungen Leute immer ihre Mittagspause verbrachten. Mister Shui und sein Kollege bekamen einen Teller des Rasta-Essen, den sie stillschweigend leeraßen.

Es war August und das Projekt hatte sich bisher gut entwickelt. Es kam sogar ein Fernsehteam vorbei, um einen Beitrag über unser Projekt zu drehen. Selbstsicher agierten die jungen Leute, als sie vor laufender Kamera interviewt wurden. Die Reportage wurde mehrmals im Fernsehen übertragen und ein Bericht wurde im Radio gesendet, erzählten mir die jungen Leute. Da ich weder Radio noch Fernseher hatte, bekam ich davon nichts mit.

Via Skype teilte ich mit meinen Kindern meine aufregenden Erlebnisse. Matt, mein Ältester, fragte mich, warum ich meine Zeit auf St. Kitts in Risikojugendliche investierte und meine eigenen Kinder in Europa zurückließ. Diese und ähnliche Fragen hörte ich oft von meinen Kindern und ich antwortete immer das Gleiche: »Ich bin für euch da, auch wenn ich weit weg bin.« Trotzdem hatte ich ein schlechtes Gewissen. Bis jetzt hatten meine Kinder wenig Interesse gezeigt, mich auf St. Kitts zu besuchen. Es war so schwierig, alles das, was ich wollte, zu verbinden.

Obeah war auf der Insel gefürchteter als es die Menschen auf St. Kitts zugaben. Sie schienen nicht auseinanderzuhalten, ob jemand Obeah-Schwüre heilte oder Obeah für Unheil einsetzte. Deshalb hielten die meisten respektvollen Abstand zu Kwando. Bis auf Adio, der sein Gehilfe war, hatte Kwando keine Freunde. Einige auf der Insel sprachen sogar abwertend über ihn.

»Der glaubt diesen Obeah-Blödsinn. Kein Wunder, dass er nichts auf die Reihe kriegt«, sagte Justus. Er riss gerade die alten Gurkenpflanzen aus dem Feld. An diesem Tag war Hermine mit den meisten jungen Leuten nach Basseterre zu einem Marketing-Seminar gefahren. Nur zwei der Jugendlichen, Alfred und Bishen, gruben am unteren Teil des Feldes das hochgewachsene Guineagras aus.

Justus und ich legten die vertrockneten Pflanzen auf einen Haufen. Wir hatten eine gute Gurkenernte gehabt und viel an einen

Supermarkt in Basseterre und mehrere Geschäfte um St. Pauls verkauft.

»Was ist das für ein Rasta, der solches Zeug glaubt. Er sollte die Bibel lesen«, sagte Justus.

»Das tut er ja. Kwando liest die Bibel«, sagte ich mit Nachdruck.

»Warum hängt er dann so abergläubischem Zeug nach?« Justus warf eine Gurkenpflanze auf den Haufen. »Du bist eine gebildete Frau aus Europa. Und du fällst auf so einen Mist herein. Da stimmt etwas nicht. Er hat dir etwas zu trinken gegeben und sein Obeah an dir ausgeübt. Du kommst nicht mehr von ihm los.«

»Ich dachte, du glaubst nicht an das Verhexen und das Obeah-Zeug«, sagte ich schnippisch.

»Und zu essen hat er dir vermutlich auch gegeben?«

»Natürlich.«

»Na siehst du.«

»Er hat mir aber auch gesagt, dass ich nie von anderen Leuten Essen annehmen soll.«

Justus schnalzte mit der Zunge.

»Er glaubt an das Zeug. Und so etwas hat er sicher auch mit dir gemacht«, sagte er.

Ich schüttelte den Kopf. Kwando liebte und achtete mich und würde mir so etwas niemals antun, das wusste ich.

Justus sah mich selbstgefällig an.

»Ich habe ein Konto und ein Gehalt«, sagte er. »Ich bin ein moderner Mann. Aber Kwando? Er ist zurückgeblieben in seiner Welt.«

»Es ist, als wären alter Glaube und altes Wissen in ihm wieder erwacht. Seine Eltern waren nicht so«, erklärte ich.

»Nein, die haben diesen Blödsinn nicht geglaubt.«

»Bitte sprich nicht so von dem Mann, den ich liebe.« Mir missfiel, dass Justus Kwando schlechtmachte. Trotzdem tat es mir gut, mit Justus über mein Gefühlsleben zu sprechen.

»Vermutlich werdet ihr bald auch ein Kind zeugen. Bei so einer intensiven Beziehung ...«

Der Gedanke löste ein Rauschgefühl in mir aus. Ich strahlte Justus an.

»Du bist ja total verrückt geworden«, sagte er. »Hättest gerne ein Kind von ihm, von einem Rasta-Vagabunden?« An seine Schaufel gelehnt beutelte sich Justus vor Lachen. »Oh du meine Güte, was werden diese beiden noch miteinander anstellen?«

Unsere Liebe ist zu stark, dachte ich. Niemand konnte uns voneinander abhalten.

Ich ging zu Bishen und Alfred hinüber. Die zwei jungen Männer hatten am Tag davor gedroht, frühzeitig aus dem Projekt auszusteigen. Ich wollte ihnen zureden, noch einige Monate im Projekt durchzuhalten, um einen Abschluss zu bekommen. Als ich mich durch das mannshohe Gras zum unteren Teil des Feldes durchkämpfte, waren die beiden in eine hitzige Debatte vertieft.

»Mann, ich pfeife auf die Frauen auf St. Kitts«, sagte Bishen zu Alfred. »Ich nehme mir eine Inderin oder eine Weiße.« Dabei grub er mit der Spitzhacke die Wurzeln des hohen Grases aus.

»Nein, eine Guyanesin wäre gut. Die sind schön und schätzen die einfachen Dinge«, sagte Alfred.

Er arbeitete barfuß. Seine neuen Basketballschuhe waren an den Zaun gelehnt.

Diese jungen Männer wollten ihr Leben wieder in die Hand nehmen und wünschten sich eine Frau an ihrer Seite. So viel haben wir mit unserem Projekt schon geschafft, dachte ich.

»Dieses Guineagras macht einen fertig«, sagte Bishen. »Lisuscha, wann hat der Traktor gepflügt? Damals war alles so schön sauber.«

»Das war vor sieben Monaten«, sagte ich. Ja, sieben Monate schon schoben die jungen Leute und Hermine das Jäten auf die lange Bank. »Warum wollt ihr beide keine Frauen aus St. Kitts?«

»Unsere Mädchen wollen nur Geld. Ich nehme mir eine Guyanesin«, sagt Alfred. »Oh Mann, die sind wirklich schön die Guyanesinnen.«

Ich lachte. Vermutlich hatte er bereits eine bestimmte guyanesische Schönheit vor Augen.

Auf dem Weg zum Dorfhaus brachte ich Ms Janet etwas von unserem Gemüse. Ihr Enkel, den die Polizei an meinem ersten Tag im Dorfhaus mitgenommen hatte, war zu einem Onkel auf die andere Seite der Insel gezogen.

»Vermutlich ist es gut für einen Jugendlichen, mit einem Mann aufzuwachsen. Aber ich vermisse den Kleinen«, sagte Ms Janet.

Am Abend schmerzte mich zum ersten Mal seit meiner Abreise in Brüssel mein Nacken wieder. »Es wäre fürchterlich, wenn die Schmerzen wieder beginnen würden«, sagte ich zu Kwando.

»Du wirst keine Schmerzen mehr haben. Ganz ruhig, Baby. Ich massiere dich«, sagte er.

Kwando meinte, dass ich mich überanstrengt hatte. Durch das subtropische Klima war Landwirtschaft auf der Insel ein ständiger Kampf gegen Unkraut und Schädlinge. Zudem zerstörten Schafe, Schweine und Affen oft große Teile der Ernte.

»Was sind das für Männer, die dir die Arbeit am Feld überlassen.« Kwando ärgerte sich über die Jugendlichen, die nicht anpacken wollten.

Meine Nerven waren tatsächlich strapaziert. Die jungen Leute hätten mir sicher geholfen, wenn Hermine ihnen nicht nur Theorie eingetrichtert und die Feldarbeit vernachlässigt hätte. Sie brüllte jeden an, der nicht ihrem Willen folgte. Kwando hatte recht, wenn er meinte, dass das Projekt nicht ewig so weitergehen könne. Es war ungewiss, wie lange uns die Regierung unterstützen würde.

»Wenn wir einmal zusammen Landwirtschaft betreiben, werde ich dich schonen«, sagte Kwando. Er malte sich unsere gemeinsame

Zukunft auf seinem Farmland aus. »Irgendwann werden wir dort leben«, sagte er.

Langsam rieb er mit seinen großen Händen über meinen Rücken. Mit dem Gesicht in die Matratze gedrückt, suchte ich in diesem Augenblick nach einem heiteren Ausweg von seinen allzu konkreten Plänen.

»Von Bürojob und jahrelanger sexueller Ebbe zu Feldarbeit und drei Mal täglich Sex mit Kwando«, murmelte ich.

»Zwei Mal willst du es nur.«

»Egal. Es ist Überbelastung.«

»Schhh, sei jetzt ganz ruhig«, sagte er und massierte meinen Nacken.

Ich gab mich ganz seiner Behandlung hin. Es tat gut. Kwando hatte einen besonderen Zugang zu seinem eigenen Körper und erkannte deshalb auch jede Veränderung bei mir. Immer wieder goss er etwas Kokosöl in seine Handfläche. Mein Rücken wurde heiß und ich wurde schläfrig. Sachte bedeckte er mich mit dem Leintuch und legte sich neben mich.

Als ich meinen Arm zu ihm streckte, um noch einmal seine Rastalocken zu berühren, nahm er meine Hand. Wir verließen die Welt des Wachseins und übergaben uns unseren Träumen.

Endlich lernten Kwando und Helen einander kennen. Helen und ihre Töchter holten uns vom Busterminal ab. Helen hatte den Toyota ihrer Tante gegen ihren Honda Civic getauscht, den sie aus Brüssel mitgebracht hatte.

»Wie ein äthiopischer Prinz, diese markanten, regelmäßigen Gesichtszüge«, sagte Helen mit einem Blick in den Rückspiegel. Ihre Direktheit schien Kwando zu entwaffnen. Als ihn Helen spaßhaft fragte, ob er afrikanisches königliches Blut habe, antwortete er würdevoll.

»Mein Vater war ein König.« Kwando hatte seinen Vater sehr geliebt und würde ihn immer verehren. Liebevoll erwiderte er meinen Blick, als ich mich zu ihm nach hinten wandte.

»Meine Güte, ich habe noch nie in meinem Leben so große Hände gesehen«, sagte Helens Tochter Miranda. Sie tätschelte spielerisch Kwandos Hand. Er lachte leise über so viel Bewunderung.

»Sind die Füße auch so groß?«, rief Helen.

»Yap, Größe 48, der eine Fuß.«

»Was? Das gibt es doch gar nicht!« Helen lachte.

»Heute sind wir in ein Schuhgeschäft gegangen«, sagte ich und strahlte Kwando an. »Kwando hat den indischen Schuhverkäufer gefragt, ob er einen Schuh in Größe 48 für ihn hat.«

Kwando streichelte meinen Nacken.

»Und was hat der indische Verkäufer gesagt?«, fragte Helen.

»Er hat gesagt, dass er das nicht hat.«

Wir lachten alle laut.

»Ich muss mir jeden Schuh extra machen lassen«, sagte Kwando.

Helen raste um die letzten Kurven zu ihrem Haus in Westfarm. Rosarot leuchtete der Hibiskus entlang ihres Zaunes und die Bougainvillea blühten korallenfarben. Helens Blumen waren in der kurzen Zeit, in der sie auf St. Kitts war, prächtig gewachsen.

»Wunderschön«, sagte ich. »Kann ich Stecklinge für die Pflanzenschule beim Pfarrhaus schneiden?«

Helen nickte und tupfte sich mit einem Taschentuch das Gesicht ab.

»Puh, so heiß ist es heute. Ich hole uns etwas zu trinken«, sagte sie. Während die Mädchen in ihren Zimmern verschwanden, trug Helen ihre Einkäufe in die Küche.

Kwando zeigte mir Kolibris, die sich an den Hibiskuskelchen ergötzten. Helen kam mit eisgekühlter Limonade zurück. Sie setzte sich, die Beine kokett übereinandergeschlagen.

»Kwando, was machst du beruflich?«, fragte sie.

Ich erkannte das unverbindlich höfliche Lächeln, das gekoppelt war mit dem Röntgenblick der Diplomatin. In wenigen Sekunden, während eines beiläufigen Gesprächs, wollte sie sich ein exaktes Bild über meinen Geliebten machen.

»Nun, ich habe drei Berufe«, sagte Kwando. »Farmer, Honigmann und Heiler.«

Rhythmisch schwenkte Helen ihr Limonadenglas und ließ das Eis klirren.

»Was für ein Heiler?«

Kwando lächelte stoisch.

»Ich heile Menschen, die durch Obeah-Arbeit erkrankt sind und treibe Jumbies aus«, sagte er.

»Aha.« Helen hob fragend die Augenbrauen.

»Aber darüber mehr ein anderes Mal«, sagte Kwando.

Was machte sie sich jetzt für ein Bild von Kwando? Wir waren auf dieser kleinen Insel in einer anderen Welt. Kwando sprengte jeden Rahmen. Wie hätte ich ihn eingeordnet, wenn ich ihn als Diplomatin in Brüssel kennengelernt hätte? Prüfend betastete ich meinen Nacken. Meine Schmerzen waren seit Kwandos Massage verschwunden.

Er legte seinen Arm um mich und küsste mich auf meine Haare, während ich seine Hand nahm.

Helen sah uns mit großen Augen an.

»Ich spüre viel Liebe bei euch«, sagte sie.

»Ich liebe Lisuscha. Sie ist für mich geschaffen«, sagte Kwando.

»Klingt, als würden bald Hochzeitsglocken läuten«, sagte Helen.

»Erst verloben wir uns«, erwiderte Kwando ruhig.

»Das ist ja so romantisch! Ein Mann, der so etwas sagt«, rief Helen.

»Du hast dein Zuhause schön hergerichtet, Helen«, sagte Kwando.

Selbstbewusst sprach er darüber, wie er auf seinem Grund hoch oben am Berg ein Haus bauen wolle. Er verstand es, mit Helen zu reden. Häuser bauen, das war die Leidenschaft, die sie von ihrem Vater geerbt hatte, und ihre neue Lebensaufgabe.

Während Kwando und Helen das Abendessen planten, versank ich in Gedanken. Bei Kwando fanden Veränderungen statt. Er hatte neue Pläne für seine Landwirtschaft. In der Pfarre hatte sich Pater Edward gut eingearbeitet. Der Bischof hatte Pater Fowler einer neuen Pfarre auf Dominica zugeteilt. Er würde Ende des Jahres weggehen. Bei mir ging das Leben im Landwirtschaftsprojekt mit den Konflikten mit Hermine und den Teilnehmern weiter.

Am darauffolgenden Morgen kam Jamilla, eine unserer jungen Frauen, mit einem blauen Auge zur Arbeit. Die jungen Männer sagten, dass sie ihr eifersüchtiger Freund geschlagen hatte. Hermine und ich redeten auf Jamilla ein.

»Dein Freund kann dich mit zehn Kerlen im Bett auffinden«, sagte Hermine. »Er darf dich nicht anrühren.«

Jamilla saß passiv mit ihrem geschwollenen Gesicht da, während sie uns zuhörte. Die Resignation und Antriebslosigkeit dieser jungen Frauen schien mir manchmal schwerer in Motivation umzuwandeln als die Wut und das Gewaltpotential der jungen Männer.

Die Süßkartoffeln, die die Taiwaner mit den jungen Leuten angebaut hatten, wuchsen prächtig. Doch eine Woche bevor wir sie ernten und am Markt in Basseterre verkaufen wollten, rissen die Affen alle aus und fraßen sie auf. Ich war die Einzige, die sich darüber aufregte. Hermine und Justus sprachen nicht davon. Es war ein Teil des Lebens auf der Insel, dass Stürme oder Tiere ganze Ernten zerstörten.

Meine amerikanische Freundin Venus besuchte uns am späten Vormittag am Feld, um Gurken zu kaufen. Sie grüßte die jungen Leute freundlich, die ihr stolz unser Gemüse zeigten. Monatelang hatte ich Venus nicht gesehen. Sie erzählte mir, wie sehr sie mit der Farm ihres

Mannes und ihrem eigenen Jugendprojekt beschäftigt gewesen war. Sie hatte inzwischen eine kleine Gruppe Freiwilliger, die ihr half. Ihr Projekt wuchs dank neuer Sponsoren, die sie gefunden hatte. Sogar die Regierung von Venezuela hatte ihr Unterstützung angeboten.

»Du bist stärker geworden«, sagte Venus zu mir.

»Woran merkst du das?«

»Nur so, dein Gang ist lockerer und selbstbewusster.«

»Das ist die Arbeit am Feld.«

Justus kam mit einem Rechen an uns vorbei und schnappte unser Gespräch auf.

»Nein, das ist Kwando, der es Lisuscha gut besorgt«, sagte er. »Ihr Hintern wird immer größer.«

»Wie bitte?«, fragte ich.

Justus zwinkerte mir zu. Hinter mir hörte ich den derben Lacher von Venus.

11

Die Hurrikanzeit neigte sich langsam dem Ende zu, ohne dass ich auf der Insel einen der verwüstenden Zyklone erlebt hatte. Seit einigen Tagen staute sich die feuchte Septemberhitze auf. Die ganze Insel wartete auf den angekündigten Sturm, der heftige Niederschläge und Abkühlung bringen würde.

Verschwitzt wischte ich den Boden auf, als Kwando am frühen Nachmittag zu mir kam.

»Sag es mir bitte das nächste Mal vorher, wenn du kommst«, sagte ich. Sein plötzliches Auftauchen verstimmte mich, denn ich fühlte mich unansehnlich.

»Nein Baby, du bist für mich gut so, wie du bist«, meinte er.

Kwando ging ins Schlafzimmer. Draußen wurde es finster und donnerte. Nichts Gefährliches, hatten sie im Radio berichtet, nur ein tropischer Sturm, der durch den Nordosten der Karibik zog.

»Lass dich nicht stören bei dem, was du zu tun hast.«

Kwando legte sich hin. Die Arbeit und die schwüle Mittagshitze hatten ihn müde gemacht. Er hatte den Vormittag in Basseterre verbracht, um ein wildes Bienennest im Hafen zu entfernen. Den Schwarm mitsamt der Bienenkönigin hatte er provisorisch in eine Schachtel getan. Adio hatte die summende Schachtel in ein Tuch gewickelt, um sie im Bus nach Saddlers zu Kwandos Haus zu bringen. Mit der ohrenbetäubenden Calypso-Musik im Bus hatten die Menschen vermutlich die brummenden Bienen nicht wahrgenommen. Sonst wären sie sicher erschrocken und hätten Adio mit der Schachtel aus dem Bus geworfen.

Endlich regnete es. Der Ventilator im Schlafzimmer lief noch, obwohl die Luft schon abgekühlt hatte. Ich beobachtete Kwando, wie er leise und fest schlief. Mit seinem muskulösen Körper und seinem regelmäßigen, bärtigen Profil war er das schwarze Abbild eines schlafenden Dionysius aus der italienischen Renaissance.

Es tat mir leid, dass ich Kwando Grenzen setzen wollte. Er war so hingebungsvoll, wie ich es nie zuvor erlebt hatte. Ich liebte seinen unersättlichen Körper. Er konnte mich nehmen, wie es kein Mann davor getan hatte. Wir kannten uns inzwischen und wussten, wie wir miteinander umzugehen hatten. Kwando war der Mittelpunkt in meinem neuen, herausfordernden Leben geworden. Leicht wird es nicht werden, dachte ich, während ich ihn betrachtete. Die Begutachtung durch seine Landsfrau Helen hatte Kwando überstanden. Ich fragte mich, wie der kritische amerikanische Psychiater Vincent und seine neue Freundin reagieren würden, wenn sie ihn heute Abend kennenlernten.

Vincent hatte einen Tisch für vier im Star of India bestellt.

»Wie und wo habt ihr beide euch kennengelernt?« fragten Vincent und Mary Kay zugleich. Das unverbindliche Lächeln der beiden konnte ihr Staunen nicht vertuschen. Eher hätten sie fragen wollen, wie um Himmels Willen seid ihr zwei zusammengekommen.

Schnell musterte Vincent mit seinen ruhigen Augen Kwando, der einen Blick auf den lauten Fernseher warf. Die Fußballübertragung übertönte das Geflüster eiliger Männer an der Rezeption. Das Restaurant betrieb im ersten Stock ein Stundenhotel. Am Tisch neigten sich Vincent und Mary Kay für ein zärtliches Zwiegespräch einander zu. Im Gegensatz zu Kwando und mir waren Vincent und seine neue Freundin Mary Kay ein Paar, das gut zusammenzupassen schien. Sie war über fünfzig, Sozialarbeiterin und stammte wie Vincent aus dem mittleren Westen der USA.

»Schön, dass wir zusammen essen«, sagte Mary Kay. Sie brach eine Naanflade auseinander. Kwando wandte sich vom Fernseher zu ihnen. Mit ihrem strahlenden Lächeln löste Mary Kay jede anfängliche Spannung. Ihr Gesicht hatte regelmäßige Züge. Sie trug ihr Haar offen und ungefärbt. Ihr zu groß geschnittenes, auberginefarbenes Kleid mit den tibetanischen Stickereien verriet ihr ehemaliges Hippie-Dasein.

Ich sprach Vincent auf den Marihuanakonsum unserer Jugendlichen an. Einer unser Teilnehmer im Projekt war, als wir alle am Weg zur Landwirtschaftsmesse gewesen waren, mit einem Joint erwischt und verhaftet worden. Marihuana war zwar streng verboten auf der Insel, aber der süßliche Qualm schien mir in meinem Dorf allgegenwärtig. Vincent hatte aus den Sechzigerjahren Erfahrung mit Drogen und hatte sich als Psychiater damit beschäftigt. Er erklärte mir, dass der Wirkstoffgehalt THC im Ganja, wie Marihuana hier genannt wurde, enorm stark war.

»Das Zeug kann man nicht vergleichen mit dem Gras, das wir vor zwanzig, dreißig Jahren geraucht haben«, sagte er.

Kwando bediente sich an dem Korb mit den Fladen und verhielt sich die ganze Zeit ruhig. Doch er wurde ungehalten, als ich zum Buffet ging, um uns etwas zu essen zu holen.

»Jetzt lassen sie die Gäste Kellner spielen?«, rief er. »Was ist das für ein Laden? Ich will bedient werden, wenn ich ins Restaurant komme.«

Es war Freitagabend und das Restaurant bot ein All-you-can-eat-Buffet an. Das hatte Kwando nicht mitbekommen.

Der indische Wirt schenkte uns Eiswasser nach und fragte, ob alles in Ordnung sei.

»Stell dir vor, Mann, wir wären vier behinderte Personen, die alle zum Buffet hüpfen müssten, um zu einem Essen zu kommen«, sagte Kwando.

Der Wirt zog sich beschämt zurück. Vincents blaue Augen flackerten hinter seiner Brille auf. Ja, dachte ich, der Mann meiner Träume hat eine Behinderung und seine Wunden in der Seele.

»Vincent, ist dir bei deiner Arbeit in der Psychiatrie meine Schwester Hildred untergekommen?«, fragte Kwando.

»Hildred ist deine Schwester?« Aus Vincents ruhigem Gesicht war Staunen herauszulesen.

»Ja, meine ältere Schwester.«

»Ich schätze sie sehr«, sagte Vincent. »Sie ist hochintelligent und bringt den anderen Psychiatriepatienten Korbflechten bei.«

»Als junges Mädchen hat sich Hildred vor der Arbeit in der Landwirtschaft gedrückt«, sagte Kwando. »Sie wollte lieber ihren Freundinnen bei den Hausaufgaben helfen.«

»Wer weiß, wie weit sie es gebracht hätte mit ihrer Klugheit, wenn sie nicht krank geworden wäre«, sagte Mary Kay.

»Womöglich hätte sie ein Stipendium an einer amerikanischen Spitzenuni wie dem MIT bekommen«, sagte Vincent. Mary Kay war sanftmütig und optimistisch. Vincent hingegen behielt seinen Sarkasmus in jeder Situation.

»Unser Vater hat Hildred geschlagen und ihr kein Essen gegeben, weil sie nicht auf der Farm mithelfen wollte«, sagte Kwando. »Aber niemand konnte ihren Willen brechen.«

Betroffen lauschte ich Kwandos Erzählung aus seiner Kindheit.

»Kwando, kannst du mich zu Hildred mitnehmen?«, fragte ich.

»Ja, wir werden Hildred besuchen. Du sollst sie kennenlernen.«

»Diese Palme wurde in den Fünfzigerjahren anlässlich der Krönung von Elizabeth II. gepflanzt«, sagte Pater Edward am Balkon des Pfarrhauses. »Sie heißt Manilapalme.«

Von oben beobachtete er Kwando und mich, wie wir junge Palmen um eine große Mutterpalme ausgruben. Kwando war wortkarg. Es hatte ihn gekränkt, als ich ihn nach dem indischen Abendessen gebeten hatte, zu sich nach Hause nach Saddlers zu fahren. Ich hatte allein sein wollen, wie ich es viele Jahre gewesen war. Alles ging so rasch, und ich brauchte oft Ruhe, um das Erlebte zu verarbeiten.

»Viele dieser Manilapalmen sind seit den Fünfzigerjahren ausgestorben«, sagte Pater Edward.

»Wir pflanzen sie nach«, sagte ich.

Kwando stellte die Säcke mit frischer Erde am Boden nebeneinander auf.

»Wer weiß, Lisuscha, vielleicht können wir sie auf der Insel verkaufen. Diese Palmen sind beliebt und haben inzwischen Seltenheitswert«, sagte Pater Edward.

Die Pflanzenschule hatte in den vergangenen Monaten Fortschritte gemacht. Ich hatte zahlreiche Rosen, Frangipani und Bougainvillea sowie mehrere hundert unterschiedliche Obstbäume gezogen. Die jungen Mangobäume wollte ich veredeln lassen. Der Pater beobachtete ein Kreuzfahrtschiff draußen am Meer. Manchmal kamen die Touristen in Bussen von den Schiffen und machten während ihrer Inselrundfahrt einige Minuten in St. Pauls Halt, um das Bradshaw-Andenken und die Aussicht auf die Nachbarinseln Statia und Saba zu fotografieren.

»Die Kokospalmen sind krank«, sagte Kwando. Mit ernster Miene zeigte er auf die vergilbten Palmen entlang des Obstgartens. Einige der Bäume ließen bereits Zweige fallen. »Sie haben den Virus und werden bald sterben.«

Die Kokospalmen starben auf der Insel an der gelben Krankheit. Eine Zikade, die sich von Palmblättern ernährte, übertrug die Krankheit von Baum zu Baum. Die Blätter färbten sich gelb und fielen nach und nach ab, bis sieben Monate später nur der kahle Stamm übrigblieb. Es gab keine Rettung, nur Symptombehandlung mit zu teuren Antibiotika.

»Ich freue mich, dass du Lisuscha mit deinem Wissen hilfst«, sagte Pater Edward.

»Sie braucht Hilfe, dafür bin ich da«, sagte Kwando. Er klang bestimmt, aber er sah mich nicht an.

Pater Edward verabschiedete sich. Kwando und ich schwiegen. Seine Nähe bei der Gartentätigkeit tat mir wohl. Doch er wirkte verstimmt.

»Ich muss für meine Mutter jeden Tag kochen. Neun Töchter hat sie, Lisuscha, die nichts tun«, sagte er nach einer Weile. »Neun Schwestern habe ich, und sie schicken nicht einmal Geld, obwohl es ihnen ganz gut geht.« Die Palmen waren alle ausgegraben. Wir pflanzten sie in Säcke, die mit Erde gefüllt waren.

»Nichts tun sie, meine faulen, geizigen Schwestern«, sagte Kwando. »Und Hildred ist auf der Psychiatrie.«

»Was fehlt Hildred genau?«, fragte ich.

»Sie wurde mit fünfzehn verhext und hat seitdem psychische Probleme. Später wurde sie auch noch cracksüchtig«, sagte Kwando. »Schrecklich, was sie und unsere Familie durchgemacht haben.«

»Ich möchte sie im Spital besuchen«, sagte ich.

»Ja, das machen wir. Meine Mutter will dich auch treffen. Wann kommst du uns in Saddlers besuchen?«, fragte Kwando.

»Wann du willst«, antwortete ich ihm gelassen. Doch ich wusste, dass dieser Besuch eine große Sache für Kwando war. Er hatte bisher immer gemeint, dass seine Mutter senil wäre und niemanden sehen wolle. Sie hatte alle Frauen verabscheut, die Kwando mit nach Hause gebracht hatte. Lange hatte er es für geradezu unmöglich gehalten, dass ich das Haus betreten könne, ohne dass seine Mutter mich mit der Machete verjagen würde.

Es hatte in den vergangenen Monaten viel geregnet. Sattes Grün umgab uns. Die Nil-Lilien waren so schnell gewachsen, dass sie den Ausgang der Pflanzenschule beinahe versperrten.

»Friedhofsblumen«, sagte Kwando abfällig.

Ich schloss das kleine Gartentor hinter uns.

»Es hat mich getroffen, dass du mich gestern nach dem Abendessen so einfach nach Hause geschickt hast«, sagte Kwando. »Komm, wir gehen zum Feld, da sind wir ungestörter. Weit weg vom Pfarrhaus. Wer weiß, ob der Pfarrer noch lauscht.«

Er schritt auf seinen Krücken durch das hohe Gras in Richtung Feld. Ich blieb stehen und bewunderte seine kerzengerade, kräftige Gestalt. Erst als er sich umdrehte, um nach mir zu rufen, lief ich ihm nach. Um die Guavenbäume war das Unkraut zu Büschen gewachsen.

»Gib acht auf mich«, sagte Kwando. Er nahm meine Hand und küsste sie. Um mir einen Sitzplatz im Gras zu bereiten, legte er einige trockene Bananenblätter übereinander. »Setz dich neben mich.«

»Mir wird bald kalt werden«, sagte ich zögernd. Der Nachmittag neigte sich dem Ende zu.

»Setz dich bitte, ich muss mit dir reden«, sagte Kwando.

Er spähte zur Sonne, die sich über dem Meer senkte. Bald würde sich der Himmel in ein leuchtendes Gemälde verwandeln, denn auf dieser Seite der Insel ging die Sonne über dem Meer unter.

»Du kannst mich stark machen oder brechen«, sagte Kwando.

»Das kann ich doch nicht. Das kannst nur du allein.«

»Ich hatte schon einmal eine Vision – oder einen Nervenzusammenbruch, wie sie es nannten«, sagte er.

Ein paar Monate nach seiner Beinamputation vor zwanzig Jahren hatte sich Kwando auf seinen Grund hoch oben unter dem Vulkan zurückgezogen. Monatelang war er nicht mehr unter Menschen gegangen. In der Nacht machte er ein Feuer und schlief in der Höhle, die ihn vor den Unwettern beschützte. Er kochte in einem Tontopf über dem Feuer und ernährte sich von Gemüse, Kassava, Brotfrucht und Obst. Aus Kokosnüssen machte er Milch, die die eiweiß- und fettreiche Basis für seine Gemüsegerichte bildete.

»Kokosnusswasser ist das beste isotonische Getränk für hartes Training«, sagte er.

»Du hast nach deinem Unfall gleich trainiert?«

»Yap, sofort danach. Schon im Spital habe ich trainiert. Ich wollte nicht als unbeweglicher Krüppel enden, nur weil mir das Bein abgeschnitten wurde.«

Er hatte sich mit gesammeltem Regenwasser gewaschen. Als einzige Gefährtin hatte er eine schwarze Katze gehabt, die die Ratten verjagte. Nach zwei Monaten war sein Bart dicht gewachsen. Kwando ging in sich, um sich von seinem Unfall zu erholen und seinem Leben neue Perspektiven zu geben. Eines Tages hatte er eine Vision, dass die Wasserquelle auf seinem Grund versiegen würde. In dieser Quelle war, seitdem er lebte, Wasser geflossen. Sie hatte sein Ackerland versorgt. Kwando teilte die Vision einem der Nachbarn mit, der seine Kühe täglich an der Quelle tränkte. Er forderte den Mann auf, seine Tiere fortzubringen, da es bald kein Wasser mehr geben würde. Kwando befürchtete, dass die Kühe unruhig nach Wasser suchend alles auf seinem Land aufwühlen würden. Der Nachbar glaubte Kwando nicht und ging stattdessen ins Dorf zurück, um Kwandos Familie zu warnen. Kwando sei verrückt geworden, er habe seit Monaten keinen Kontakt zu Menschen und solle wegen seiner Visionen in die psychiatrische Klinik eingeliefert werden. Seine Mutter rief die Rettung an, um Kwando abholen zu lassen.

Von oben auf seinem Grund beobachtete Kwando den Rettungswagen, wie es ihn hin und her schaukelte, während er den dicht bewachsenen Weg entlangfuhr. Die Rettung schaffte es nicht ganz hinauf und schaltete Sirene und Blaulicht ein, um Kwando auf sie aufmerksam zu machen.

Er hatte seine Krücken unter seine Arme geklemmt und war den Weg hinabgestiegen. Den Rettungsfahrern hatte er erklärt, dass er sich nicht in die Psychiatrie einliefern lassen werde. Er habe nichts verbrochen. »Weg mit euch von meinem Land! Und spart euch solche Reisen in die Wildnis in Zukunft«, schimpfte er. Schnell waren sie mit dem holpernden Krankenwagen den Berg wieder hinuntergefahren.

»Ein Haufen Amateure war das«, sagte Kwando zu mir. Er schüttelte den Kopf.

»Haben sie nicht versucht, dich zum Mitkommen zu zwingen?«, fragte ich.

»Nein, das dürfen Rettungsmänner nicht«, sagte Kwando.

Kwando war stark und mutig, dachte ich und blickte in die untergehende Sonne. Der Himmel färbte sich orange. Kwandos Erzählungen ließen meine eigene Wahrnehmung bewusster werden. Binnen weniger Minuten breitete sich glühendes Rot um St. Kitts und die Nachbarinsel Statia aus. Diese Ostkaribischen Inseln waren vom Passatwind abgekühlte vulkanische Felsen. Mächtig ragten sie im Abendrot aus dem Meer, um schließlich bis zum nächsten Sonnenaufgang in der Dunkelheit zu verschwinden. Währenddessen kochten die Menschen in ihren Häusern Abendessen, ruhten sich von der Arbeit aus oder fuhren in einem Bus nach einem langen Tag nach Hause.

»Die Rettungsleute haben die Polizei gerufen«, sagte Kwando. Er holte mich in seine Erzählung zurück.

Von Weitem hatte er sie am nächsten Morgen kommen gesehen. Er hatte gerade die vertrockneten Blätter von den Bananenstauden entfernt. Am Fuß des Berges entdeckte er einen Landrover der Polizei, der den steilen Weg entlangfuhr. Kwando rührte sich nicht von der Stelle, als der Wagen die letzte Strecke durch das hohe Gras hinaufkroch und vor ihm neben den Bananen stehenblieb. Acht Polizisten stiegen aus. Einer hatte ein Maschinengewehr bei sich. Sie forderten Kwando auf, mitzukommen. Gelassen sagte er, dass er nicht wie seine Schwester Hildred auf der Psychiatrie landen wolle. Einer der Polizisten, den Kwando vom Taekwondo-Training kannte, sprach beruhigend auf ihn ein. Währenddessen umringten ihn die anderen. Als ein Polizist Kwando fassen wollte, wich er mit einer geschulten Bewegung aus. Umzingelt von den Beamten lauerte er, bereit zum Angriff. Keiner bewegte sich. In der Stille schienen Stunden zu vergehen. Der Polizist, der ihn kannte, beschwor ihn, vernünftig zu sein. Es ginge nur um eine Untersuchung im Spital, das sei ganz normal nach allem, was er seit dem Motorradunfall durchgemacht hatte. Sie seien in friedlicher Mission gekommen, beteuerte der Polizist.

Der Polizist mit dem Maschinengewehr verlor die Geduld und ging auf Kwando zu. Kwando warnte ihn davor, näherzukommen. Er werde sich nicht niederspritzen und tablettensüchtig machen lassen wie seine Schwester. Er werde um sein Leben und seine Gesundheit kämpfen. Der Polizist fuchtelte mit dem Maschinengewehr vor Kwandos Gesicht herum. Das reizte Kwando. Blitzschnell ergriff er mit der Linken den Lauf des Gewehrs und hielt es von sich weg. Perplex, dass jemand sich an sein Maschinengewehr wagte, zog der Polizist an der Waffe, um Kwandos eisernen Griff zu lösen. Unbeirrt packte Kwando mit der Rechten den Griff. Beharrlich hielt der Polizist das Gewehr fest.

Da sprang Kwando hoch und drückte mit seinem Knie die Waffe nach unten. Beide stürzten zu Boden. Kwando verpasste dem Polizisten einen Kinnhaken und entriss ihm das Maschinengewehr. Einen Moment lang überlegte Kwando. Diesen Moment nutzten die anderen Polizisten aus, um sich zu acht auf ihn zu werfen und ihm Handschellen anzulegen. Sie packten ihn an den gefesselten Händen und an seinem Fuß und warfen ihn wie einen Sack in den Wagen. Der Landrover fuhr los. Als der Sergeant, der den Einsatz geleitet hatte, zu ihm nach hinten sah, wisperte Kwando ihm zu, dass er das alles bereuen werde.

»Wie ein gefesseltes Raubtier haben sie mich abtransportiert. Lisuscha, ich fühlte so einen Hass in mir«, sagte Kwando. Seine

Augen leuchteten vor Aufregung. »Der Sergeant war noch ein junger Mann. Er ist zwei Jahre nach diesem Vorfall an Krebs gestorben. Es war Unrecht, was sie mir angetan haben.«

Ich griff nach Kwandos Arm. Wir saßen nebeneinander und schwiegen eine Weile. Wie einsam muss Kwando nach seinem Unfall gewesen sein, überlegte ich. Ich fragte mich, wie ihn diese Gewalt, die er erleben hatte müssen, geprägt hatte. Die Leute im Dorf erzählten, dass danach nie wieder ein Polizist hinauf zu Kwandos Farm gefahren war.

»Baby, wird dir nicht kalt am Boden?«, fragte Kwando.

»Nein«, sagte ich entschlossen. Es wurde finster und tatsächlich kühler, doch ich wollte, dass Kwando weiter erzählte. Sorgsam zupfte er den Polster aus Bananenblättern zurecht, auf dem ich saß.

»Gleich nach meiner Ankunft im Spital haben sie mir ein starkes Mittel gespritzt. Ich war noch gefesselt«, sagte er.

Die Ärzte hatten Kwando nicht gesagt, welches Medikament sie ihm verabreicht hatten. In einem Zimmer eingesperrt lag er im Bett und starrte in das grelle Licht der Glühbirne, die von der Decke herunterhing. In seiner Fantasie verwandelte sie sich in ein leuchtendes Bein – sein Bein, das er vor wenigen Monaten verloren hatte. Kwando kletterte den metallenen Spind im Krankenzimmer hinauf. Er fühlte sich wegen der Medikamente ganz leicht, als ob er fliegen könnte. Auf dem schmalen Schrank streckte er sich, bis er auf den Zehenspitzen stand. Gerade noch erreichte er die Glühbirne, die er in einem Balanceakt abschraubte, um nicht mit dem meterhohen, wackligen Spind umzukippen. Als er beinahe schwebend hinuntergeglitten war, hatte Kwando mit seiner lauten und tiefen Stimme die Krankenschwester zur Tür seines Zimmers gerufen. Mit beiden Händen hatte er ihr die Glühbirne gereicht und gesagt: »Bitte steck mir mein Bein wieder an!«

Wie erstarrt saß ich da, benommen von seiner Geschichte.

»Die Psychopharmaka machen einen verrückt«, sagte Kwando zu mir.

Die Sonne war schon untergegangen.

Nach sechs Tagen hatte Kwando die Psychiatrie verlassen. Kein Krankenpersonal hatte ihn davon abhalten können. Eine Wochen später versiegte die Quelle, wie er es vorausgesehen hatte. Staubtrocken war der Grund der Quelle geworden, die seit jeher seiner Familie Wasser für den Gemüseanbau und die Kühe geliefert hatte. Die Kühe irrten über sein Land, bis der Nachbar sie einfing. Wieder allein auf seinem Grund meditierte und betete Kwando. Er ließ seine Dreadlocks wachsen und wurde ein Rasta.

12

Die Sonne war so stark, dass das morgendliche Gießen der Tomaten und Paprika zwecklos erschien. Der Boden trocknete sofort wieder aus. Lustlos arbeiteten wir am Feld. Der Tontopf, in dem Blair normalerweise unser Mittagessen nach Rasta-Art kochte, ruhte auf den Steinen neben dem Feld. Blair war am Wochenende zusammengebrochen und wir hatten ihn im Spital besucht. Wir hatten Masken tragen müssen, denn die Ärzte wussten nicht, was ihm fehlte. Aus Angst vor einer Ansteckung hatten die meisten jungen Männer und Frauen Blairs Zimmer nicht betreten. Diese Leute konnten mit Waffen aufeinander schießen, aber sie fürchteten sich vor einer noch nicht diagnostizierten Krankheit. Selbst Hermine hatte gezögert, in Blairs Krankenzimmer zu gehen. Doch als ich mich neben Blairs Bett gesetzt hatte, hatte sie Mut gefasst und sich dazugesellt.

Am Abend saß ich an meinem Computer im Dorfhaus. Die Ventilatoren kühlten die Luft, während ich via Skype mit meinem Sohn Georg sprach. Aufgeregt erzählte er mir, dass er sich entschlossen habe, in der Finanzbranche zu arbeiten.

Er war zweiundzwanzig Jahre alt, beendete gerade sein Physikstudium und verschickte bereits Bewerbungsschreiben an Banken und Investmentgesellschaften. Die Tränen kamen mir vor Rührung, als ich merkte, wie er sich freute, seinen gewählten Weg zu gehen. Ich wünschte mir, dass die Jugendlichen im Projekt ein wenig seines Eifers hatten. Aber ich erkannte auch, wie viel mehr Möglichkeiten meine Kinder in Europa im Gegensatz zu den Jugendlichen hier hatten.

Kwandos Mutter hatte mich nach Saddlers eingeladen. Ich machte mich auf den Weg zu ihrem Haus. Fröhlich quasselte ich mit dem Busfahrer, um meine Aufregung vor der ersten Begegnung in Schach zu halten. Der Bus hielt eine Station vor Saddlers und eine ältere, zierliche Frau stieg ein.

»Mach ein bisschen Platz oder soll ich mich auf deinen Schoß setzen?«, sagte sie zu der jungen Frau neben mir, die wortlos zur Seite rückte.

Kittitians hatten ihre eigene Art, miteinander mit viel Humor umzugehen. Das ist ein Grund, warum ich die Insel so gerne habe, dachte ich, dankbar für die kleine Ablenkung im Bus.

Kwando hatte mir genaue Anweisungen gegeben, wie ich von der Bushaltestelle in Saddlers zu seinem Haus kam.

»Ms Harvey?«, rief ich ins Haus.

Eine großgewachsene, über achtzig Jahre alte Frau in einem verkehrt zugeknöpften, verwaschenen Hauskleid öffnete mir und musterte mich durch ihre dicken Brillengläser.

»Komm herein«, sagte sie und bot mir einen Platz auf dem Fauteuil im spärlich möblierten Wohnzimmer an. Am Boden neben dem Eingang erkannte ich einen Schuh von Kwando. Das Haus war groß, verwinkelt und heruntergekommen. Es roch alt und modrig.

»Schön, dass du gekommen bist, Lisuscha«, sagte Kwandos Mutter. »Wie gefällt dir St. Kitts?«

»Ich liebe St. Kitts«, antwortete ich. Ihr freundlicher Empfang überraschte mich.

Kwando war in der Küche und kochte das Mittagessen.

»Stennett«, rief Kwandos Mutter.

Sie sprach ihren Sohn mit dem Namen an, den sie ihm bei der Geburt gegeben hatte. Sie lehnte den Namen »Kwando« ab. Nachdem Kwando sein Bein verloren hatte und ein Rasta geworden war, nannte er sich »Kwando« nach seinem Kampfsport Taekwondo.

»Tae« bedeutet auf Koreanisch Füße, »Kwon« Fäuste. Kwon-Do bedeutet »die Kunst der Fäuste« und wird auf St. Kitts »Kwando« ausgesprochen.

»Ich hab dir gesagt, dass du den Mann aus der Kokospalme hinten im Garten wegkriegen sollst«, sagte Kwandos Mutter.

»Mom, da ist kein Mann im Baum.«

»Seit gestern ist er oben im Baum und kommt nicht mehr hinunter.«

»Da ist kein Mann. Ich habe nachgesehen.«

»Wenn du ihn nicht wegbekommst, wird er noch alles Mögliche in unserem Garten anstellen.«

Kwando zwinkerte mir zu und brachte uns Fisch und Reis mit Kichererbsen. Seine Mutter und ich stöhnten über die großen Portionen.

»Esst halt nur, soviel ihr wollt«, sagte er.

Kwandos Mutter saß mit ihrem gefüllten Teller am Tisch. Auf ihrem krachenden Taschenradio hörte sie die regionalen Nachrichten. Die karibischen Staaten hatten Kuba zum ersten Mal zu einem Gipfeltreffen eingeladen. Die alte Frau murmelte zustimmend.

»Ich war für meine Augenoperation in Kuba.«

Kwando hüpfte ohne seine Krücken zurück in die Küche und ließ uns allein.

»Was gefällt dir an Stennett?«

Peinlich berührt überlegte ich, was ich seiner Mutter antworten sollte.

»Er hat ein großes Herz«, sagte ich schließlich.

»Hm, nur sein Herz ist groß?«, fragte sie, ohne mich anzusehen. Lustig war sie, Kwandos Mutter.

»Ich liebe Stennett. Aber ich glaube, er ist ein bisschen schwierig«, sagte ich.

»Das muss wohl jeder von uns erfahren«, antwortete sie.

»Stennett hat mir erzählt, dass Sie jede Frau verjagen, die er mit nach Hause bringt.« Ich wollte sie herausfordern.

»Ach wirklich?« Die alte Frau lachte böse. »Er hat nie eine Frau mitgebracht.«

Kwando stand wieder im Wohnzimmer.

»Du hast sie nur alle nicht ins Hause gelassen«, sagte er.

»Alle? Das klingt, als ob es irrsinnig viele waren.« Es machte ihr Spaß, ihren Sohn zu ärgern. Aber Kwando lachte auch und ich lachte mit.

»Hunderte«, rief ich.

Kwandos Mutter lachte lauter und beugte sich über das kleine Radio am Tisch, um es besser einzustellen.

»Zwei waren es.« Kwando wurde wieder ernst. Wir sahen uns kurz in die Augen. Seine Mutter hatte die ganze Portion auf dem Teller aufgegessen und Kwando räumte ihn gleich ab.

»Kannst du meine geflochtenen Haare aufmachen?«, fragte sie mich.

»Natürlich«, antwortete ich.

»Der Kamm liegt auf dem Tisch, Lisuscha«, sagte Kwando.

Still ließ Kwandos Mutter die Prozedur über sich ergehen. Ich fragte mich, wie ich in diese Lage gekommen war, einer alten Frau ungewaschene, geflochtene Haare zu entfilzen. Aber das machten Frauen aus St. Kitts, wenn sie zusammenkamen. Sich die Haare flechten oder entflechten. Kwando zog sich in sein Zimmer zurück.

»In welche Kirche gehst du?«, fragte Kwandos Mutter.

»In die anglikanische Kirche in St. Pauls«, antwortete ich.

»Jeden Sonntag?«

»Ja, ich arbeite für die Kirche.«

»Aha. Wir sind Siebenten-Tags-Adventisten. Stennett ist früher immer in die Kirche gegangen, bis er sich verirrt und mit den Drogen angefangen hat.«

»Ich nehme keine Drogen«, sagte Kwando aus seinem Schlafzimmer. »Ganja ist meine Meditation. Jah lebt!«

Er hatte sich zur Ruhe legen wollen, doch er hörte jedes Wort mit.

»Ja, ja, du hast dich verirrt. Rauchst Marihuana. Bist auf dem falschen Weg«, rief die Mutter in Richtung Schlafzimmer. »Ich habe sie alle so erzogen, dass sie in die Kirche gehen.« Sie schaute ins Leere. »Seit meiner Augenoperation in Kuba war ich nicht mehr in der Kirche.«

Still werkte ich an ihren Haaren weiter. Die Arbeit an den Zöpfen von Kwandos Mutter erschien mir endlos.

»Bist du bald fertig?«, fragte sie. Auch sie wurde ungeduldig.

»Nein, ich habe noch mehr als die Hälfte vor mir. Sie müssen Geduld haben. Ich bin etwas unbeholfen. Das machen wir in Europa nicht.«

Sie schwieg und harrte aus. Der Geruch der ranzigen Vaseline in ihrem ungewaschenen Haar stieß mich ab und doch wollte ich sie pflegen. Alt und verwahrlost war sie und vor allem war sie Kwandos Mutter. Er lebte mit ihr, kochte für sie und ertrug ihre Senilität täglich.

Kwando hatte einmal gesagt, dass seine Mutter ihn nie geliebt habe, weil er genau wie sein Vater aussehe. Sie war als junge Frau in Not gewesen und Kwandos Vater, ein selbstbewusster, bodenständiger Farmer aus Saddlers, hatte für sie gesorgt. Sie hatte ihn nicht aus Liebe geheiratet. Sie hatte auch immer darauf gepocht, dass sie aus einer guten Familie aus Dominica kam. Ihre Brüder waren Ärzte und Anwälte gewesen. Als alternde Witwe litt sie unter ihren ärmlichen Verhältnissen.

»Ich habe dich bei deiner Ankunft auf St. Kitts gesehen, im Januar oder so«, sagte sie.

»Woher wissen Sie, dass ich damals gerade angekommen war?«, fragte ich.

»Nur so, dein Gesicht war neu.« Sie richtete ihren trüben Blick auf mich. »Und außerdem habe ich dich im Radio gehört.«

Kwando kochte Wasser, denn die Haare seiner Mutter mussten gewaschen werden. In der Zwischenzeit sahen wir Fotoalben an. Die meisten Fotos waren durch die Nässe beim letzten Hurrikan zerstört worden. Kwando saß auf der Lehne des Fauteuils und kommentierte die Fotos. Um die Menschen auf den befleckten Bildern besser sehen zu können, lehnte ich mich zu ihm. Ein hellwacher Blick seiner Mutter schoss in Sekundenschnelle von mir zu Kwando.

»Wem sieht Kwando ähnlich, Ms Harvey?«, fragte ich.

»Ich denke, der ist ein eigenes Gebräu«, sagte sie trocken.

»Wem sieht er ähnlich? Von wem hat er die Nase?« Ich strich über Kwandos gerade Nase. »Von wem hat er die hohen Backenknochen?« Mit meinen Fingern glitt ich seine Wangen entlang.

Der Blick von Kwandos Mutter war vernebelt. Sie lachte zynisch.

Kwandos Mutter hatte Carib-Vorfahren. Auf anderen karibischen Inseln hatten sich die Caribs und Arawaks, die Ureinwohner der Karibik, mit den Sklaven aus Afrika gemischt. Auf St. Kitts hatten die Engländer und die Franzosen die Ureinwohner zu Tausenden ermordet. Sie hatten ihnen bei ihrer Kultstätte aufgelauert. Der Fluss dort war danach wochenlang rot gefärbt gewesen. Der Ort heißt noch heute Bloody Point.

Seiner Mutter sah Kwando nicht ähnlich. Sie war runder und heller als er.

»Kann ich ein Foto von Kwandos Vater sehen?«, fragte ich.

Doch Kwandos Mutter hatte nicht ein einziges Foto von ihrem verstorbenen Mann aufbewahrt.

»Ich bin das Abbild meines Vaters.« Kwando bestätigte mich in meiner Vermutung.

Er saß dicht neben mir auf der Lehne des Fauteuils und lächelte mir friedlich zu. Seine warmen braunen Augen hielten mich in Bann.

Als seine Mutter wieder erwähnte, dass sie seit ihrer Augenoperation in Kuba nicht mehr in der Kirche war, bot ich an, sie dorthin zu begleiten.

»Ich muss ein passendes Kleid für den Gottesdienst finden.« Sie sprang auf und ging zielstrebig zum muffigen Kleiderhaufen hinter einem Vorhang am Gang.

»Lass sie! Sie wird keines finden«, rief Kwando. Seine Stimme klang auf einmal lauter und verärgert.

»Von wem hat Kwando seine Launen?«, fragte ich.

Ohne zu antworten, zog Kwandos Mutter ein weißes Polyestersatin-Kleid mit türkisfarbenen Streifen aus dem Stoß.

»Das ist sauber, oder?«, fragte sie.

»Das sind fröhliche, frische Farben«, sagte ich.

Das Modell musste aus den Sechzigerjahren stammen, denn ich erkannte den Schnitt des Kleides kaum. Auf der Stiege vor dem Haus wusch ich ihr die Haare. Mit einer Tasse schöpfte ich von dem warmen Wasser, das Kwando in eine rosa Plastikwanne gegossen und vor die Treppe gestellt hatte. Ich summte ein Kirchenlied. Sie sang die erste Strophe mit. Als ich das Shampoo einmassierte, wurde sie friedlich.

»Es ist doch noch ein heller Nachmittag geworden. Jesus sei Dank!«, sagte sie.

Es war Abend geworden, als mich Kwando zur Bushaltestelle von Saddlers begleitete. Die Meeresbrise rauschte durch das mannshohe Guineagras entlang der Straße. Es war kühler als sonst und ich hatte meine Jeansjacke angezogen. Der Locklaut der Zikaden ertönte in der Dunkelheit. Von Weitem leuchtete der Ölhafen von Statia über das Meer.

Auf dem Weg zum Gotteshaus der Adventisten hielt sich Kwandos Mutter mit eisernem Griff an mir fest, denn ihre schlechte Sicht verunsicherte sie. Wir kamen etwas früh und setzten uns auf die Kirchenbank in eine der vorderen Reihen. Ein paar Frauen küssten einander zur Begrüßung.

»Ms Harvey! Sister! Schön, Sie wieder unter uns zu haben«, sagte eine der Frauen. Sie raffte ihr seidiges, schwarz-weiß gemustertes Kleid zur Seite, um sich zu Kwandos Mutter zu beugen und sie zu begrüßen.

In meine Kirche in St. Pauls kamen die jungen Frauen am Sonntag in ihren kurzen, bunten Kleidern und silbernen hochhackigen Sandalen. Mit ihren Ohrgehängen und billigen Strasscolliers waren sie reif für die Karnevalsparade in Basseterre. Bei den Adventisten war das alles verpönt, hatte mir Kwando erklärt. Unnützer Schmuck und Putz ziemten sich für die Nachfolger Jesu nicht. Das war Kwandos Welt gewesen, bevor er ein Rasta geworden war. Er war streng erzogen worden.

»Ms Harvey, Sie haben Ihr Kleid verkehrt herum angezogen«, sagte eine Adventistin.

Sie wandte sich zu mir. »Schwester, hast du nicht bemerkt, dass es verkehrt ist?« Sie sagte das in einem so höflichen Ton, dass ich kaum einen Vorwurf heraushörte.

Das Kleid von Kwandos Mutter war so altmodisch und unförmig, dass ich nicht einmal vorne und hinten auseinanderhalten konnte. Den eleganten Damen entging jedoch nichts und sie holten den Schlüssel für die Toiletten. Aber Kwandos Mutter wartete nicht, um sich dort umzuziehen. Sie hob ihre Arme und zog das Kleid aus. Sie hatte keinen Büstenhalter an.

»Oh nein, Ms Harvey! Oh, du meine Güte!« Die Kirchendamen schrien auf, als sie die nackte alte Frau auf der Kirchenbank sitzen sahen.

Hektisch drehten wir das Kleid um, bevor noch mehr Leute in die Kirche kamen. Als wir uns wieder setzten, tat Kwandos Mutter so, als wäre nichts geschehen. Vielleicht hatte sie den Zwischenfall auch schon wieder vergessen.

»Einmal muss man bei den berühmten Strandausflügen von Pater Fowler mitmachen«, sagte Vincent. Wir wollten ein Picknick machen und Pater Fowler nahm nur ein paar Jugendliche mit, darunter seinen Engel Joya. Ich hatte Vincent angerufen, um ihn mit Mary Kay dazu einzuladen. Sobald wir am Cockle-Shell-Strand am Ende der südöstlichen Halbinsel ankamen, machten sich die Jugendlichen selbständig. Vermutlich suchten sie sich ein Versteck, um ihr Gras zu rauchen.

Wir fanden einen schattigen Platz unter den Kokospalmen. Am warmen weißen Sand breitete ich ein großes Batiktuch für Kwando und mich aus. Genüsslich schloss ich die Augen, als ich die gespeicherte Wärme des Sandes durch das Tuch spürte.

»Ich bin sehr gerührt, dass du mich in deine Familie eingeführt hast«, sagte ich. Der Nachmittag mit Kwandos Mutter war mir noch gegenwärtig.

Kwando legte sich neben mich und berührte meinen Arm.

»Du zeigst mir alles offen und ehrlich. Dafür bin ich dankbar«, sagte ich. »Es ist nicht leicht für dich.«

»Ich stehe unter Druck«, sagte er. »Neulich hat mich meine Mutter in der Nacht geweckt und gesagt, dass ein Mann unter ihrem Bett sei. Ich musste nachsehen.«

»Wie ein Kind«, sagte ich. Die Wärme des Sandes breitete sich wohltuend in mir aus.

»Stimmt«, sagte Kwando. Er setzte sich auf. »Es heißt ja: Once a man, twice a child, ein Mal Mann, zwei Mal Kind im Leben.«

Im Wasser plantschte Joya mit einem fremden Kind. Ihr ernstes Gesicht wurde fröhlicher. Das kleine Mädchen in ihr selbst kam zum Vorschein, während sie in den Wellen hüpfte. Pater Fowler bemerkte es und stapfte zu ihr ins Wasser. Kwandos wachsamer Blick folgte ihm.

»Wie alt ist Joya?«, fragte Kwando.

»Zwanzig«, sagte ich.

»Wenigstens ist sie volljährig.« Abfällig beobachtete Kwando neben mir sitzend das Geschehen im Wasser.

Beim Anblick des Paters verfinsterte sich Joyas Gesicht. Mit Ekel spähte sie auf den Bauch des Paters, gegen den die Wellen prallten. Während er gut gelaunt tauchte, um schneller zu ihr zu gelangen, flüchtete sie aus dem Meer.

»Sie hasst ihn«, sagte Kwando. »Was macht der alte Priester mit so einer jungen Frau?«

»Sie nimmt ihn aus.«

Vincent kam aus dem Meer und setzte sich zu uns auf das Batiktuch. Wasser tropfte von seinem ganzen Körper. Leicht angewidert zog ich die Beine an.

»Was sagst du zu ihr?«, fragte er. Er deutete zu Mary Kay, die selig im Meer schwebte.

»Sie ist wunderbar und sie hat ein bildschönes Gesicht«, sagte ich.

»Findest du auch?«, fragte Vincent strahlend. Mary Kay war sein Sonnenschein.

»Vincent, du solltest sie heiraten«, sagte Kwando. »Das ist die Richtige für dich.«

»Meinst du?« Vincent lachte. »Ob sie mit mir in meinem Holzhaus am Michigan See leben will?«

Mary Kay hatte sich nach zwanzig Jahren Ehe von ihrem vermögenden Mann in den USA scheiden lassen. Sie war nach St. Kitts gekommen, um Abstand zu gewinnen. Ihr Mann, den sie sehr geliebt hatte, war ständig fremdgegangen. Die Beziehung mit Vincent schien ihr gutzutun. Sie waren ruhig und harmonisch im Umgang miteinander.

Eine Brise wehte durch die Kokospalmen. Ich rekelte mich auf dem Tuch im heißen Sand.

»Ich möchte, dass du übermorgen mit mir zu einer Patientin in Cayon kommst«, sagte Kwando zu mir.

Die Jugendlichen kehrten rechtzeitig für das Picknick zurück. Sie hatten rote Augen, machten Witze und schaufelten sich riesige Portionen auf die Papierteller. Vincent hatte Bier mitgebracht. Mary Kay packte eine Ladung gebratenes Huhn aus, auf das sich alle stürzten. Vom Linseneintopf, den Kwando mitgebracht hatte, nahmen sie aus Höflichkeit eine kleine Portion.

Kwandos Patientin in Cayon wurde von ihrer Familie wie eine Aussätzige behandelt. Sie hatten sie in eine Hütte neben dem Haus einquartiert, weit weg von allen anderen Menschen. Da saß sie den ganzen Tag gelähmt in einem Lehnstuhl. Sie trug Windeln. Die Ärzte konnten sich nicht erklären, was mit ihr geschehen war. Sie sei verhext worden, meinte Kwando. Sie habe ein Verhältnis mit einem verheirateten Mann gehabt, dessen Ehefrau aus Rache zu einer Obeah-Frau gegangen sei. Lähmungen seien am schwierigsten zu heilen, erklärte mir Kwando. Ich konnte mir nicht vorstellen, dass er diese Frau wieder zum Gehen bringen konnte. Kwando saß auf einem Hocker neben der Patientin und massierte ihre schlaffen Beine. Seine ebenholzfarbenen Hände glänzten ölig. Resigniert lehnte sie sich zurück und schloss die Augen. Ihr Gesicht war jung, ihre Haut glatt und weich. Entsetzlich, was aus dieser knapp über dreißig Jahre alten Frau geworden war. Ihr ganzer Körper war aufgequollen und unbeweglich. Sie roch nach Urin. Ich rümpfte die Nase. Vermutlich hatte sie eben noch selbst in dem durchgescheuerten, dunklen Samtfauteuil gesessen, den sie mir angeboten hatte. Mein Blick flüchtete hinaus in den Hof. Kein Gras, keine einzige Blume zierte ihn.

Nach der Massage beugte, drehte und dehnte Kwando die unbeweglichen Beine der Frau. Die harten Schwellungen boten nur wenige Zentimeter Bewegungsspielraum. Trotzdem war Kwando zufrieden.

»Wir machen Fortschritte. Merkst du es?«, fragte er die Frau.

Sie bejahte leise und schloss genüsslich die Augen.

Meine Vermutung bekräftigte sich, dass sie in der Einsamkeit ihres Zimmers begonnen hatte, sich zu sehr auf Kwandos regelmäßige Besuche und seine Zuwendung zu freuen. Kwando hatte mich dieses Mal anscheinend mitgenommen, um der Kranken klarzumachen, dass er vergeben und treu war.

Kwando werkte unbeirrt weiter. Er hielt ihr Bein und übte dosierten Widerstand aus, um ihre Muskulatur zu stärken.

»Heb das Bein hoch ... sachte ... ja, gut so!«

Das ist ausgereifte Bewegungstherapie, dachte ich staunend. Hatte er das alles im Urwald von Dominica gelernt? Im Hof liefen ein paar Hühner über die kahle Erde. Der Himmel verdunkelte sich. Bald würde es regnen.

Am Weg hierher hatte mir Kwando sein Geburtshaus gezeigt. Es war ein idyllisches, winziges Holzhaus mit einem kleinen Garten, in dem ein hoher, alter Mangobaum seinen Schatten warf. Vor vierundvierzig Jahren war der Hüne Kwando ein Baby in diesem Streichholzhäuschen auf der kleinen Insel gewesen. Ein Jahr später war ich im Central Hospital in Manhattan geboren worden. Wer hätte gedacht, dass sich die Wege dieser beiden Menschen vierundvierzig Jahre später auf St. Kitts schicksalsträchtig kreuzen würden, dachte ich. Kwando war in seine Arbeit vertieft. Nach einer Stunde war er fertig. Es war still in der Hütte und die Patientin schlief schon fast. Kwando schrubbte sich lange und gründlich die Hände und Arme mit dem extrascharfen Putzmittel, das neben der Spüle stand.

Wir ließen die gackernden Hühner im kargen Hof hinter uns.

»Kwando, jetzt haben wir uns eine Aufmunterung verdient. Wie wäre es mit Kino oder einem schönen Abendessen?«, fragte ich.

13

Aus Riesenboxen schmetterte Calypso. Auf St. Kitts wurde bei jeder Aktivität laute Musik gespielt. Warum sollte es bei einem Pferderennen anders sein. St. Kitts hatte zum ersten Mal seit den Dreißigerjahren wieder eine Pferderennbahn. Ein karibischer Großinvestor hatte sie vor einem Jahr in Dieppe Bay, in der Nähe von St. Pauls, errichtet.

Kwando und ich sahen zu, wie die Jockeys mit den Pferden im Kreis gingen, um sie für das Rennen aufzuwärmen. Manche Pferde waren so nervös und überspannt, dass sie stürzten. Die Jockeys sprangen zur Seite, um nicht erdrückt zu werden, und die Menschenmenge schrie auf. Kwando schüttelte den Kopf.

»Da stimmt etwas nicht«, sagte er. »Sie haben den Pferden sicher Hormone vor dem Rennen gespritzt.«

Als die Jockeys die Pferde auf die Rennbahn brachten, lehnten wir uns wie die anderen Zuschauer an die Rampe. Ganz St. Kitts schien versammelt zu sein. Der Eintritt war frei, da sich das Rennen durch Wetten finanzierte. Kwando und ich spekulierten, welches Pferd gewinnen würde.

»Der Schimmel, schau, wie nervös er ist.« Der Jockey saß ganz schief im Sattel. »Der wird Letzter«, sagte Kwando.

Dann zeigte er auf einen Riesengaul. »Der kommt nicht einmal bis ins Ziel.«

Wir lachten. Kwando liebte Pferde. Er war auf der Farm seines Vaters mit Pferden aufgewachsen. Nachdem er sein Bein verloren hatte, hatte er lange eine Vollblutstute gehabt. Sie war ein ehemaliges Rennpferd und war Kwando hilfreich für die Arbeit und ein gutes

Transportmittel in der Freizeit gewesen. Ohne Sattel und ohne einmal Halt zu machen, war er oft von Saddlers nach St. Pauls galoppiert.

Ein Paar quetschte sich mit einer Portion gebratenem Huhn und Pommes Frites neben mich. Die Frau stellte ihr Bier auf der Rampe ab. Leise fluchend sprang ich rechtzeitig zur Seite, als der Wind den Becher umwarf.

»Hey, du versäumst ja das Rennen!« Kwando zog mich zu sich und machte mir Platz in der Menge, die ihm auswich. »Schau! Schau! Der Schimmel ist vorne.«

Auf den rasenden Pferden in der Ferne wirkten die Jockeys wie bunte Farbflecken. Der Galopp wurde lauter, als die Pferde um die Kurve bogen und in einer Staubwolke an uns vorbeiliefen.

»Der Schimmel gewinnt. Ich fasse es nicht, er gewinnt!«, schrie Kwando.

Der Schimmel rannte durch das Ziel. Die Menge jubelte und Kwando lachte.

»Und ich dachte, der wird Letzter. Was für ein Rennen! Komm, lass uns etwas trinken gehen«, sagte er.

Beim Getränkestand trafen wir einen Anwalt, der uns vor zwei Monaten seinen zehn Jahre alten Dodge-Jeep verkaufen hatte wollen. Damals musste er noch auf einen Ersatzteil für die Bremsen aus Amerika warten. Seither hatte er sich nicht mehr gemeldet. Er war immer freundschaftlich mit Kwando umgegangen, weil er ihn noch von den Wettkämpfen aus seiner Jugend kannte.

»Können Sie Kwando bei der Grundbucheintragung seines Farmlandes beraten?«, fragte ich. »Er hat viel Grund und er sollte das in Ordnung kriegen.«

»Seit wann hast du das Land?«, fragte der Anwalt Kwando.

»Schon immer«, antwortete der.

»War es ursprünglich Plantagenland?« Der Anwalt stammte selbst aus einer Plantagenbesitzer-Familie auf St. Kitts, wie ich später erfuhr.

»Wer hat das Grundstück vor dir besessen?«

»Mein Vater.«

»Das werden wir beweisen müssen«, sagte der Anwalt.

»Niemand kann mir mein Land wegnehmen. Wer das versucht, bekommt Schwierigkeiten. Ich mach sie fertig, diese Komiker in Anzügen.« Kwandos Stimme klang wie die eines vom Berg herunter grollenden Riesen. Er zitterte vor Wut. »Ich schicke die Bienen auf sie los.«

Ich verstand Kwandos Wut auf die Menschen, die ihn auf der Insel ungerecht behandelt hatten. Er hatte vor zwanzig Jahren den Fall wegen des Motorradunfalls, bei dem er sein Bein verloren hatte, gewonnen. Der LKW hatte der nationalen Zuckerfabrik gehört. Trotzdem hatte die Regierung ihm keine finanzielle Kompensation zugestanden. Er würde das, was er hatte, eisern verteidigen.

»Ist ja gut, niemand nimmt dir dein Grundstück weg. Du musst nur die Papiere in Ordnung kriegen«, sagte ich. Dann wandte ich mich dem Anwalt zu. »Sie müssen ihm helfen.«

»Wenn er die Dinge so sieht, dann wird es schwierig werden.« Der Anwalt lächelte resigniert.

Wir verließen die Rennbahn nach dem zweiten Rennen. Zu Fuß gingen wir hinunter zur Hauptstraße, um einen Bus zu nehmen.

»Niemand kann mir mein Land nehmen. Wenn sie das tun, dann gibt es Krieg«, sagte Kwando. Er war noch immer aufgebracht. »Ich schick ihnen fünf Bienenschwärme nach Basseterre. Die Bienen werden wie ein schwarzer Regen über die Stadt fliegen.«

»Das kannst du?«

»Ob ich das kann? Ich habe schon einmal einen Schwarm auf Menschen gehetzt. Die Menschen werden in Todesangst ins Meer laufen, um sich vor den Bienen in Sicherheit zu bringen.«

»Kwando, du brauchst einen Grundbucheintrag.« Ich blieb sachlich, um Kwando zu beruhigen.

»Ich weiß, wie ich mich hier gegen diese Diebe in Anzügen verhalten muss.«

»Na gut, es ist dein Farmland. Du kannst damit machen, was du willst. Aber ich arbeite nicht bei einem wackligen Geschäft mit. Wie willst du mit mir ein Exportbusiness aufbauen, wenn du nicht einmal die Papiere für das Grundstück hast?«

Wir wichen einem LKW aus, der den Weg zur Rennbahn hinauffuhr. Er wirbelte die trockene Erde auf und wir hielten uns die Augen zu.

»Wenn ich vor dir sterbe, dann wirst du das Land übernehmen«, sagte Kwando.

Mich rührte zutiefst, was er gesagt hatte. Manchmal fand ich ihn naiv und weltfremd, doch seine Großzügigkeit machte alles wett.

»Kwando, mein Liebling, sie würden mir das Land wieder wegnehmen. Ich bin eine Ausländerin.«

»Meine Mutter war das auch und sie haben sie trotzdem in Ruhe gelassen.«

»Die Zeiten haben sich geändert. Grund und Boden sind sehr wertvoll in der Karibik.«

»Es gibt Krieg, wenn sie etwas gegen mich und die meinigen unternehmen.« Kwando fauchte und seine Miene verdüsterte sich. Seine Hände zuckten vor Erregung, bevor sie die Krücken fest umklammerten.

»Schhh, Baby, alles wird gut werden. Komm, lass uns schnell nach Hause gehen. Es wird finster«, sagte ich.

»Mein Vater hat nie für jemand anderen gearbeitet. Zwölf Kinder hat er großgezogen. Um die vier Kinder, die meine Mutter in die Ehe mitgebracht hat, hat er sich genauso gekümmert wie um seine eigenen. Sie haben alle eine Ausbildung bekommen.«

Nur Kwando hatte keine Ausbildung bekommen, denn er war von klein auf dazu bestimmt gewesen, dem Vater auf der Farm zu helfen.

Dafür hatte er die Landwirtschaft bekommen. Die Farmer in Saddlers waren stolze, unabhängige, großgewachsene Männer mit regelmäßigen Gesichtszügen. So stellte ich mir auch Kwandos Vater vor.

»Vielleicht sind wir so, weil wir immer genug zu essen bekommen haben«, sagte Kwando. »Gut genährte Menschen wachsen schneller. Außerdem wurden die Menschen in Saddlers früher von der Sklaverei befreit und deshalb weniger lang gequält. Das könnte der Grund dafür sein, warum sie klarere Gesichtszüge haben.«

»Aber die Menschen in Saddlers sind wild«, sagte ich. »Die Lieferanten fürchten sich vor Überfällen. Die Busse fahren nachts nicht hin. So eine Angst haben sie, bestohlen zu werden.«

»Die Bank von Saddlers wurde in den vergangenen fünf Jahren zwanzig Mal ausgeraubt«, sagte Kwando. Er warf den Kopf zurück und lachte tief bei dem Gedanken. »Zwanzig Mal, stell dir das vor! Vor etwa einem Jahr haben sie die Filiale geschlossen. Den Leuten in Saddlers haben sie gesagt, dass sie in die Stadt fahren sollen, wenn sie Geld wollen.«

Das Erzählen über sein Dorf schien Kwando abzulenken. Das Gespräch mit dem Anwalt hatte ihn bis ins Mark getroffen. Ich nahm mir vor, ihm bei den Behördengängen weiterhin beizustehen.

»Die Menschen in Saddlers sind vielleicht gefährlich, aber die in St. Pauls, in deinem Dorf, sind dafür irre«, sagte Kwando.

»Also wirklich!«, sagte ich.

»Sie sind willkürlich und dumm. Noch vor gar nicht langer Zeit haben sie Durchreisende mit Brotfrüchten, Flaschen und Steinen beworfen.«

Ich musste lachen. Der Bus fuhr gerade durch St. Pauls.

»Sie rühmen sich hier, die Wiege der politischen Bewegungen zu sein, weil der erste Premierminister von St. Kitts aus St. Pauls war.« Kwando zeigte mit seiner großen Hand nach rechts, als der Bus an der goldenen Statue von Bradshaw vorbeiraste. »Dabei hatte Bradshaw kaum Unterstützer in St. Pauls. Es waren die Bauern aus Saddlers und anderen Dörfern, die hinter ihm standen. Mein Vater marschierte mit brennender Fackel hinter Bradshaw gegen die Engländer. Das waren echte Revolutionäre.«

Als wir aus dem Bus in St. Pauls ausstiegen, näherten sich uns ein paar Mädchen. Neugierig starrten sie auf Kwandos amputiertes Bein.

»Wie stehst du zu ihm? Was ist sie für dich?«, fragten sie uns.

»Wir müssen uns nicht vor diesen Bengeln rechtfertigen«, sagte Kwando erbost. Die Mädchen sollten sich nicht in Angelegenheiten von Erwachsenen einmischen.

»Kwando ist mein Freund.« Sein neuerlicher Ausbruch hielt mich nicht davon ab, den Mädchen zu antworten.

»Komm Lisuscha, lass uns gehen.«

»Warum wirst du so böse, Kwando?«

»Ich bin nicht böse, aber ich zeige den Kindern ihren Platz.«

Die Menschen auf der Insel sahen Kwando oft wegen seines Beins ungeniert an. Er hatte sich von Anfang an geweigert, seinen Beinstumpf mit einer Prothese unter einer Hose zu verstecken. Er ging mit Krücken auf einem Bein, weil er so schneller war. Und Schnelligkeit war für ihn als Taekwondo-Kämpfer wesentlich. Kwando war es gewohnt, von den Kindern auf der Straße gefragt zu werden, was mit seinem Bein geschehen sei. Aber heute hatte er keine Geduld dafür gehabt. Wir gingen wortlos die Straße hinunter. Der viele Lärm und die Menschen beim Pferderennen hatten mich müde gemacht. Wir kamen an dem Geschäft von Ms Carty vorbei.

»Komm, ich muss noch eine Kleinigkeit kaufen.« Kwandos Stimme klang mit einem Mal gebieterisch.

»Ich möchte jetzt nach Hause«, sagte ich.

»Du musst doch nicht gleich gehen.«

Bockig blieb ich stehen. Ich wollte ihn nicht verletzen und vor allem wollte ich keine öffentliche Szene. Verärgert kaufte er sich in dem Laden eine Packung Chips. Es war längst dunkel geworden. Auf den Stufen vor dem Laden erkannte ich Busta, der mich in meiner Anfangszeit im Pfarrhaus mit der Machete bedroht hatte. Mit einem Guinness in der Hand unterhielt er sich mit anderen Männern und mied meinen Blick. Kwando kam aus Ms Cartys Laden und ging zur Busstation gegenüber, um auf den Bus nach Saddlers zu warten.

»Alles in Ordnung?«, fragte ich.

»Ja, alles in Ordnung. Bis morgen«, sagte er.

Als ich zu Hause war, öffnete ich die Fenster und ließ die kühle salzige Meeresluft herein. Das Dorfhaus war von der Sonne noch aufgeheizt. Ich streckte meine müden Beine am Bett aus. Durch das Schlafzimmerfenster sah ich über das beleuchtete Dorf, das sich bis zur Klippe erstreckte. Mein Telefon läutete.

»Ich wollte dir sagen, dass es kein Problem zwischen uns gibt«, sagte Kwando. »Es ist alles in Ordnung. Ich liebe dich, Lisuscha.«

»Ich liebe dich auch.«

»Mein Temperament ist mit mir durchgegangen«, sagte er.

Er hatte in den vergangenen Jahren Misserfolge gehabt. Ich fühlte mit ihm mit. Doch mit der Wut, die sich in ihm aufgestaut hatte, wollte ich nicht zu sehr in Berührung kommen. Denn ich war in die Karibik gekommen, um mein Leben der Frustrationen hinter mir zu lassen.

Mit einer Tasse Kaffee in der Hand hörte ich in der Früh Kwandos Mutter am Telefon zu.

»Er beleidigt mich mit seiner stinkenden Sprache«, sagte sie. »Letzte Woche hat Kwando einen Kochtopf nach mir geworfen. Wenn ich mich nicht gebückt hätte, wäre ich gestorben.«

Wortlos umklammerte ich Roxannas Tasse mit dem roten Herzen.

»Lisuscha, bist du noch da?«

»Ja, ich bin da«, sagte ich.

»Er sagt zu mir, dass ich unmoralisch gelebt und dass ich seinen Vater mit vier Bastarden belastet habe.«

»So etwas darf er dir nicht vorwerfen. Das war eine Sache zwischen euch Eheleuten«, sagte ich.

»Ich habe zwölf Kinder. Kein Kind spricht so mit mir. Heute in der Früh sind ihm die Nerven durchgegangen. Er hat das Essen halbfertig stehengelassen und ist davongelaufen. Da ist es mir lieber, wenn er gar nicht kocht. Er hat mich einen Dämon genannt.«

»Wirklich?«

»Ich halte das nicht mehr aus. Jesus, steh mir bei.«

Ob sie nun verwirrt war oder nicht, Kwandos Mutter hatte tiefes Unbehagen in mir ausgelöst. Diese vierundachtzigjährige Frau hatte sich bei mir ausgesprochen.

Bisher hatte ich nur Kwando über ihre Senilität klagen gehört. Auch wenn sie beinahe ein Pflegefall war und Kwandos Nerven strapaziert waren, erschreckte mich sein Verhalten.

Pater Fowlers Putzfrau Queenie hängte auf der Veranda Wäsche auf, als ich am Nachmittag zum Schulhaus kam. Wie Fallschirme hingen die Unterhosen des Paters an der Wäscheleine. Dazwischen stachen ein paar schwarze Höschen heraus.

»Verwöhntes Mädchen! Lässt sich bedienen wie eine Madame«, sagte Queenie.

»Fowler! Lisuscha ist da«, rief Queenie nach drinnen.

»Oh, Lisuscha.«

»Ich wollte nur Hallo sagen. Ich hoffe, ich störe nicht.« Ich blieb vor seinem Schlafzimmer stehen.

»Du störst nicht. Ich hab mich nur ein wenig hingelegt. Die Mittagssonne macht einen fertig. Joya, mein Engel, ist in der Stadt. Ich sollte aufstehen und im Garten arbeiten.«

»Ich gehe zur Pflanzenschule. Kwando kommt gleich«, sagte ich.

»Was ist süßer als Honig? Lass den Honigmann schön grüßen«, rief mir der Pater nach.

Queenie schimpfte leise, als ich an ihr vorbeiging.

»Die Reizwäsche seiner Geliebten in aller Öffentlichkeit so zur Schau zu stellen! Er ist ein verheirateter Mann und obendrein ein Pfarrer.«

Um neues Gemüse am Feld anzubauen, hatte ich Samen in der Pflanzenschule gesät. Doch die Mäuse ließen keine Gemüsesamen keimen. Deshalb wollte ich in den Beeten Basilikum- und andere Kräutersamen pflanzen. Aber am allermeisten wollte ich mit Kwando sprechen. Es gab einiges zu klären.

»Meine Mutter erfindet diese Dinge. Du weißt, wie ich bin. So etwas würde ich nie tun oder sagen«, sagte Kwando. Er stocherte neben mir mit einer Krücke in der Erde, während ich gebückt in einem Beet arbeitete. »Meine Mutter versucht, alle Frauen zu vertreiben.«

Ich sah zu ihm auf.

»Deine Mutter hat sich bei mir ausgesprochen«, sagte ich. »Sie ist eine alte Frau und verdient Respekt. Da ist etwas nicht in Ordnung.«

»Ich passe auf Mom und das Haus auf«, sagte er. »Sie sollte nicht so über mich reden.«

Er legte seine Hand auf meine Schulter. Nachdenklich spielte er mit seiner Krücke, zu sehr in Gedanken versunken, um mir zu helfen. Ich hatte die Erde aufgelockert und von Unkraut befreit. Als Nächstes wollte ich die Kräutersamen sähen. Plötzlich drehte Kwando sich um, stieß gezielt mit seiner Krücke auf etwas. Eine grün leuchtende Eidechse schleuderte es durch die Luft. Seelenruhig stellte er die Aluminiumkrücke wieder neben sich, die sich in Sekundenschnelle in eine tödliche Waffe verwandelt hatte.

»Warum hast du sie getötet?« Entgeistert sah ich zu ihm auf.

»Das war eine Duppy-Eidechse. Die tragen böse Geister in sich, vor allem die giftgrünen mit den kleinen Taschen an der Seite.

Eigentlich sollte ich sie in eine Flasche stecken und ins Meer werfen.« Er betrachtete das kleine, im Tod verdrehte Tier. »Sonst kann der böse Geist austreten und sich woanders einnisten.«

»Eidechsen sind doch nützliche Tiere. Und schön sind sie auch«, sagte ich.

Kwando lächelte nur.

»Ihr seid so abergläubisch hier auf St. Kitts. Ich kann es nicht fassen.«

»Wir sind eine alte Kultur aus Afrika«, sagte er.

Heftiger stocherte ich in der Erde. Wie fremd waren mir die Menschen auf St. Kitts auf einmal. Und Kwando, der Mann, den ich liebte, machte die seltsamsten Dinge, für die ich keine Geduld aufbrachte.

Am nächsten Tag schickte Kwando Adio zu mir, um ein Fischgericht zu bringen.

»Wir entfernen heute ein Bienennest in der Methodistenkirche. Kwando fragt, ob du mitkommst«, sagte Adio.

»Ich habe zu tun.«

Adio reichte mir das Plastikgeschirr mit dem Fischeintopf über den Zaun.

»Kwando kann mit dem Honorar für diesen Einsatz den Traktorfahrer für das Pflügen seiner Felder bezahlen«, sagte ich.

»Er will von den Methodisten nicht so viel Geld verlangen, wie er dafür braucht. Die geben ihm regelmäßig Jobs.«

»Das ist doch verrückt. Er arbeitet für Leute, ohne sich ordentlich bezahlen zu lassen.«

Adio zuckte mit den Schultern. Ich erhaschte seinen weichen Blick durch das Zaungitter.

»Du solltest nicht zu hart mit Kwando sein. Er hat viel durchgemacht in seinem Leben«, sagte er.

»Mitleid soll ich haben? Er ist intelligent, sehr stark und besitzt viel Grund. Worauf wartet er?« Zügellos ließ ich meine Wut und die Zweifel heraus, die sich in den vergangenen Monaten in mir aufgestaut hatten. Ich redete laut und gestikulierte wild, während mich Adio ruhig ansah. Schon lange ärgerte ich mich über Kwandos Arbeitsweise. Einmal hatte ihn der Besitzer einer Reggae-Bar gefragt, ob er fünf Bienennester für ihn entfernen könne. Kwando hatte genickt, aber nie wieder nachgehakt. Egal ob es um Bienen oder um Heilung ging, er wartete immer, bis seine Kunden auf ihn zukamen. Einmal hatte ich ihn gefragt, ob das eine Frage der Würde sei. Er hatte nur gemeint, dass er den Leuten wegen eines Jobs nicht nachlaufe. Oft würden die Leute nur reden. So sei das eben in der Karibik. »Die Dinge brauchen Zeit«, hatte er gesagt. Kwando sparte auch nicht. Er war großzügig. Wenn er an manchen Tagen Geld hatte, zahlte er alles für mich. Wenn er keines hatte, blieb er lieber auf seiner Farm, statt sich um Aufträge zu bewerben. Die Hälfte der Honorare für die Arbeit mit den Bienen bekam immer Adio, obwohl Kwando ihn noch einschulte. Kwando hatte lange als einer der größten Farmer auf der Insel gegolten. Ich konnte nicht verstehen, wieso er nach seinen Aufenthalten auf anderen Inseln so lange brauchte, um seine Farm wieder aufzubauen.

»Sag ihm, dass ich einen selbstbewussten Farmer sehen will, der in einem schönen Jeep nach Basseterre kommt«, sagte ich.

Adio lächelte nur. Er würde Kwando nichts davon erzählen, das wusste ich.

»Lass es einfach zu. So wie es ist«, ertönte Roxannas wohlklingende Stimme aus meinem Laptop. Mit Lockenwicklern in den Haaren und im Unterhemdchen saß sie mir per Videokonferenz gegenüber. »Mit der Zeit wirst du erkennen, warum du mit Kwando eine Beziehung eingegangen bist. Du wirst verstehen, was in ihm vorgeht.«

Was sollte ich verstehen? Konnte sich Roxanna in Europa vorstellen, was ich auf St. Kitts erlebte? Ich brauchte Abstand von Kwando, das spürte ich.

Roxannas Psychotherapie-Ausbildung ging zu Ende. Sie hatte sich zwei Tage freigenommen, um ein langes Wochenende auf Rhodos zu verbringen.

»Ich weiß nicht, was mich noch in einem Büro hält«, sagte sie. Sie träumte von einem eigenen Psychotherapie-Institut für Urlauber aus Deutschland, der Schweiz und Österreich auf Rhodos. Ich machte ihr Mut für diesen Plan, denn ich war überzeugt, dass Roxanna als Assistentin von Diplomaten ihr Potential nicht nutzte. Doch Roxanna sagte, sie wäre noch nicht so weit und brauche noch Zeit.

Kwando bat mich weiterhin, auf seiner Farm zu arbeiten. Wir hätten einen eigenen kleinen gebrauchten Traktor benötigt, um nicht mehr so lange auf den des Ministeriums warten zu müssen. Außerdem brauchten wir einen Allrad-Jeep, einen mit Automatik-Getriebe, damit ihn auch Kwando fahren konnte. Doch meine Zweifel an unserer Zusammenarbeit wuchsen. Es hatte mich stutzig gemacht, wie seine Mutter über ihn geklagt hatte und wie er die Hilfe des Anwalts abgelehnt und nur mit Drohungen reagiert hatte. Etwas war nicht in Ordnung und ich schreckte vor gemeinsamen Plänen zurück. Kwando spürte meine Zurückhaltung und deutete sie als Ablehnung.

14

Auf der Hauptstraße wartete ich auf den Bus aus Saddlers. Kwando hatte mich am Telefon gebeten, zur Busstation zu kommen, denn er hatte Honig für mich.

»Dein Hintern wird immer größer. Kwando gibt es dir gut«, rief mir Ms Carty aus ihrem Geschäft zu. Ich lachte und war erleichtert, dass die Dorfleute scheinbar nicht mitbekommen hatten, welche Spannungen zwischen Kwando und mir entstanden waren.

»Das haben auch schon andere gesagt, Ms Carty. Werde ich zum Gespött des Dorfes?«, fragte ich.

»Wir spotten nicht.« Ms Cartys Blick wurde liebenswürdig. »Du bekommst nur ein Hinterteil wie eine Hiesige. Unser Essen und unser Mann tun dir gut.«

Der Bus hielt und Kwando streckte mir durch das offene Fenster eine Honigflasche und einen Hundert-Dollar-Schein entgegen.

»Das ist für dein Abendessen heute«, sagte Kwando.

»Das geht doch nicht.«

»Nimm es! Es ist für dich.«

Zärtlich legte ich meine Hand in seine, die er mir durch das Busfenster reichte. Für ein paar Sekunden schloss ich die Augen, während seine Lippen meine Handfläche wärmten. Sekunden wurden zum zeitlosen Raum. Im Dunkeln flossen Wellen der Lust und der tiefen Verbundenheit durch meinen Körper. Tief sank ich in mein eigenes geheimnisvolles Sein. Als ich die Augen wieder öffnete, sahen wir uns lächelnd an und es herrschte wieder Frieden zwischen Kwando und mir. Alles Üble war vergessen. Kwando wandte den Kopf zur Seite, bevor sein Bus losfuhr. Ich folgte seinem Blick zu den drei Frauen auf den Treppen vor Ms Cartys Geschäft. Argwöhnisch beäugten sie den Honigmann und mich.

An einem warmen Nachmittag im späten November saß ich mit Pater Edward auf der Veranda vor dem Pfarrhaus und berichtete ihm über das Landwirtschaftsprojekt. Er war bestürzt, weil Blair noch immer krank war. Keiner von uns wusste, woran er litt.

Ich erzählte dem Pater von den Fortschritten im Projekt.

»Niemand hat gedacht, dass du das schaffst, Lisuscha«, sagte er. »Du hast das ganz allein auf die Beine gestellt.«

»Danke Pater, aber Justus und Hermine helfen mir.«

»Ja, aber du hast weitergemacht. Der Kirchenrat und ich haben dem Landwirtschaftsprojekt keine Überlebenschance gegeben.«

Erleichtert lehnte ich mich auf der Bank zurück und sah zu der alten Zuckermühle auf dem Hügel hinüber. Meine Wahrnehmungen in den Kirchenratssitzungen waren korrekt gewesen. Der Pater hatte mir soeben sanft, aber klar zu verstehen gegeben, dass er und die Kirchendamen nicht an das Projekt geglaubt hatten.

»Wir können so lange weitermachen, wie uns die Regierung unterstützt«, sagte ich zu Pater Edward. Die Kirche verhielt sich nach wie vor passiv. Sie stellte weder zusätzliche Mittel noch Kontakte zur Verfügung.

Pater Edward erzählte, dass sich Pater Fowler geweigert hatte, ihm als seinem Nachfolger die Spender der vergangenen Jahre zu nennen. Es gab Spannungen zwischen den beiden Priestern. Sie redeten kaum miteinander.

»Für mich wird es auch leichter, wenn Pater Fowler nächstes Jahr fort ist«, sagte er. »Viele hier sind zwischen ihm und mir hin und her gerissen.«

Ich nickte verständnisvoll.

»Wir müssen zuversichtlich sein, Lisuscha, alles liegt in Gottes Hand. Aber du musst dir etwas Ruhe gönnen.«

Er verstand anscheinend, welchem Druck ich im Projekt ausgesetzt war. Obwohl er nie reagiert hatte, wenn ich zum Beispiel meine Auseinandersetzungen mit Hermine angesprochen hatte.

»Ich bin dankbar für ein wenig Zeit zum Ausruhen«, sagte ich.

»Gott segne dich, Lisuscha!«

Am Friedhof neben der Kirche roch ich den frisch gemähten Rasen. Nach Ruhe sehnte ich mich seit meinem zwanzigsten Lebensjahr, als ich während des Studiums mein erstes Kind bekommen und meinen Lebenskampf begonnen hatte. Meine Kinder waren inzwischen junge Erwachsene. Es kam mir vor, als drehten sie den Spieß um und sagten mir, was ich tun sollte. Aus unseren Telefonaten hörte ich ihre Sorge heraus, dass ich in der Karibik verkommen würde. Sie ahnten nicht, wie gut es ihrer Mutter ging, auch wenn ich es ihnen zu erklären versuchte. Die Insel war mein Zuhause geworden. Mein Blick wanderte über die Zuckermühle zum Vulkan hinauf, wo es schneller schattig wurde als an der Küste. Auf der anderen Seite des Berges arbeitete vermutlich Kwando auf seinem kühlen Farmland.

Die Tage waren heiß und schwül, obwohl der November beinahe zu Ende war. Um halb eins war ich mit dem Mittagessen fertig und wartete hungrig auf Kwando. Er kam nicht. Vergeblich rief ich ihn an. Oben auf seiner Farm hatte sein Telefon selten Empfang. Bedrückt aß ich allein. Kwando kam erst um fünf Uhr am Nachmittag. Er ging in die Küche und hantierte laut mit den Töpfen, als wäre nichts geschehen.

»Ich habe zu Mittag auf dich gewartet«, sagte ich. »Deshalb bin ich nicht mit Helen zum Strand gegangen.«

»Du hättest an den Strand gehen sollen, wenn du es wolltest«, sagte er. »Ich habe mit einigen Männern Gras geschnitten. Wenn sie mir schon helfen kommen, kann ich ihnen nicht absagen.«

Er aß müde von der Arbeit Linsen mit Reis, die er sich aufgewärmt hatte.

Ich knabberte ein paar Chips, während ich ihn beobachtete. Er sah von seinem Teller zu mir auf.

»Mach es mir nicht noch schwerer«, sagte er. »Es reicht schon, dass mich meine Mutter wahnsinnig macht und mich einige wegen meiner spirituellen Arbeit umbringen wollen.«

Was redet er da für wirres Zeug, fragte ich mich. Ich sah ihm genau in die Augen.

»Hör auf, Gras zu rauchen«, sagte ich.

»Ich bin ein spiritueller Mann. Das Ganja brauche ich, um zu meditieren. Ich rauche, seitdem ich zehn Jahre alt bin.«

»Ich dachte, du warst ein streng erzogenes Kind, das jeden Samstag in die Adventisten-Kirche ging.«

Darauf lächelte er nur.

Er hatte erfahren, dass der Sohn von Ms Phipps auf unerklärliche Weise tödlich erkrankt war. Aber Kwando hatte eine Erklärung für das Leiden des jungen Mannes.

»Sie wollten mich mit den Jumbies umbringen. Jetzt wächst dem jungen Phipps ein Geschwür aus dem Hals. Ich habe ihnen die böse Energie zurückgeschickt.«

Verwundert hörte ich Kwando zu.

»Warum wollten sie dich gleich umbringen?«, fragte ich.

Ms Phipps und ihr Sohn waren böse auf ihn und trachteten ihm nach dem Leben, weil er angeblich die falschen Dämonen aus ihrem Haus entfernt hatte.

»Sie sagen, dass ich ihnen schwer geschadet habe. Weil ich angeblich die Geister von Ms Phipps Mutter und eines Bruders ins Meer geworfen habe. Und genau diese hätten ihnen den Wohlstand gebracht. Wenn ich gewusst hätte, was in diesem Haus los ist, hätte ich den Auftrag nie angenommen«, sagte Kwando.

Über die Phipps hatte er schon in Nevis mit seiner Patientin Yvette gesprochen. Aber sie hatte so undeutlich und schnell gesprochen, dass ich sie kaum verstanden hatte.

Kwando hatte viel Energie und Zeit in diese Familie, besonders in die besessene Tochter investiert. Als er die Familie zum ersten Mal besucht hatte, hatten zwei Eidechsen vor dem Eingang des Hauses gesessen. Und jedes Mal, wenn er nach Nevis kam, waren es mehr Reptilien geworden. Bis er eines Tages hunderte Eidechsen und Frösche im Haus und im Garten vorfand. Während Kwando Psalmen rezitierte, wurden die Jumbies in Form von Echsen schwächer. Kwando fing schließlich zwanzig der Tiere und verschloss sie in Konfitürengläser.

In den nächsten Wochen wollte Kwando die Tochter von ihrer Krankheit heilen und weiter Jumbies fangen. Kwando setzte sich eines Nachts auf die Veranda, um das Haus der Phipps zu bewachen und das Kommen der Jumbies abzuwarten. Den Polster, den Ms Phipps ihm vor dem Schlafengehen anbot, um es ihm auf dem Holzstuhl bequemer zu machen, lehnte er ab. Er wollte nichts von dieser Familie um sich haben. Das Gebell der drei Rotweiler im Garten weckte Kwando um Mitternacht. Die Jumbies waren gekommen. Als die Hunde vor Schmerz heulten, wusste er, dass die Jumbies auf den Hunden waren. Einer der Rotweiler kam zu Kwando und wetzte seinen Rücken am Stuhl. Als Kwando das Tier wegschob, merkte er, wie ein schwarzer Frosch vom Rücken des Hundes auf ihn springen wollte. Kwando hielt den Jumbie mit all seiner Kraft zurück.

»Jah, Jah hilf mir!« Kwando rief zornig nach Gottes Hilfe, denn er kämpfte gegen übermenschliche Kräfte, die ihn zu überwältigen drohten. Er konnte sich nicht ausmalen, was mit ihm geschehen würde, wenn er diesen Kräften nachgeben würde. Unaufhörlich bat er Gott um Hilfe. Als Kwando schon beinahe nicht mehr konnte, rannte der Jumbie geschwächt davon. Kwando zitterte am ganzen Körper und sah in die Nacht. »Jah, hilf mir, so etwas habe ich noch nie erlebt. Steh mir bei«, sagte er.

Einige Tage später behandelte Kwando Ms Phipps Tochter erneut. Als er schon gehen wollte, ertönte ein lauter Schrei aus dem Zimmer des Mädchens.

»Ein Mann, ein Mann!«

Kwando rannte zu ihr. Er sah nur mehr einen grau-weißen Frosch mit langen Beinen aus dem Fenster fliehen. Diese Art von Frosch hatte Kwando das letzte Mal in seiner Kindheit gesehen. Kwando lief aus dem Haus, um den Jumbie zu fangen. Der hellgraue Frosch leuchtete phosphorisierend in der Nacht. Er verschwand unter ein an die Hausmauer gelehntes Holzbrett. Kwando stieß mit seiner Krücke gegen das morsche Holz. Doch der Jumbie war zu stark und seine Krücke zerbrach. Während Kwando Psalmen rezitierte, wurde der Jumbie allmählich schwächer. Schließlich schob Kwando mit Hilfe eines Holzstückes den geschwächten Jumbie in ein Glasgefäß und schraubte es fest zu.

Als Kwando die Tochter wieder behandelte, sah er einen unauffälligen silbernen Ring an ihrem Finger. Da erkannte er mit einem Mal, wo ihre Krankheit herrührte und woher die vielen Jumbies in diesem Haus kamen. Der Ring war verhext und zog die Dämonen an. Als das Mädchen Kwando den Ring geben wollte, rannte die Mutter ins Zimmer. »Nein, nein!«, rief sie. »Wenn sie den Ring abnimmt, werden alle Jumbies verschwinden. Wir brauchen einige von ihnen noch. Sie bringen uns Reichtum.«

Kwando erkannte, dass dieser Frau Geld mehr wert war als die Gesundheit ihrer Tochter. Er wollte nie wieder zu den Phipps kommen. Angeekelt packte er seinen Rucksack und die Gläser mit all den Echsen, die er gefangen hatte. Auf der Fähre zurück nach St. Kitts wollte er die Gläser mit den Jumbies in den Sog des Kanals zwischen St. Kitts und Nevis werfen. Sie würden in die Tiefe des Meeres versinken. Die Jumbies, die ursprünglich durch Obeah aus Gräbern hervorgerufen worden waren, würden keinen Schaden mehr anrichten.

»Ich heile Menschen und bekämpfe Jumbies. Aber ich arbeite nicht mit ihnen«, sagte Kwando.

Eine Woche später traf er zufällig Ms Phipps und ihren Sohn, die nach St. Kitts zum Einkaufen gekommen waren. Ms Phipps schrie ihn an. Sie war überzeugt, dass Kwando an jenem Tag die Geister ihrer Mutter und ihres Bruders mitgenommen hatte.

Vergeblich erklärte Kwando ihr, dass es sich um gefährliche Dämonen gehandelt habe, die ihr in Form ihrer Familienmitglieder erschienen waren. Sie seien böse Kräfte gewesen, die nichts Gutes für sie wollten. Letztendlich hätten die Dämonen sie zerstört. Doch sie hörte nicht auf Kwando. Sie und ihr Sohn drohten, ihn aus Rache umzubringen.

»Kwando, das ist wirklich übles Zeug, von dem du da erzählst. Ist das nicht gefährlich für dich?«

»Solche Menschen können mir nichts antun«, sagte Kwando. »Sie schaden sich nur selbst. Jah ist mein Beschützer.«

Kwando schlief neben mir. In dieser Nacht schwirrten die Dämonengeschichten durch meinen Kopf. Wie konnte Kwando unberührt von solchen Kräften bleiben, wenn er sie unmittelbar unter seiner Hand gespürt hatte? Es schreckte mich ab, wie Kwando von der tödlichen Erkrankung des Sohnes von Ms Phipps gesprochen hatte. Vor lauter Jumbie-Geschichten hatte ich Kwando nicht mehr gefragt, ob das für ihn eine Zahn-um-Zahn-Vergeltung sei. Seine merkwürdige Welt war für mich in diesem Augenblick wie eine Kluft, die uns trennte.

Kwando drehte sich im Schlaf und berührte mich. Ich spürte einen Kloß im Hals. Und wieder überfiel mich die Angst vor einer Bindung mit ihm. Meine Angst war stärker als jedes Liebesgefühl für diesen Mann. Nach den vielen Jahren der Einsamkeit waren das meine Dämonen, um in Kwandos Sprache zu sprechen. Selbst wenn ich sie erkannte, konnte ich nicht anders, als ihnen zu folgen. Kwando hingegen machte immer mehr Druck, unsere Beziehung voranzutreiben, zusammen zu arbeiten und zusammen zu wohnen.

Er küsste meinen Arm.

»Bitte nicht«, sagte ich. »Ich kann nicht mit dir zusammenleben. Ich brauche meinen Freiraum.«

Mit versteinerter Miene drehte er sich weg.

»Kwando ... Sieh mich an, bitte!«

Er rührte sich nicht und hatte Tränen in den Augen. Er schwitzte, als hätte er Fieber. Ich tupfte seinen kalten, nassen Oberkörper mit einem Handtuch ab.

»Nicht jetzt in so eine Stimmung verfallen«, flehte ich ihn an.

Er atmete nur leicht und blieb starr. Schwermütig legte ich mich auf seine Brust.

»Nimm deine Frau wie sie ist, mit all ihren Mankos. Aber ich bin hier.«

Ich bekam keine Antwort.

Als ich aufwachte, stand Kwando angezogen neben dem Bett.

»Lisuscha, ich gehe nach Hause. Bitte sperr die Tür auf.«

Ich warf einen schläfrigen Blick auf die Uhr.

»Es ist erst zwei Uhr morgens.«

»Ich möchte jetzt gehen«, sagte er. »Ich habe keine Sekunde geschlafen.«

»Es ist nicht gut, so wegzugehen«, sagte ich. »Das Leben muss nicht so hart sein. Was geschehen ist, bringen wir wieder in Ordnung.«

Er antwortete nicht und blieb vor der Tür stehen. Als ich ihn auf die Wange küssen wollte, wich er aus.

»Mach die Tür auf!«

Aufrecht ging er in die Finsternis hinaus. Wie würde er nach Hause kommen? Es fuhren keine Busse um diese Zeit. Aber das war sein Problem. Ein kühler Wind wehte ins Haus. Rasch schloss ich die Tür.

»Hallo, was machen wir mit den Bienen?« Pater Fowlers Stimme klang übermütig am Telefon.

»Was meinst du? Hast du etwa Bienen bei dir?«, fragte ich. Bienen und Honig waren Pater Fowlers Leitmotiv, wenn er mit mir über Kwando sprach, den er weiterhin den Honigmann nannte. Ich fragte mich, was der Pater im Schilde führte.

»Ja, sie sind zu mir ins Schulhaus geflogen, weil sie vom Dach der Methodistenkirche vertrieben wurden.«

»Hast du Kwando gesehen?« Ich umklammerte mein Telefon. Seit unserem Streit hatte ich nichts von Kwando gehört.

»Er ist gerade mit Adio hier. Ich setze die beiden jetzt im Dorf ab. Sie wollen bei dir vorbeischauen«, sagte der Pater.

»Nein. Ich gehe gerade weg«, sagte ich. »Die Taiwanischen Experten kommen.«

Wir wollten an dem Tag Sternfruchtbäume im Obstgarten des Pfarrgrundes schneiden. Mit einer langen Baumsäge wartete ich auf der Hauptstraße auf den Pick-up der Taiwaner. Da trat Kwando hinter dem rußspuckenden Bus von Pater Fowler hervor. Ich ignorierte ihn. Übereifrig winkte ich den Taiwanern zu, die in ihrem Pick-up ankamen. Kwando kam auf mich zu.

»Lass mich dich umarmen«, sagte er.

»Ich muss los.«

Ich wollte nur rasch die Säge in den Wagen werfen und in den Pick-up steigen. Die Taiwaner begrüßten mich kurz. Als ich hinter ihren Wagen ging, kam mir Kwando nach. Sein Eifer, mir zu helfen, machte mich nervös. Die Taiwaner lachten, als ich mich beim Einsteigen anstieß.

»Bis dann«, rief ich Kwando durchs Fenster zu.

Er drehte sich um und hob seine Hand zum Gruß. Es war, als spürte ich seinen Schmerz.

Zärtlich berührte ich das vergilbte Foto auf meinem Schreibtisch. Ein großer, kräftiger junger Mann posierte in asiatischer Kampfhaltung mit geballten Fäusten. Sein regelmäßiges Gesicht drückte Härte und Entschlossenheit aus. Das Foto, das mir Kwando geschenkt hatte, war zwei Wochen nach seiner Beinamputation aufgenommen worden. Sein Beinstumpf war noch bandagiert. Seine Haare trug er offen, denn damals war er noch kein Rasta gewesen.

Es war der erste Dezember. Kwandos Motorradunfall lag auf den Tag genau zwanzig Jahre zurück und ich hatte ihn zurückgestoßen, aus Angst, verletzt zu werden.

In der Früh holte ich Kwandos Mutter ab. Wir wollten seine Schwester Hildred auf der Psychiatrie besuchen. Kwando kam nicht mit. Seine Mutter bestand darauf, dass wir bei der Tankstelle vor dem Spital Kokoskekse für Hildred kauften. Hildred liebte Süßigkeiten.

Kwandos Mutter schritt zielstrebig durch die kahlen Gänge. Sie ignorierte die Patienten, die uns wirres Zeug zuriefen. Hildred dämmerte in einem sonnigen Innenhof vor sich hin. Kwandos Mutter umarmte ihre älteste Tochter.

»Hallo Hildred, ich bin Lisuscha«, sagte ich.

Hildreds Augen waren trotz der sedierenden Mittel, die sie bekam, lebendig. Sie erinnerten mich an die von Kwando. Die Kekse, die wir ihr mitgebracht hatten, fand sie zu süß.

Kwandos Mutter klagte über ihren Sohn.

»Jesus, mein Gütiger, wie habe ich das verdient?«, sagte sie.

»Kwando sollte statt mir hier sein«, sagte Hildred. Sie rümpfte die Nase. »Aber es wird eine Armee bewaffneter Männer brauchen, um ihn hierher zu bringen.«

Hildred beklagte sich, dass sie viel zu starke Mittel bekam.

Bevor wir wieder losfuhren, sprachen Kwandos Mutter und ich noch mit Hildreds Ärztin, Dr. Galloway. Sie war von Medizinstudenten umzingelt.

»Hildred ist an guten Tagen eine fröhliche Person, die wir alle sehr schätzen«, sagte Dr. Galloway. »An manchen Tagen weiß sie nicht weiter in ihrem Leben und ist deprimiert und antriebslos.«

Die Ärztin stellte Kwandos Mutter schnelle Fragen, die diese nicht beantworten konnte. Es wirkte auf mich, als testete sie ihre geistige Verfassung.

Wie verloren wirkt Kwandos Mutter, dachte ich. Ihre Augen machten ihr an dem Tag mehr Probleme denn je. Der strenge Blick der Ärztin wanderte von der Mutter zu mir. Die starken Mittel, nach denen ich mich erkundigte, seien notwendig, erklärte die Ärztin. Ohne sie würde Hildred womöglich wieder anfangen, Kokain zu rauchen. Sie wolle aber mit Kwando über Hildreds Entlassung sprechen. Eigentlich könne Hildred nach Hause gehen, sagte sie. Nur frage sie sich, wer Hildred aufnehmen könnte.

Als wir zurück nach Saddlers kamen, werkte Kwando in der Küche und ignorierte uns.

»Schade, dass du nicht mitgekommen bist«, sagte ich. »Die Ärztin möchte mit dir sprechen.«

Kwando stellte ein Sieb in die Spüle.

»Hildred kann nicht nach Hause kommen, weil Mom und sie nicht miteinander auskommen«, sagte er. »Verstehst du? So ist die Lage.«

»Die Ärztin will dich am vierzehnten Januar sprechen«, sagte ich.

»Am vierzehnten Januar bin ich nicht da.«

»Was meinst du?«

»Ich werde weit weg sein.«

»In Amerika? In Europa?«

Er drehte sich zu mir.

»In Kuba«, sagte er. »Eine Freundin, eine Ärztin aus Kuba, will mich in die Ferien mitnehmen. Sie sagt, ich brauche ein bisschen Auszeit.« Er sah mich herausfordernd an.

Ich fühlte einen Stich im Herzen und wandte mich ab. Kwando wollte mit einer anderen Frau wegfahren, von der ich noch nie gehört hatte? Ich verabschiedete mich kleinlaut.

»Bis dann, wir telefonieren«, rief mir Kwandos Mutter nach.

Auf dem Stein bei der Bushaltestelle wartete ich auf den Bus nach St. Pauls. Von Weitem hörte ich das metallische Klicken seiner Krücken. Kwando setzte sich auf einen Stein unweit von mir. Er wollte nach Basseterre. Wir schwiegen.

»Ein Mensch schließt eine Tür und Jah öffnet eine neue«, sagte er nach einer Weile.

»Das ist so billig.« Mein Schmerz verwandelte sich in Wut.

»Was meinst du?«

»Ach, lass mich doch in Ruhe.«

Sein Bus hielt direkt neben uns und Kwando überquerte die Straße.

»Es ist Zeit, es zu beenden«, rief er. »Ich danke dir für die schönen Monate.«

»Du bist so eine Dramaqueen«, sagte ich. Wie theatralisch er ist, dachte ich wütend.

Er winkte zum Abschied mit seiner großen Hand ruhig aus dem Busfenster. Der Bus fuhr mit ihm in die andere Richtung los. Eine unerträgliche Schwere legte sich auf mich.

15

»Das habe ich nur gesagt, um dich zu ärgern«, sagte Kwando.

»Was ist mit deiner kubanischen Ärztin?«, fragte ich. »Bist du an sie rangekommen?«

»Ich habe sie erfunden. Ich wollte dich eifersüchtig machen. Wenn du wüsstest, was ich für dich fühle, würdest du so etwas niemals ernstnehmen. Es kann keine andere Frau als dich geben. Achte nicht auf das, was ich sage, wenn ich böse bin.«

Bei mir im Dorfhaus führten wir unsere Aussprache fort, bis der große, starke Kwando auf meiner Yogamatte schluchzte.

»Warum weinst du? Warum soviel Schmerz?«, fragte ich.

Ich küsste sein nasses Gesicht. Er sprach von seiner Angst, von mir abgelehnt zu werden, und von seiner Welt, die ohne mich finster sei. Nachdem ich ihn einigermaßen beruhigt hatte, schlug ich ihm vor, nach Hause zu gehen.

»Nach all den verwirrenden Emotionen sollten unsere Köpfe abkühlen«, sagte ich. »Ich brauche meine Ruhe.«

Er wollte bleiben. Es ärgerte mich, dass er so wenig auf meine Bedürfnisse einging. Dennoch lenkte ich ein.

»Aber du schläfst auf dem Sofa«, sagte ich.

Nach einer Weile legte er sich zu mir und meinte, dass das Sofa zu kurz für ihn war.

»Ich lasse dich in Ruhe«, versprach er.

Als er nach einigen Minuten meine Beine berührte, zuckte ich weg. Wütend stürzte ich aus dem Zimmer. Er kam mir bedrohlich schnell nach. Im Dunkeln stand seine hohe Gestalt aufrecht vor mir.

Er forderte mich auf, zurück ins Bett zu kommen. Ich sah aus dem Fenster. Die Nachbarhäuser waren finster. Meine Nachbarn schliefen schon. Ich spürte eine beklemmende Enge in der Brust.

»Lass mich in Ruhe«, sagte ich.

Er holte aus, um mich mit seiner mächtigen Hand zu schlagen. In Todesangst griff ich nach seinen beiden Handgelenken und hielt sie, so gut ich konnte, fest.

»Bitte schlag mich nicht. Du brichst mir das Genick«, flehte ich.

»Ich würde dich nie schlagen.« Er zog mich am Arm ins Schlafzimmer.

»Warum tust du das? Was geschieht mit uns?« Mit Tränen in den Augen stützte ich mich an die Wand.

Er lehnte sich zärtlich gegen mich, ließ aber meinen Arm nicht los.

»Das hast du durch dein seltsames Benehmen bewirkt«, sagte er. »Komm, wir ruhen uns ein wenig aus.«

Er legte mich aufs Bett. Als ich wieder aufstehen wollte, hielt er mich unten. Ich hatte keine Chance gegen diesen Mann, dessen Stärke auf der ganzen Insel gefürchtet war, und ergab mich der Situation. Hatte ich mich in Kwando so getäuscht? Er küsste meine Brüste. Er war gut darin, mich zu erregen. Es funktionierte sogar jetzt. Ich wollte diese Lust nicht, trotzdem ließ ich sie zu.

Danach lächelte er mich an, ehe er sich duschen ging. Allein lag ich am Bett, reglos und betäubt. Bald würde diese Nacht vergehen und Kwando würde, wie es seine Gewohnheit war, früh das Haus verlassen, um auf seinen Grund zu gehen. Eingerollt presste ich beide Hände zwischen meine Beine und schlief ein.

Um sechs Uhr morgens schloss ich erleichtert die Tür hinter ihm. Was sollte ich tun? Um Rat fragen? Wen? Wie sollte ich den Tag beginnen? Ich würgte meinen Kaffee hinunter, ohne etwas zu schmecken. Ich rief Roxanna an.

»Du musst es sofort abbrechen. Er darf nicht mehr in dein Haus«, sagte sie.

Eine Woche war seit der schrecklichen Nacht vergangen. Kwando ließ sich nicht blicken, was mir nur recht war. Helen hatte keine Zeit für mich. Sie lernte mit ihren Töchtern für deren Abschlussprüfungen. Einige Männer wurden aktiv, als sie merkten, dass Kwando nicht mehr um mich war. Michael, Helens Jugendfreund, war aus Jamaika zurück und führte mich ins Kino und in ein chinesisches Restaurant aus. Ich bemühte mich, den Tag zu genießen. Michael jammerte über seine Ehe, die schwierig war. Trotzdem wolle er seine Frau nicht verlassen, sagte er. Warum flirtete er dann so beharrlich mit mir? Kwando hatte mir immer das Gefühl gegeben, dass er wie ein Felsen zu mir stand. Aber er hatte zu viel Druck ausgeübt, was fatale Folgen gehabt hatte. Ich brauchte Abstand von ihm, und doch war er ständig bei mir. Ob er das wusste? Steuerte er dieses Gefühl mit seinen Kräften?

Als ich am nächsten Tag Gemüse von unserem Feld für Ms Janet vorbeibrachte, grinsten mich drei Schrumpfapfel-Gesichter vor ihrem Haus an.

»Hi Lisuscha«, riefen sie im Chor.

»Guten Abend, ihr Zuckerpuppen«, antwortete ich.

Die drei alten Frauen lachten laut auf. Sie saßen vor Ms Janets Haus, als würden sie es beschützen. Ms Janet war eine der ärmsten Frauen im Dorf. Doch sie besaß eine Würde und Güte, die alle im Dorf zu schätzen schienen.

»Ms Janet ist schon schlafen gegangen?«, fragte ich.

»He, ich bin da«, rief Ms Janet aus ihrem kleinen himmelblauen Haus mit dem Wellblechzaun.

Sie bat mich, in ihrem winzigen Wohnzimmer auf einem der beiden Sofas Platz zu nehmen, und schloss die Tür hinter uns. Ein scharfer Geruch schlug mir entgegen.

»Ich habe vor dem Schlafengehen gesprüht«, sagte sie. »Wegen der Moskitos.«

Ihre Wirbelsäule plagte sie und sie krümmte sich kurz vor Schmerz. Auf ihren Stock gestützt, ließ sie sich auf dem Sofa nieder. Sie lächelte mich breit und zahnlos an.

»Wie geht es Lollipop?«, fragte sie. Sie nannte Kwando Lollipop.

Schmunzelnd schüttelte ich den Kopf. Als ich ihr Kwandos Ausbruch beschrieb, sah sie mich mit Kummer in den Augen an.

»Es tut mir leid, dass es so weit gekommen ist. Ich kenne Kwando seit seiner Kindheit. Er hatte anständige Eltern. Aber Vorsicht, Lisuscha. Das ist ein Mann, der Jumbies austreibt. Leider führt er sein Leben nicht entsprechend seiner besonderen Kräfte.«

»Wie meinst du das?«, fragte ich. Wie auf Nadeln saß ich ihr gegenüber.

»Das Trinken und Rauchen. Und wie er eben so lebt. Auf diese Art kann er die negativen Energien nicht abbauen. Hatte er in letzter Zeit mit Jumbies zu tun?«

»Er spricht oft von Leuten in Nevis, denen er geholfen hat. Sie glauben, dass er etwas falsch gemacht hat und wollen ihn mit der Hilfe von Dämonen umbringen.« Beklommen folgte mein Blick dem geometrischen Muster des Bodenbelags aus Linoleum.

»Na, siehst du. Kann sein, dass er da etwas abgekriegt hat. Schlechte Energien.« Ms Janets Mundwinkel zuckten. »Du musst aufpassen, darfst aber keine Angst haben. Begegne ihm in deinen Gedanken mit Liebe und Geduld. Stell dir vor, dass du mit deiner Liebe einen Schutzschirm gegen seine Kräfte bildest, die sich wie Tentakel um dich schlingen wollen. Stell dir das so vor!«

Gebannt hörte ich ihr zu. Sie kniff die Augen zu. Trotz ihrer Rückenschmerzen konzentrierte sie sich ganz auf mich und darauf, was mir widerfahren war. Als sie die Augen öffnete, wurde mir warm ums Herz. Ihr gütiger Blick nahm mir jede Angst, mich lächerlich zu machen oder verletzt zu werden. Weit weg von Europa, weit weg von allem, was ich bisher erlebt hatte, konnte ich ihr in ihrem kleinen Haus mein Liebesleid klagen.

»Warum habt ihr solche Konflikte?«, fragte sie.

»Es ist immer der gleiche Grund. Ich will Abstand oder einen Abend allein verbringen. Er fühlt sich zurückgestoßen und wird wütend.«

»Die Männer können es sich schwer vorstellen, dass wir manchmal eine Nacht allein verbringen wollen«, spottete Ms Janet. »Er ist doch ein spiritueller Mann? Er muss doch verstehen, dass du dich zurückziehen willst. Er sollte selbst enthaltsam leben, wenn er heilt. Das weiß doch jedes Kind. Stattdessen macht er Druck auf dich.«

»Ich habe ihn nicht wiedererkannt, als er mich bedroht hat. Sein Gesicht war verzerrt vor Wut. Ich hatte solche Angst.«

»Er hat anders ausgesehen?« Ms Janet sah mich alarmiert an. »Ich sage es dir doch, es kleben böse Energien an ihm.« Nachdenklich schüttelte sie den Kopf. »Ich hätte wirklich nicht gedacht, dass er so ausrasten kann.«

»Dann wollte er mich auch noch mit einer erfundenen Frau eifersüchtig machen.«

»Er sagt böse Dinge, weil er eine Reaktion von dir braucht. Er muss dein Schild durchbrechen, um auf dich einwirken zu können. Betest du?«

»Ich bete und meditiere.«

»Das ist gut. Sex mit so einem Mann prägt. Das ist starkes Zeug.«

»Ich habe nach unserem Streit andere Männer getroffen. Aber, Ms Janet, alle wirken wie Witzfiguren neben Kwando. Und meine Fantasien kreisen nur um ihn.«

»Ein Mann, der Geister austreiben und mit Bienen sprechen kann, hat auch die Kraft, dich in seinen Bann zu ziehen. Und übrigens, Männer üben sehr gerne Macht durch Sex aus.«

Es tat gut, mit meiner Nachbarin auf so eine Art über Kwando und seine Kräfte zu sprechen.

»Ich liebe ihn noch immer, trotz all der Dinge, die geschehen sind. Ich hoffe noch immer, dass wir es schaffen können. Vielleicht würde eine Therapie helfen.«

Ms Janet schüttelte sachte den Kopf.

»Du kannst ihn lieben, aber lass ihn gehen. Du glaubst, du kannst ihn hinaufziehen? Aber ich sage dir, er wird dich hinunterziehen! Und wer wird dir hier helfen? Lass ihn gehen! Er wird eine andere Frau finden.«

»Diese Vorstellung ist schrecklich für mich. Es tut so weh.« Ich blickte in das gelassene, gütige Gesicht der alten Frau.

»Lass ihn gehen«, wiederholte sie leise und eindringlich. »Du hast Kinder, du weißt, wie wir unsere Kinder über alles lieben und sie, wenn sie groß sind, gehen lassen. Mach es auch so mit ihm.«

Schweigend dachte ich nach. Mein Blick haftete auf dem Rautenmotiv des Bodens.

»Ich arbeite daran«, sagte ich.

Justus teilte mir mit, dass Blair gestorben war. Die anderen Jugendlichen packten den Tontopf weg, in dem er immer für uns gekocht hatte. Es würde niemand statt Blair kochen. Wir waren tief betroffen. Erst jetzt erfuhr ich die Diagnose. Er hatte Leberkrebs gehabt. Die Stimmung im Projekt war nach Blairs Tod nicht mehr die gleiche. Die jungen Leute aßen auch nicht mehr zusammen, sondern trennten sich zu Mittag. Sie kamen auch nicht mit mir zu einer Veranstaltung der Bauern im Gemeindezentrum, an der auch der Premierminister der Insel teilnahm.

Bedrückt besuchte ich die Sitzung, bei der es einmal mehr um die Affenplage ging.

»Erschießen sollte man sie«, rief ein Bauer.

»Das würde unserem großen Nachbarn im Norden missfallen«, sagte der Premierminister.

Manche Bauern kochten die Affen nach alter Art der Insel zu Affeneintopf. Wenn die Amerikaner erfuhren, was die Kittitians mit den süßen Affen taten, würden sie verstört reagieren. Es wäre schlecht für den Tourismus und die wirtschaftlichen Beziehungen.

»Was ist mit Sterilisieren?«, fragte eine Bäuerin.

»Dann riechen sie für die anderen Affen fremd und werden von ihnen ausgeschlossen.«

»Vielleicht wäre die Antibabypille eine Lösung?«

Der Premierminister sagte, dass Kuba und die USA je einen Experten nach St. Kitts schicken würden, um die Affen zunächst zu zählen. Das beeindruckte die Bauern allerdings wenig. Es würde zu viel Zeit vergehen, während die Affen weiter wüteten.

»Wir sollten einen Affen kreuzigen. Wenn die anderen Affen das sehen, werden sie vielleicht davon abgehalten, unsere Ernten zu zerstören«, sagte einer der Bauern.

Wir lachten über den Vorschlag. Das Ausmaß der Affenplage war beängstigend und die Maßnahmen, über welche manche Bauern nachdachten, ebenso.

Auf meinem Heimweg hielt der Wagen des Premierministers auf der Straße neben mir. Die getönte Scheibe fuhr herunter. Einige Passanten beobachteten das Geschehen neugierig.

»Gut haben Sie neulich im Radio über das Landwirtschaftsprojekt gesprochen«, sagte der Premierminister. Er erkundigte sich auch nach den Jugendlichen im Projekt. Dann fuhr der schwarze Wagen weiter.

Trotz der hohen Wellen schwamm ich eine lange Strecke die Küste entlang. Das Meer hatte eine heilende Wirkung auf mich. Es wusch meinen Kummer fort. Nachdenklich trocknete ich mich am

Shipwreck-Strand ab. Es war halb fünf am Nachmittag und an der Bar spielte es lauten Reggae. Einheimische und Expats standen am Tresen. Auf den Steinen am Strand hielt ein brauner Pelikan mit gesenktem Schnabel Ausschau nach Fischen. Der Wind zerzauste seinen hellbraunen Schopf. Seine aufgewühlte, lichte Frisur erinnerte mich an die der EU-Funktionäre. Wie weit das Leben in Brüssel inzwischen weg von mir ist, dachte ich. Der mächtige Vogel hob ab und glitt durch die Luft. Aus zwanzig Metern Höhe schoss er ins Wasser und flog mit einem Fisch im Schnabel davon. Obwohl die Sonne herunterbrannte, spürte ich eine kühle Brise.

Kwando ging mir nicht aus dem Kopf, obwohl ich wusste, dass ich ihn loslassen sollte. Ein paar Mal war ich mit meinem geliebten Honigmann an diesem Strand gewesen. Mein Telefon läutete.

»Hi Babe.«

»Ich bin nicht mehr dein Babe.«

»Ohne dich ist mein Leben ein großes Nichts«, sagte Kwando. Er sprach von Versöhnung.

»Du bist zu weit gegangen. Du hast mich bedroht«, sagte ich.

»Ich würde dir nie weh tun.«

»Wenn ein Mann droht, seine Frau zu schlagen, dann tut er es irgendwann auch.«

Kwando blockte ab.

»Es ist alles okay. Mach dir keine Sorgen, ich bin gerade bei Adio in St. Pauls.«

Bereut er, was er getan hat, fragte ich mich.

Als ich im Bus nach Hause fuhr, stieg Vincent mit einem Engländer ein. Die beiden Männer saßen still, mit glasigen Augen und einer Rumpunsch-Fahne eine Reihe hinter mir. Mary Kay war nicht dabei. Der Busfahrer spielte Lieder von Whitney Houston. Wehmütig dachte ich an Kwando. Es kam immer wieder vor, dass Fahrgäste im Bus mitsangen. Befangen setzte ich an, bis ich bei »The greatest Love of all« voll loslegte und meinen ganzen Schmerz heraussang. In Sandy Point stiegen Vincent und der Engländer aus.

»Bis bald«, sagte Vincent. Er klopfte mir aufmunternd auf die Schulter. »Und Lisuscha, vielleicht wäre es gut, wenn du dir angemessene Hilfe holen würdest. Ich kenne eine gute Therapeutin.«

Nach einigen Wochen fingen die Leute im Dorf an zu fragen, wo mein Mann geblieben sei. Eine quälende Leere war in mir gewachsen. Wie dunkle Wolken der Leidenschaft waren mir unsere Auseinandersetzungen in Erinnerung geblieben. Justus half mir, mich abzulenken. Nach der Arbeit nahm er mich mit zu einem Bauern, dem freilaufende Schweine ein ganzes Erdnussfeld zerstört hatten. Der Bauer bot an, dass ich mit meinem Projekt für ihn und drei andere Farmer den Verkauf ihres Gemüses organisieren könnte. Aber ich sehnte mich nach Kwando und dachte die ganze Zeit nur an ihn.

Er hatte besondere Kräfte, aber diese konnten auch zerstörerisch sein. Roxanna nannte Kwando einen verwundeten Heiler. In einer E-Mail beschrieb ich ihr mein Gespräch mit Ms Janet. Ich schrieb ihr, dass hier auf St. Kitts Liebe und Beziehungskrisen im Gespräch einen genauso hohen Stellenwert einnahmen wie in Europa Berufliches oder private Investitionen. Vermutlich hätte mir sogar der Premierminister auf der Straße in seinem Wagen zugehört, wenn ich ihm meinen Liebeskummer geklagt hätte. Tatsache war, dass ich durch die Trennung von Kwando die Güte der Menschen um mich besser wahrnahm und mich auf St. Kitts gut aufgehoben fühlte.

Mit einem Suppenteller voller Kartoffelchips und zwei Bier schaute ich mir im Bett auf meinem Laptop den Film »Sophies Entscheidung« mit Meryl Streep an. Die Geschichte einer Frau, die verzweifelt einen paranoiden Schizophrenen liebt und als Ausweg den gemeinsamen Selbstmord wählt. Nach dem Film weinte ich das erste Mal seit der Trennung von Kwando. Es waren sechs Wochen vergangen, doch erst jetzt konnte ich richtig trauern. Ich sollte meditieren und dabei meine innere Kraft wiederfinden, dachte ich. Aber am liebsten hätte ich mich einfach nur verkrochen.

16

Über meinem Dach kreiste ein Bienenschwarm. Ich sah ihn, als ich von der Feldarbeit ins Dorfhaus zurückkam. Abrupt blieb ich stehen. Das hat etwas mit Kwando zu tun, wusste ich. Die Bienen schienen friedlich, dennoch huschte ich eilig ins Haus. Ich lehnte mich an die Haustür, die ich von innen verriegelt hatte. Besaß Kwando wirklich die Fähigkeit, Bienenschwärme an bestimmte Orte zu lenken? Die Bienen hatten jedenfalls entschieden, dass ich Kwando wiedersehen sollte.

Am späteren Nachmittag bat ich ihn, zum Pfarrgrund zu kommen. Die Vögel hatten beinahe alle Koriander-Keimlinge in der Pflanzenschule aufgefressen, und ich hoffte, dass Kwando eine Lösung dafür finden würde. Wir sahen uns wortlos an und er machte sich an die Arbeit. Kwando spannte ein Netz über die Keimlinge. Er hatte seine Rastalocken zusammengebunden und trug ein froschgrünes T-Shirt, das ihn in die üppige Vegetation einband. Ich fragte nach dem Bienenschwarm.

»Du hast schon recht, die Bienen waren ein Zeichen«, sagte er. »Ich wollte dir aber keine Angst machen.«

Kwando half auch Pater Fowler, der in seinem Garten arbeitete. Ohne Hemd, in kurzen Hosen und Gummistiefeln warf der Pater Palmzweige auf einen Haufen. Kwando packte die herumliegenden, modernden Baumstämme und schleuderte sie ebenfalls darauf. Still arbeiteten die beiden Männer, bis der Scheiterhaufen mannshoch war und Pater Fowler ihn anzündete. Die Flammen kletterten an einem toten Baum daneben hinauf. Krachend fielen seine Äste ins Feuer. Ich flüchtete vor dem Rauch des feuchten Holzes auf die

Terrasse des Schulhauses. Pater Fowler und Kwando warfen weitere Holzstücke hinein. Ich beobachtete Kwando, wie er vertrocknete Blätter von den Bananenstauden riss, um das Feuer zusätzlich zu nähren. Erschrocken sprang eine schwarze Ratte von einer der Stauden. Als die Sonne über dem Meer unterging, leuchtete in der Ferne die Insel Statia im Abendrot. Binnen weniger Minuten wurde es finster. Ich wollte Fisch und Johnny Cakes aus dem Dorf holen, damit wir uns mit dem Pater zusammensetzten und das Feuer bewachten. Doch als ich Kwando sagte, dass er nicht bei mir schlafen könne, endete der Abend frühzeitig. Zornig brach Kwando auf. Pater Fowler war überrascht über das herrschsüchtige Benehmen des Honigmanns. Was erlaubte sich Kwando nach allem, was geschehen war?

Pater Fowler warf die Bibel auf den Tisch.

»Hier, Lisuscha, lies, was der arme Samson alles erlebt hat.«

Ich saß auf einem dunkelgrünen abgewetzten Sofa. Hinter mir dröhnte ein kleiner verrosteter Ventilator. Die Luft schien selbst am Abend nicht abkühlen zu wollen. Pater Fowler lehnte in seinen üblichen alten Shorts an seinem Schreibtisch. Er sortierte alte Dias in Schachteln. Er wollte alles geordnet haben, bevor er Ende des Jahres nach Dominica ziehen würde.

»Was ist süßer als Honig, Lisuscha?«, fragte er.

»Und was ist stärker als ein Löwe?«, las ich vor.

»Bravo, du hast die Stelle gefunden.«

Die Stelle, die Pater Fowler so gerne zitierte, fand sich in der Geschichte Samsons im alten Testament.

»Ja, und was ist nun süßer als Honig und stärker als ein Löwe?«, fragte ich.

»Über die Antwort auf diese Frage haben schon viele Bibelforscher und Theologen gerätselt«, antwortete Pater Fowler. Er lächelte schelmisch. »Vielleicht ist es Samson selbst? Samson, der voller unbezwingbarer Kraft war, die oft in zerstörerische, sogar selbstzerstörerische Wutausbrüche mündete und in seine bittersüße Sehnsucht nach der Frau.«

Schweigend hörte ich dem Pater zu, dem es offensichtlich Spaß machte, mit mir die Bibel zu interpretieren.

»Samson ist trotz allem ein Auserwählter Gottes, ein Nasiräer«, sagte er. »Deshalb durfte ihm niemand die Haare abschneiden so wie deinem Honigmann. In Samsons Haaren lag das Geheimnis seiner unbezwingbaren Kraft. Seine einzige Schwäche waren die Frauen.«

»Samson neigte zu Überreaktionen, soweit ich das herauslesen kann«, sagte ich.

»Freud, Jung, sie alle haben Samson narzisstische Persönlichkeitsstörungen und sogar Wahnsinn unterstellt, armer Samson. Und doch hat er den Auftrag Gottes erfüllt, der darin bestand, die Philister zu zerstören.«

»Und ist selbst dabei draufgegangen.«

Pater Fowler nickte.

»Aber wehe denjenigen, die ihm zu nahe kamen«, sagte ich. In meine Gedanken vertieft legte ich die Bibel auf den Tisch. Es war spät geworden. Ich wollte ins Dorfhaus zurück.

Vincent lud mich mit Mary Kay zum Abendessen ein. Als ich kam, stand er beim Herd und warf gerade Brotteig ins heiße Öl. Er schwenkte die Pfanne, während ich ihm von Kwando erzählte.

»Beziehungen mit Menschen mit Persönlichkeitsstörungen sind aufreibend und sehr schmerzhaft«, sagte Vincent. »Diese Menschen können ungeheuer lieb sein. Doch auf Dauer geht es nicht gut.«

Ich starrte auf die Brotfladen in der Pfanne, um seinem Blick auszuweichen.

»Du solltest deine Zeit auf St. Kitts und die Schönheit der Insel genießen«, sagte er.

»Das tue ich«, sagte ich.

Ich hatte zwei Anrufe Kwandos abgewiesen, doch ich dachte friedlich und liebevoll an ihn. Es war gut zu wissen, dass es ihn noch gab.

Mary Kay, die Frau, die Vincents Leben aufhellte, stieß in einem türkisfarbenen Flattergewand zu uns. Sie umarmte mich herzlich.

»Ich finde es schön, wie du für eure Beziehung kämpfst«, sagte sie.

»Ich liebe ihn, Mary Kay«, sagte ich. »Aber es ist so schwierig.«

»Ich weiß. Aber du hast es gern schwierig. Schwierig schließt nicht aus, dass es sehr schön ist. Die Sterne haben getanzt, als du geboren wurdest.«

Sie drückte mich, bevor sie sich Vincent zuwandte. Ich war dankbar für meine Freunde auf der Insel. Während ich mit Vincent die Brotfladen und die Salate auf den Tisch trug, sprach er von Kwandos Schwester Hildred. Er war erschüttert, wie wenig sich ihre Familie um sie kümmerte. Dann erzählte er, dass er selbst eine geisteskranke Schwester hatte, mit der er seit Jahren keinen Kontakt hatte. War ihm Hildred deshalb so ein Anliegen?

Vincent und Mary Kay schmunzelten einander zu, bevor wir zu essen begannen.

Warum hatten es Kwando und ich es so schwer? Vielleicht waren unsere Welten doch zu unterschiedlich.

Freitag war Zahltag und danach gingen die Inselbewohner feiern. Die Männer tranken an den Bretterbuden am Busterminal oder rauchten in Verstecken Gras. Meine Ohren dröhnten von der Musik an den Buden, die sogar das Hupen der Busse übertönte. Die Sonne brannte vom Himmel.

Ich wusste, dass Kwando oft hierher kam. Eine leise Hoffnung keimte in mir auf, dass ich ihn wiedersehen würde. Zwischen den

Bussen verkaufte ein Mann künstliche knallfarbige Fruchtgetränke, die er über körniges Eis goss. Es war angenehm kühl an seinem Stand.

Plötzlich sah ich Kwando unter dem Vordach einer Bar. Langsam gingen wir aufeinander zu.

»Wir müssen reden«, sagte er. Wir standen uns gegenüber. Er sah mir tief in die Augen.

»Okay«, sagte ich. »Aber bitte irgendwo, wo es leiser und schattiger ist.«

An einer Abwasserpfütze hinter dem Busterminal vorbei ging er mit mir zum Strand hinunter, der an den Hafen angrenzte. Unkraut bedeckte den Sand und den Abfall am Boden.

»Pfui, stinkig hier«, rief ich.

Kwando ging weiter zu einem verlassenen hölzernen Karren.

»Setz dich und sei nicht so laut, die Leute werden sonst aufmerksam«, sagte er.

Seine rechte Hand war geschwollen. Ich berührte sie vorsichtig.

»Es ist nichts, keine Schmerzen. Ich habe nur zu viel Honig getragen und bin gestürzt«, sagte Kwando. »Ich habe nachgedacht über uns. Wir waren so verliebt, etwas ist schiefgelaufen.«

Er sprach langsam. Er hatte Gras geraucht und roch nach Bier.

»Ja, da ist einiges nicht in Ordnung«, sagte ich und zog meine Hand zurück.

»Ich warte auf deine Anrufe, aber es kommt nichts von dir«, sagte er. »Du hast dich völlig von mir abgewandt. Du bist voller Wut und vergibst nie.«

»Ich habe etwas Schlimmes mit dir erlebt«, sagte ich. »Ich will einen Mann, der psychisch in Ordnung ist.«

»Du hast mir falsche Hoffnungen gemacht. Alles nur Bluff.«

Die Sonne brannte auf das ausgebleichte Holz des Karrens. Kwando saß aufrecht neben mir, den Blick auf das Meer gerichtet.

»Ich muss Grenzen setzen und werde nicht nachgeben«, sagte ich. »Ich mache nur noch, was ich will.«

»Du ziehst dich aus der Beziehung zurück. Vermutlich willst du einen anderen.«

»Ich will keinen anderen.«

»Ich verstehe dich nicht. Ich verstehe dich einfach nicht.«

Der Druck, den er ausübte, beklemmte mich. Wir sahen beide ins Leere, er eingeraucht und von mindestens drei Bieren benebelt und ich entkräftet vom Gespräch. Und doch stand er zu mir und war für mich das Wichtigste auf der Welt. Ich überlegte, wie wir uns besser verständigen konnten.

»Gehen wir es Tag für Tag und Schritt für Schritt an«, sagte ich nach einer Weile.

»Du machst aber Schritte weg von mir.«

Er schlang seinen Beinstumpf um meine Hüfte und wollte mich umarmen. Ich wehrte ihn ab.

»Du kannst mich nicht einfach so nehmen nach dem, was geschehen ist.«

»Warum sagst du so etwas?«

»Meine Güte, Kwando, wach auf, wenn du nicht zu sehr eingeraucht bist. Sieh dich doch an. Du versuchst, Dinge zu erzwingen, und bedrohst mich. Lass mich auf dich zukommen, aber zerdrücke mich nicht.«

Ich sah zum Busterminal und vergewisserte mich, dass noch niemand auf uns aufmerksam geworden war. Denn für mich bebte der Boden unter den Füßen und mein Universum hallte von der Auseinandersetzung mit Kwando wider. Ich wollte aufstehen. Doch er winkte mir gebieterisch, sitzen zu bleiben.

»Ich bin noch nicht fertig«, sagte er.

»Behandle mich nicht wie einen Hund«, zischte ich wütend.

»Es tut mir leid. Bitte setz dich wieder.«

»Lass mir Zeit«, sagte ich. »Wir können nicht weitermachen wie bisher. Das ist gefährlich für mich. Du musst an dir arbeiten.« Ich erhob mich abermals.

»Bleib doch«, sagte er. Seine Augen waren jetzt weich und streichelten mich regelrecht.

»Ich habe in der Stadt einiges zu erledigen«, sagte ich. »Ich bin nicht böse, ich muss nur los.«

Er begleitete mich zurück zum Terminal. Eine graue Ratte huschte zwischen uns über den Weg und verschwand im Unkraut. Es war kein schöner Ort, um sich zu treffen, aber immerhin hatten wir allein reden können.

Noch vor Sonnenaufgang weckte mich das Geschrei der Affen, das an das Schnattern von Gänsen erinnerte. Vermutlich suchten sie Nahrung in der Umgebung. Im Morgengrauen schrubbte ich das Badezimmer. Trotz meiner guten Vorsätze und meiner Meditationen ließ mich der Gedanke an Kwando den ganzen Tag nicht los. Er hatte sich gestern neuerlich von einer unschönen Seite gezeigt. Ich dachte an Ms Janet. Sie hatte mich davor gewarnt, dass er mich hinunterziehen würde.

Nach der Arbeit im Projekt ging ich am frühen Nachmittag zu Pater Fowler ins Schulhaus. Der alte Engländer hatte immer ein offenes Ohr für mich, egal wie sehr ich klagte.

»Hör dir Henry Purcells Opernarien an«, sagte er. »Die Texte sind von Shakespeare. Da geht es um Liebeskummer. Und darum, wie es ist, wenn ein Mensch nicht anders kann, als zu lieben und zu leiden.« Der Pater gab mir ein Glas von Queenies Sauersacksaft. »Meine Frau hat für die Farbe immer Granatapfelsirup dazugetan. Ich habe ihn am liebsten pur«, sagte er.

Bald wird er wegziehen, dachte ich. Das Schulhaus war schon halb leer und er räumte seine Sachen in Schachteln.

»Du kannst deine Liebe zum Honigmann nur zulassen. Bekämpfe sie nicht, denn sie ist deine Wirklichkeit, egal was die Leute sagen.«

»Aber was, wenn er mir weh tut? Wenn er wieder aggressiv wird?«, fragte ich.

»Er wird dir nicht weh tun«, sagte Pater Fowler.

»Was macht dich da so sicher? Er hat mich schon einmal bedroht.«

»Er ist im Grunde seines Herzens ein guter Mensch.«

»Woher weißt du das?«

»Ich sehe es in seinem Gesicht. Er hat ein gütiges Gesicht.«

Ich hielt das schwere Saftglas mit beiden Händen fest.

»Wenn du ihn liebst, dann darfst du diesen Kelch nicht an dir vorüberziehen lassen«, sagte Pater Fowler. »Du würdest es irgendwann bereuen, nicht alles versucht zu haben. Wir haben nicht so viele Lieben in unserem Leben. Das ist etwas sehr Kostbares.«

Was für einen Kelch würde ich vorüberziehen lassen? Eine Beziehung mit einem Mann, der so ausrasten konnte, dass er mich in Todesangst versetzte? Wir schwiegen eine Weile. Pater Fowler schlichtete in Gedanken versunken weiter CDs in Schachteln.

»Du musst dich auch fragen, was in dir vorgeht. Vielleicht musst du auch an dir arbeiten. Wir haben alle unsere Fehler.«

Zaghaft nahm ich einen Schluck von dem Saft.

»Wenn du ein schwieriges Pferd reitest, brauchst du gute Reitkenntnisse«, sagte Pater Fowler, ohne aufzusehen. »So ein Pferd braucht Strenge und eindeutige Zeichen.«

Ich stellte mir vor, wie ich mit angezogenen Zügeln und nach unten gedrückten Fersen auf einem nervös schnaufenden, schwarz glänzenden Araber saß.

»Ich glaube, Lisuscha, dir bleibt nichts anderes übrig, als diesen Mann zu heiraten und mit ihm Landwirtschaft zu betreiben.«

»Aber er raucht Marihuana.«

»Dann fürchte ich, wirst du auch Drogen nehmen müssen.«

Ich lachte. Sein trockener, britischer Humor erheiterte mich jedes Mal. Auch wenn ich nach Gegenargumenten suchte, tat mir die Vorstellung der Verbundenheit mit Kwando für ein ganzes Leben gut.

»Was mache ich, wenn ich an einen gewalttätigen Mann geraten bin?«

»Vielleicht solltest du ihm die Haare abschneiden, wie es Delilah bei Samson gemacht hat.«

»Kannst du bitte ernst sein und wie ein Priester mit fünfzig Jahren Berufserfahrung antworten?«

»Ich hätte dir fünfzig Jahre lang als ordentlicher Priester antworten können, bis ich das Mädchen Joya getroffen habe. Sie hat mein Leben auf den Kopf gestellt. Und das ist gut so.«

Mein Mobiltelefon klingelte. Die Nummer war mir fremd. Ich hob ab. Es war Kwando.

»Gehst du morgen mit mir an den Pump-Bay-Strand?« Er klang höflich und förmlich.

Mein Herz pochte. Ich atmete durch, um ruhig zu bleiben. Er hatte sich ein neues Mobiltelefon zugelegt und angerufen, obwohl ich ihm klargemacht hatte, dass ich das nicht wollte. Mutig und entschlossen fand ich ihn.

»Ja, ich würde gerne morgen mit dir an den Strand gehen«, antwortete ich.

»Das ist gut, Babe. Willst du etwas essen? Ich nehme etwas mit.«

Meine Lebensenergien kamen zurück. Ich stieß einen leisen Freudenschrei aus und rannte zum Pater.

»Kwando hat mich gerade eingeladen, morgen mit ihm an den Pump-Bay-Strand zu gehen.«

»Das ist ein entlegener Strand. Da könnt ihr im Wasser tollen. Du meine Güte, so viel heiße Liebe am Strand«, sagte Pater Fowler. »Lass es zu. Es ist dein Leben, dein Glück.«

Ich bekämpfte meine Vorfreude, Kwando wiederzutreffen.

»Es war gestern schlimm, ihn so heruntergekommen zu sehen«, sagte ich.

»Er ist auch nur ein Mann. Du willst einen Mann, Lisuscha, keinen Engel. Das wäre langweilig. Verbring Zeit mit ihm, denn das ist es, was du willst. Jetzt muss ich aber weiterarbeiten.«

Ich betrachtete den Pater. Mit seinen zu lange nicht geschnittenen weißen Haaren und nur mit alten Shorts bekleidet stand er in dem sich leerenden Schulhaus.

»Bald beginnt ein neues Leben für dich«, sagte ich.

»Eigentlich sollte ich mich in eine Grube legen. Ich bin zu nichts mehr zu gebrauchen.«

»Sag so etwas nicht. Ich werde dich vermissen.«

»Ach was, du bist froh, dass du den alten schrulligen Priester los bist«, sagte er. Er lachte.

Wer würde mir Mut machen, wenn er Ende des Jahres die Insel verließ? Kwando und ich werden die Hürden schon meistern, dachte ich. Ich freute mich auf den kommenden Tag.

17

Pump Bay war ein entlegener Strand im nicht touristischen Teil der Insel. Er war von einem verlassenen Golfplatz umgeben, der vor zwei Jahren gebaut, jedoch nie in Betrieb genommen worden war. Wir ließen uns unter den Bäumen der Golfwiese nieder, wo wir vor der Nachmittagssonne geschützt waren. Kwando hatte Fisch, Johnny Cakes und Maracuja-Limetten-Saft mitgebracht. Er packte den knusprig gebratenen Fisch aus der Alufolie.

»Ist das ein Tomfisch?«, fragte ich.

»Genau, du erkennst ihn an seinem Dauergrinsen. Er grinst sogar dann, wenn er gefangen und in die Pfanne geworfen wurde.« Kwando tauchte einen Johnny Cake in Hotsauce. Tomfisch, Hainfisch, Doktorfisch, langsam lernte ich, die verschiedenen Fischarten aus den Gewässern um die Insel auseinanderzuhalten.

Ein Regenschauer ließ uns in eine kleine Hütte am verlassenen Golfplatz flüchten. Während das Wasser vom Himmel auf das Wellblechdach krachte, liebten wir uns gierig und ungeduldig, das erste Mal seit mehr als zwei Monaten. Als die Sonne wieder schien, verließen wir die Hütte. In Kwandos Armen war ich wieder wie Butter. Er lächelte mir zu und wir gingen durch das Gras hinunter zum einsamen Strand. Kwando schwebte im Meer, tauchte, machte Saltos und trug mich auf seinen Schultern.

»Das ist gut für mein Bein«, sagte er.

Wenn er mich durch die Luft warf, kreischte ich vor Freude, bevor ich ins Wasser klatschte. Als ich Kwando trug, fühlte ich mich so stark wie der schreckliche Hulk mit seiner Betty in den Armen.

Die Wellen wurden stärker. Als wir aus dem Wasser stapften, zog uns die Strömung zurück. Kwando machte angestrengte Sprünge mit seinem Bein, um es aus dem Meer zu schaffen. Die durchsichtigen kleinen Sandkrabben flitzten vor uns und der Flut davon und verschwanden in ihre Löcher. Der nasse Sand saugte Kwandos Fuß auf. Er hatte Mühe, sein Gleichgewicht zu halten. Wortlos griff er nach mir.

Wir lagen noch stundenlang am Strand. Ich wollte, dass der Tag nicht endete. Keine Streitereien, keine Vorwürfe, nur genießen, das musste ich lernen. Das mussten wir beide lernen. Kwando sprach von seiner Landwirtschaft. Er wolle Geld verdienen, um mit mir Dinge zu unternehmen. Er wolle auch wieder Pferde auf der Farm haben und Bienenhäuser aufstellen. Ich erzählte ihm von den aktuellen Konflikten im Projekt.

»Du bist eine starke Frau«, sagte er.

Ich spürte einen Schmerz in meinem Bein. Mein Fuß zuckte.

»Beißen dich die Feuerameisen?«, fragte Kwando.

»Ja, irgendetwas beißt mich«, sagte ich und legte mich wieder hin.

Während seine Finger mit meinen Haaren spielten, erzählte er, dass er ein paar Tage zuvor am Busterminal allein zu lauter Musik getanzt hatte, um seinen Kummer loszuwerden. Eine junge Frau, die beim Peace Corps arbeitete, sei auf ihn zugekommen und habe ihn bewundernd angesehen.

»Einen Mann, der mit nur einem Bein ungehemmt tanzt, hat sie sicher noch nie gesehen«, sagte Kwando. »Ich habe ihr gesagt, dass ich in Lisuscha verliebt bin. Ich habe ihr zugerufen, dass ich Lisuscha liebe.« Kwando senkte den Kopf und lachte in sich hinein.

»Die kennt mich doch gar nicht«, sagte ich.

»Egal, sie hat trotzdem verstanden und Abstand genommen«, sagte er.

Ich küsste ihn auf die Stirn.

»War sie hübsch?«, fragte ich.

»Nein.« Er strich mit der Hand über meine Stirn. »Ich werde dich nie betrügen. So bin ich. Du bist die Beste für mich.«

Schon möglich, dass er wirklich so ist, dachte ich und suchte in seinen Augen nach Bestätigung.

»Findest du mich schön?«, fragte ich.

»Du bist wunderschön.«

Zärtlich betastete er meine Schulter. An sein Bein gelehnt hielt ich ihn fest und wollte ihm ganz nahe sein. In seinem kleinen Radio lief »She's Royal« von Taurus Riley.

»Komm her, Baby Love«, sagte Kwando. »Jetzt tanze ich mit dir.« Er zog mich zu sich hinauf und ich umarmte ihn. Er führte mich zum Reggae-Rhythmus. »And I want her in my life, never met anyone so one of a kind. She is a queen«, sang er, während wir tanzten.

Die Sonne ging unter. Es wurde endlich kühler. Kwando wollte nicht, dass der Tag zu Ende ging. Er wollte noch bei Adio vorbeischauen.

»Mach dir keine Sorgen«, sagte er. »Wir werden nicht trinken und nicht rauchen. Wir werden respektvoll sein.«

Wir trafen Adio mit einem jungen Mann in seiner Hütte an. Die beiden drehten gerade Joints.

»Ich werde jetzt gehen«, sagte ich.

»Willst du, dass ich dich begleite?«

»Nein, ich gehe lieber allein nach Hause.«

»Ich werde kein Gras rauchen und nicht trinken. Um sieben Uhr, wenn ich zu Hause bin, rufe ich dich an.«

»Mach dir keine Sorgen«, sagte ich. »Es war ein wunderschöner Nachmittag. Es war perfekt. Danke.« Ich küsste ihn auf die Wange.

»Es hätte noch besser sein können«, rief er mir nach.

»Ich wüsste nicht wie.«

Ich musste nur genug Abstand zu Kwando halten, um das Zusammensein mit ihm genießen zu können.

Mit meinen Kindern war ich beinahe täglich per Skype in Kontakt. Es war im Grunde gut, dass ich so weit weg von ihnen war, so sehr es auch schmerzte. Sonst hätte ich weiterhin nur für sie gelebt. Hier auf St. Kitts hatte ich meine eigene Welt. Ich brauchte diese Welt, um meine Liebe zu Kwando zu erleben.

Am Samstag schwänzte ich die Chorprobe, um Kwando zum ersten Mal seit jener schrecklichen Nacht wieder in mein Haus einzuladen.

»Ich bin so verwirrt. Wir müssen reden«, sagte ich.

»Wie du willst, aber gib auf mich acht«, sagte er. »Ich bin schwach im Moment.«

Seit unserem Strandausflug vor zwei Tagen weinte er oft. Er habe so viel falsch gemacht, sagte er.

Ich stellte mich neben ihn, nahm seinen Kopf und streichelte ihn.

»Ich schäme mich so.« Er fing an zu weinen.

»Kwando, ist ja gut, mein Liebling. Schhh, alles wird gut.«

Mit seinen großen Händen wischte er sich die Tränen aus den Augen.

»Lisuscha, du bist das Wichtigste in meinem Leben«, sagte er. »Wenn ich dir wehtue, tue ich mir selbst am meisten weh. Ich werde nie wieder grob zu dir sein.«

Ich drückte sein Gesicht gegen meine Brust und besänftigte ihn wie ein kleines Kind. Er hielt sich schweigend an mir fest. Seine Tränen benetzten mein Kleid.

»Wir sind verbunden, wir können nicht ohneeinander sein. Wir müssen einen Weg finden«, sagte er.

»Du bist so ein wertvoller Mann. Aber es ist, als ob ein Werwolf in dir stecken würde«, sagte ich. »Wir müssen einen Weg finden, damit umzugehen.«

Er sah zu mir auf und lächelte ein wenig.

»Mir ist aufgefallen, dass du dich veränderst, lange bevor du grob zu mir wirst«, sagte ich. »Du wirst stiller und deine Bewegungen werden lauter und manchmal auch ein bisschen ungeschickter. Hast du das auch bemerkt?«

»Irgendwie schon, aber so genau könnte ich es nicht sagen«, sagte Kwando.

»Zieh dich zurück, wenn es so weit ist. Meditiere, lass mir Zeit für mich allein. Und wenn du merkst, dass das Unwetter vorüber ist, dann komm wieder zu mir. Was meinst du?«

Kwando hörte aufmerksam zu.

»So könnten wir es machen«, sagte er.

»Es wird nicht leicht sein. Aber du hast eine spirituelle Gabe. Du kannst es schaffen.«

»Wir werden beide lernen müssen.«

»Aber Kwando, wenn du mich noch einmal bedrohst, wird das ernste Konsequenzen haben. Verstehst du mich? Ich werde es nicht akzeptieren.«

»Ja, ich verstehe dich, Baby.«

Er nahm mich auf den Schoß und wir küssten uns. Die Welt um uns hörte auf zu existieren. Wir duschten miteinander, rieben uns gegenseitig mit viel Seife ein und lachten.

Danach wickelte ich mich in ein Badetuch und fühlte mich wie neu geboren. Als ich ins Schlafzimmer kam, lag Kwando nachdenklich auf dem Bett.

»Danke, dass du mich zurückgenommen hast«, sagte er.

Er strich mir die nassen Haare aus meiner Stirn. Mit dem Gesicht an der warmen samtigen Haut seiner Lenden atmete ich seinen seifigen, einladenden Geruch ein. Er kam schneller als je zuvor.

»Du bist ein blutiger Anfänger«, scherzte ich. »Wir müssen wieder ganz von vorne anfangen. Und das nach einer so kurzen Trennung.«

Er lachte tief.

»Ich liebe dein Lachen«, sagte ich. Spielerisch rüttelte ich an seinem Oberkörper. »Lass uns viel lachen!«

»Ich verspreche, ich werde dir nur noch Freude und keinen Kummer mehr bereiten«, sagte er.

»Jetzt zeig ich dir, wie ich ein schwieriges Pferd reite.« Ich schnalzte mit der Zunge und gab ihm einen Schenkeldruck.

Er lächelte zu mir auf und stützte mich mit seinen großen Händen, sodass ich mich fest im Sattel fühlte. Während sich unsere Körper vereinten, folgte ich ihm in die dunklen Kanäle, wo Unbewusstes und Vernunft gleichwertig, Böses und Gutes nebeneinander und Materie und Spirituelles nicht zu trennen waren.

Eine Woche später fand die jährliche Landwirtschaftsmesse in Basseterre statt. Hermine und Justus begleiteten mich nicht. Hermine war bei einem Fußballmatch ihres Sohnes, und wo Justus geblieben war, wusste ich nicht. Die Begeisterung für unser Projekt hatte bei den beiden und auch bei den Jugendlichen seit Blairs Tod nachgelassen.

Die Besucher der Messe schlenderten von Stand zu Stand. Einige Aussteller kannte ich bereits. Ich begrüßte sie und kaufte mir bei einem Stand unter einem schattenspendenden Mangobaum ein Stück Bananenkuchen und eine Limonade.

»Hi, kleine Schwester«, rief Venus.

Sie strahlte mich an. Sie hatte eine neue geflochtene Frisur. Wir umarmten uns. Sie erzählte mir, wie ihr Projekt mit den Jugendlichen in der Landwirtschaft wuchs. Organisationen aus den USA, Taiwan und Venezuela waren auf sie aufmerksam geworden und sie bekam immer mehr finanzielle Unterstützung.

»Du solltest uns besuchen kommen«, sagte sie. »Wir arbeiten im selben Bereich, vielleicht können wir einmal zusammenarbeiten.«

»Das wäre schön.« Mein Projekt lief nicht so gut. Hermine wollte den Jugendlichen noch immer mehr Theorie als Praxis beibringen.

Während ich mit ihr darüber diskutierte, vertrocknete das Gemüse auf den Feldern. Ich befürchtete, dass die Regierung den Geldhahn für das Projekt zudrehen würde. Es war nur noch eine Frage der Zeit, denn der Premierminister hatte Sparmaßnahmen angekündigt.

Ich brach die Hälfte des Bananenkuchens für Venus ab.

»Danke, Darling.«

Unzählige Busse spuckten Schulkinder aus. Lehrerinnen führten sie durch das heiße, staubige Messegelände. Venus und ich blieben neben dem Stand unter dem Mangobaum stehen und tranken von der kühlen Limonade.

Ich erzählte ihr von meinen Konflikten mit Kwando. Venus war ebenfalls mit einem Rasta zusammen. Sie verstand mich und sagte, dass sie mit ihrem Mann über genau die gleichen Dinge stritt. Es ginge immer darum, dass sie Abstand brauchte und er sich dadurch zurückgestoßen fühlte. Er wurde dann verbal aggressiv.

»Wir schaffen es nur, weil Cleveland in Therapie geht«, sagte sie. »Sag Kwando, wenn er dich liebt, wenn er es wirklich ernst meint, dann muss er das auch tun. Du willst kein blaues Auge und keinen ausgeschlagenen Zahn haben, weil er wieder wütend wurde. Wir sind zu stark und unabhängig für die Männer hier. Wir sind wie Marsmenschen für sie. Das darfst du nie vergessen.«

Venus nahm einen großen Bissen vom Kuchen.

»Kwando sagt, dass er meine Stärke liebt«, sagte ich.

»Das zieht sie am Anfang an. Aber letztendlich können sie damit nicht umgehen. Die Welt hier ist ein Unterdrückungsapparat. Die Sklaverei ist noch lange nicht überwunden. Sie sind alle im Herzen Unterdrückte. Die Therapeutin ist eine Hiesige. Sie versteht, was die Typen hier wütend macht. So kann Cleveland einiges aufarbeiten.«

Cleveland ging jede Woche zur Therapie. Er konnte dadurch mit Venus ruhiger umgehen, auch wenn es manchmal trotzdem krachte. Hoffnung keimte in mir auf, während ich Venus zuhörte. Kwando liebte mich, das spürte ich. Ich glaubte an unsere Liebe und war bereit, daran zu arbeiten. Dabei brauchten wir Hilfe.

»Konzentriere dich auf die Jugendlichen und vergiss die Erwachsenen«, sagte Venus. »Die sind alle Schwätzer. Hast du gewusst, dass fast alle Sieger von Rednerwettbewerben in der Karibik aus St. Kitts kommen? Das können sie am besten. Quatschen. Selbst die Jamaikaner wundern sich über die kleinen dunklen Kittitians, die ihnen die Trophäen im Reden davontragen.«

Venus brachte mich zum Lachen. Sie aß das letzte Stück Kuchen. Ihr Mann Cleveland stieß zu uns. Er gab mir die Telefonnummer seiner Psychotherapeutin.

»Na, da hast du dir was vorgenommen mit Kwando«, sagte er. »Es ist nicht einfach, mit ihm auszukommen. Aber er ist ein guter Mensch.«

Ich rief Clevelands Therapeutin an. Sie verstand, dass ich Kwando nicht loslassen wollte. Es gebe an diesem Mann positive Seiten, die mir guttäten. Schließlich liebte ich ihn, sagte sie. Doch ich sei an Grenzen gestoßen. Kwandos aggressives Verhalten werde sich nicht von selbst legen. Er brauche professionelle Hilfe, um den Auslöser unter Kontrolle zu bringen. Ich erzählte Kwando von dem Telefonat, als er am nächsten Tag zu mir kam. Zuerst sagte Kwando, dass er es allein schaffen werde. Als er fragte, ob die Therapeutin verheiratet sei, wunderte ich mich.

»Sie muss wissen, wovon sie spricht«, sagte er.

»Du kannst auch zu einem Mann gehen.«

»Ist schon okay. Ich werde alles für unsere Liebe tun.«

»Oh Kwando, Baby!« Ich umarmte und küsste ihn.

Er ließ meine Liebkosungen mit sich geschehen.

»Ich hab Hunger.« Er ging in die Küche.

Ich würdigte Kwandos Mut, mit mir neue Wege zu gehen. Am nächsten Tag rief ich die Psychotherapeutin an und machte mit ihr einen Termin für den darauffolgenden Montag aus.

18

Die vorweihnachtliche Stimmung vermischte sich mit den Vorbereitungen für den Jouve-Tag, den Höhepunkt des Karnevals, der auf St. Kitts traditionsgemäß am 26. Dezember abgehalten wird. Aus den Zelten für die Calypso-Wettbewerbe klangen karibische Rhythmen, aus den Läden amerikanische Weihnachtsmusik.

In Gran's Supermarkt griffen die Kunden schon nach den Truthähnen und dem Schinken in der rostigen Kühltruhe, aus Angst, die Preise würden vor Weihnachten noch steigen.

In St. Pauls bereiteten Ms Hills und die anderen Frauen des Kirchenrates den Weihnachtsbasar vor. Sie würden dort ein kirschrotes, säuerlich schmeckendes Getränk aus Blüten der Hibiskusart Sorrel mit Zimt und Nelken ausschenken und Früchtekuchen dazu servieren.

»Die Kirchendamen fragen, ob du Dinge für den Basar übrig hast«, sagte ich zu Pater Fowler.

»Oh, hallo Lisuscha, komm nur herein und sieh dir diesen Saustall an«, sagte er.

Am 23. Dezember wollte er nach Dominica abreisen. Ich warf einen Blick in die offenen Reisekisten. Allerlei Kuriositäten befanden sich darin wie Badeschlapfen aus den Fünfzigerjahren und sogar alte Sonnencremen. Er warf sichtlich nichts weg.

»Hast du mir nicht geraten, mit leichtem Gepäck durchs Leben zu gehen, als ich Brüssel verließ?«

»Lass einen alten Mann in Ruhe«, sagte er. »Ich habe mein System.«

Queenie stand grantig zwischen den Kisten. Es gab nichts zu putzen und Tragen hielt sie für Männerarbeit.

»Weiße halten uns Schwarze für blöd«, sagte Queenie. Sie nahm auf der Terrasse des Schulhauses Platz. Eine leichte Brise wehte hier und machte die Luft angenehmer. Sie musterte mich von der Seite.

»Was hat dir dieser Obeah-Mann gegeben, damit du zu ihm zurückkommst?«, fragte sie mich.

Ich zuckte lächelnd mit den Schultern, ohne darauf zu achten, was sie über Kwando sagte. Queenie war ein wenig hinterlistig. Ich sei gekommen, um den Frauen hier einen Mann wegzunehmen, hatte sie Kwando einmal zugeraunt. »Die Frauen auf St. Kitts haben genug Zeit gehabt, dich zu nehmen«, hatte ich zu Kwando gesagt, als er es mir erzählt hatte.

Pater Fowler arbeitete unbeeindruckt weiter, als ich ihm berichtete, dass Kwando zu einer Psychotherapeutin gehen würde.

»Bei dir und Kwando ist es wie mit dem Wetter, mal Sonne, mal Regen«, sagte er. »Wenn es regnet und gleichzeitig die Sonne scheint, nennen wir das in der Karibik Affenhochzeit. Würde dir eine Affenhochzeit bekommen, Lisuscha?« Er lachte.

»Affen sind viel klüger als Kwando und ich«, sagte ich.

»Jedenfalls strahlst du wieder. Vermutlich wird es mit euch immer so weitergehen. Wenigstens bleibt dein Leben aufregend.«

»Mal sehen, was uns die Therapeutin rät.«

»Was soll sie euch schon Weises sagen?«

Mit seiner Abreise aus St. Kitts ging für Pater Fowler ein Lebensabschnitt zu Ende. Er war sechsundsiebzig und Joya hatte ihn seine Ehe und sein Priesteramt gekostet.

Sein Auftrag in Dominica bedeutete eine ungewisse Zukunft, aber so entkam er seiner Sackgasse. Ich sah ihm zu, wie er die Kisten durchs Haus trug. Anpacken und hart arbeiten kann er, dachte ich. Ich wünschte ihm Frieden und Erfüllung in Dominica. Über Joya erzählte der Pater nichts. Aber er würde sie sicher nicht einfach aufgeben.

»Vielleicht ist Kwando auch nur ein bisschen ungeschickt mit Frauen«, sagte er. »Er hat viele Jahre in harter Männergesellschaft verbracht, mit Arbeit, Bier und Gras. Statt Kwando in Therapie zu schicken, könnten wir einen Kurs im Umgang mit Frauen organisieren.« Er lächelte spitzbübisch. »Zwei Teilnehmer gibt es schon, den Honigmann und Pater Fowler.«

Als ich auf dem Weg zurück ins Dorfhaus war, schüttete es. Dem frisch gepflanzten Gemüse am Feld wird der viele Regen guttun, dachte ich. Schutzsuchend rannte ich, so schnell ich konnte, in Ms Cartys Geschäft. Zur allgemeinen Erheiterung trällerte Ms Janet das Lied eines Gospelsängers mit, der gerade im Abendprogramm des lokalen Fernsehens zu sehen war. Ms Carty und ich stimmten ein. Zu dritt sangen wir. In solchen Momenten wünschte ich mir, dass ich für immer auf St. Kitts bleiben konnte.

Nach dem Regen war die Nacht klar und still und jeder Stern sichtbar.

Vor unserem Termin bei der Therapeutin lud mich Kwando zu einem frühen Mittagessen bei sich zu Hause ein. Er hatte Gras geraucht. Ich fühlte mich im Stich gelassen. Mein Bauch verkrampfte sich, als ich den modrigen Geruch im Haus roch. Kwando und seine Mutter nörgelten wieder einmal aneinander herum. Appetitlos stocherte ich im Stockfisch mit Reis.

In der schlichten Praxis neben dem Hauptfriedhof von Basseterre saßen wir uns in Bürostühlen gegenüber. Die Therapeutin schaltete die Klimaanlage abwechselnd ein und aus, weil ich leicht fror, während es Kwando schnell zu heiß wurde. Wir waren zu zweit da, weil sich die Therapeutin ein Bild von unserer Kommunikation machen wollte. Später wollte sie Kwando in Einzeltherapie nehmen oder ihm einen anderen Therapeuten empfehlen, vielleicht doch einen Mann. Das Angebot an Therapeuten auf der Insel war allerdings beschränkt.

Ausgelaugt von der Sitzung gingen Kwando und ich schweigend durch die Stadt in Richtung Busterminal. In ein paar Minuten würde Helen mich abholen. Wir wollten zum Weihnachtskonzert der Anglikanischen Kirche.

Kwando hatte miterlebt, welche Behandlung seine Schwester seit ihrem sechzehnten Lebensjahr erdulden musste. Menschen wurden auf dieser Insel in der Regel in Handschellen in die Psychiatrie gebracht. Freiwillig ging niemand in Therapie. Ich rechnete es ihm hoch an, dass er diesen Schritt gewagt hatte. Allerdings war einiges schiefgelaufen. Die Psychotherapeutin hatte Kwando eine ehrliche Äußerung über seine Ausbrüche entlocken wollen. Doch Kwando hatte in der Sitzung eine Wand um sich errichtet. Die kleinen Fortschritte, die wir in unseren Gesprächen zu zweit erreicht hatten, waren im Vergleich dazu weltbewegend.

»Glaubst du, es gibt auf dieser Insel jemanden, der mir helfen und mit mir richtige Gespräche führen kann?«, fragte Kwando.

»Vermutlich nicht«, sagte ich. Wir waren wieder auf uns allein gestellt, erkannte ich.

»Hast du gemerkt, wie sie anfangs geredet hat, als würde ich sie nicht verstehen? Du hast ihr dann in deiner Diplomatenart gesagt, dass sie mich unterschätzt.«

»Das war nicht sehr kompetent von ihr«, sagte ich. Venus hatte Hoffnung in die Therapeutin gesetzt, weil sie eine Hiesige war. Doch sie hatte Kwando herabgestuft und seine Fähigkeiten nicht erkannt. Sie hatte Kwando verletzt.

»Ich habe viel mit einfachen Menschen zu tun, aber ich bin kein Einfaltspinsel«, sagte Kwando.

»Ich weiß, Kwando. Du bist zu intelligent für sie. Aber du warst eingeraucht. Das hat mich geärgert.«

Vermutlich war er nur hingegangen, weil ich es wollte. Er hatte sich eingeraucht, um es zu ertragen. Und gehofft, dass wir hinterher so weitermachen könnten wie bisher. Meine Gedanken schwirrten unkontrolliert hin und her.

»Ich gehe zu keiner Psychofrau mehr«, sagte Kwando. »Außerdem war ich schon bei einem Berater.«

»Bei wem?«

»Bei einem Mann, den ich aus der Adventistenkirche von Saddlers kenne. Er sagte, dass europäische Frauen in einer kalten Welt leben und es nicht gewohnt sind, richtig geliebt zu werden.« Er sah mich spöttisch an. »Deshalb können sie nicht so viel Gefühl zeigen.«

»Hast du ihm auch gesagt, dass du mich bedroht und mir Todesangst eingejagt hast?« Es waren nur noch ein paar Meter zum Busterminal. Ich beschleunigte meinen Schritt.

»Du hast dir selbst Angst gemacht«, sagte er.

Abrupt blieb ich stehen.

»Du hast ihm nur die halbe Geschichte erzählt. Das nennst du Beratung? Du bist ein Lügner«, rief ich.

Ich sah mich nach Helen um. Erleichtert entdeckte ich ihren smaragdgrünen Civic, der in den Busterminal einbog.

»Hi Sweetie!«, rief sie mir zu.

Schnell stieg ich ein. Kwando beugte sich an der Fahrerseite ins Auto, um nach mir zu sehen.

Ich bebte noch immer vor Zorn und schrie ihn an.

»Du Lügner, lass mich in Ruhe.«

»Ist ja gut«, sagte er.

»Was ist geschehen, Kwando?«, fragte Helen, während sie mir den Rücken streichelte. »Was hat sie so verletzt?«

»Du bist ein Lügner. Ich will dich nicht mehr sehen.« Meine Stimme versagte. Tränen schossen mir in die Augen und ich drehte mich weg. Helen fuhr los.

Beklommen lauschte ich dem Weihnachtskonzert. Viele elegant gekleidete Menschen waren gekommen. Der professionelle Chor weckte mit seinen Weihnachtsliedern Emotionen. Eine junge Solosängerin in einem ärmellosen Seidenkleid stimmte zum Abschluss »Heal the World« an. Die ganze Kirche sang mit.

»Michael Jackson hat uns so viel gegeben und ist selbst nie glücklich gewesen«, sagte Helen.

Tränen kullerten über ihre Wangen. Ich weinte still um Kwando. Unsere Lage schien ausweglos.

Am nächsten Tag fühlte ich mich krank. Die Glieder taten mir weh und ich blieb am Vormittag im Bett. Kwando rief an, denn er wollte sich mit mir versöhnen. Er war gerade auf der südöstlichen Halbinsel unterwegs zu einem Patienten.

»Was gestern geschehen ist, hat mich fertiggemacht«, sagte ich.

»Ich kann mich nicht über Nacht verändern«, sagte er. »Und du hast vor der Psychofrau gesagt, dass du mich weiterhin nicht in dein Haus lassen wirst. Das hat mich getroffen.«

»Du hast diese schreckliche Nacht verharmlost.«

»Ich liebe dich, wie ich noch nie eine Frau geliebt habe. Ich muss mein Leben ausloten.«

»Ich muss auch meinen Weg erst finden«, sagte ich. Unsere Wege waren bereits miteinander verflochten.

»Ich muss mehr auf meinen spirituellen Weg achten«, sagte Kwando.

Mein Gefühlsleben war durcheinander. Mein Denkgerüst, auf das ich mich all die Jahre verlassen hatte, hatte seine Funktion verloren. Alles war auf den Kopf gestellt.

»Bitte lass mich heute Nacht zu dir kommen«, sagte Kwando. »Lass es mich wieder gutmachen.«

»Ich kann nicht.«

Am Nachmittag traf ich Justus am Feld.

Wir mussten die Gurken und Tomaten spritzen. Große Raupen mit roten Köpfen hatten sie nach den Regengüssen befallen und fraßen ihre Blätter auf.

»Queenie hat Hermine kennengelernt und es war Liebe auf den ersten Blick«, sagte Justus. »Sie sind dicke Freundinnen geworden. Hast du übrigens gehört, was Kwando mit Brexton gemacht hat?«

»Mit wem?«

»Brexton, der englische Besitzer des Plantation Inn. Kwando hat ihm einen Schlag versetzt, weil er nicht bezahlen wollte, nachdem Kwando drei Bienennester entfernt hatte«, sagte Justus. »Er musste ins Spital.«

»Was?« Entsetzt fuhr ich zusammen. »War er schwer verletzt?«

»Er glaubte zuerst, seine Schulter sei gebrochen. Dann hatte er doch nichts.«

Am Tag davor hatte ich vor Ms Cartys Geschäft Männer angeregt über den Honigmann sprechen gehört. Ich war zu weit weg gewesen, um sie verstehen zu können.

Justus holte den Sprühtank aus der Garage und füllte ihn mit Wasser und einem Konzentrat aus den Blättern des Niembaumes, das wir statt chemischen Pestiziden verwendeten. Er schwang sich den Tank auf die Schulter und ich folgte ihm zu den Tomaten.

»Kwando lässt so etwas nicht auf sich sitzen«, sagte Justus.

»Er setzt in so einem Fall seine Kampfkünste ein«, sagte ich.

»Der Mann ist stark wie ein Löwe. Er hatte auch eine Machete dabei. Brexton kann froh sein, dass er so glimpflich davongekommen ist.«

»Kwando braucht seine Machete dafür nicht«, sagte ich. »Ein Schlag genügt.«

»Ich denke, Brexton sollte ab und zu Schläge von Kwando bekommen. Wie viele Leute der schon hereingelegt hat. Jemand muss ihm die Grenzen zeigen. Hoffentlich hat Kwando sein Geld bekommen«, sagte Justus.

Ich lachte, doch mir war der Ernst der Lage bewusst.

Ms Carty saß im Nachthemd und mit entflochtenen Haaren auf dem Balkon ihres denkmalgeschützten zweistöckigen Holzhauses. Die roten Fähnchen von den letzten Wahlen hingen inzwischen in Fetzen vom Balkon. Ms Carty genoss die Brise und beobachtete das abendliche Treiben in St. Pauls. Sachte winkte sie mir zu, so weit es ihre Arthritis zuließ. Die hellgrünen Fensterläden ihres Ladens waren bereits geschlossen.

Ich war hier mit Kwando verabredet. Er kam, um mir Gemüse und eine Flasche seines Limettensafts zu geben. Wir gingen die dunkle Nebenstraße hinauf, um ungestört zu sein.

»Ich war in Sorge, als ich gehört habe, was mit Brexton geschehen ist«, sagte ich. Trotz der Dunkelheit bemerkte ich, dass Kwandos rechtes Auge geschwollen war.

»Ich habe ihm drei Bienennester entfernt und er wollte nicht zahlen«, sagte Kwando. »Er hat bekommen, was er verdient hat.« Nachdenklich schüttelte er den Kopf. »Aber ich bin ausgerastet. Ich hätte ihn umbringen können.«

Ich schwieg. Mir wurde klar, dass Kwando gefährlich werden konnte, sehr gefährlich sogar.

»Du kannst dir damit dein Leben ruinieren«, sagte ich. »Und wie kann ich mit so einem gefährlichen Mann leben?«

Er sah mir in die Augen und sagte nichts.

»Du bist zu stark für diese Männer«, sagte ich. »Und du bist in Kampfkünsten geübt.«

Er senkte den Kopf und spielte mit einer Krücke.

»Du darfst überhaupt nie auf jemanden losgehen«, sagte ich. »Wie ein Kung-Fu-Meister musst du dich total beherrschen.«

Er lächelte. Einige Leute gingen vorbei und starrten zu uns herüber. Kwando zeigte auf sein geschwollenes Auge. Zwei Bienen hatten ihn an der Stelle gestochen.

»Das ist ein Zeichen dafür, dass ich ernster werden muss«, sagte er. »Dir geht es gut?« Liebevoll sah er mich an.

»Ich kämpfe mit dem Projekt. Du hast deine Art zu kämpfen und ich meine.«

»Hm.« Er sagte nichts weiter. Er schien froh zu sein, dass ich mich mit ihm unterhielt. Wir vermissten beide unsere Gespräche.

»Ich muss nach Saddlers zurück«, sagte er.

Auf Zehenspitzen küsste ich ihn zart auf das Auge, das die Bienen erwischt hatten. Ich roch seinen Duft nach Blumen und Zedernholz. Er bewegte sich nicht.

»Ich liebe dich«, sagte er.

»Pass auf dich auf«, flüsterte ich ihm ins Ohr.

Wir trennten uns in der Finsternis. Als ich die Nebenstraße zum Dorfhaus hinaufging, grüßten mich ein paar Jugendliche. Sie saßen auf einer Treppe und hatten uns die ganze Zeit beobachtet. Ich hatte keine Angst im Dunkeln. Alle hier wussten, was Kwando mit Brexton gemacht hatte. Ich gehörte zu einem starken Mann. Niemand würde es wagen, mir etwas anzutun oder mich auch nur respektlos zu behandeln.

In Gedanken versunken schnitt ich zu Hause frisches Zitronengras und Basilikum für meinen Abendtee. Ich schämte mich für meinen archaischen Stolz eines schwachen Weibchens über die Gewalttätigkeit ihres starken Mannes. Je härter der Typ, desto begehrter – diese Devise galt unter den Ghettomädchen von St. Pauls. In meiner neuen Welt entdeckte ich Unbekanntes und Verwirrendes an mir.

Morgen würde ich mit Helen zum Shipwreck-Strand gehen. Jede Sorge war vergessen, wenn Helen und ich ausgiebig schwammen und danach hungrig die Cheeseburger der Shipwreck-Bar verzehrten.

19

Ein leichter Wind ließ die Strandschirme aus Palmzweigen quietschen. Helen ruhte sich nach dem Schwimmen auf einer Liege aus. Ich erzählte ihr von einem Ring, der mich in einem der Schmuckgeschäfte im Hafen in seinen Bann gezogen hatte.

»Ich habe noch nie einen grünen Amethysten gesehen«, sagte sie.

»Der Stein hat die Farbe des Wassers«, sagte ich und zeigte auf das durchsichtig grünliche Meer.

»Kauf ihn dir. Wir verdienen das. Es gibt keine Männer, die uns solche Sachen schenken. Oder hat dir je ein Mann so einen Ring geschenkt?« Helen rekelte sich in ihrer Liege.

Ich dachte daran, wie Kwando mir Obstsäfte und frisches Gemüse brachte und den besten Fisch kochte. Er gab mir alles, was er hatte. Ich war damit zufrieden. Dennoch wollte ich nicht ganz auf Luxus verzichten. Ich wünschte mir mehr Glitzer und Freude im Leben. Im Gegensatz zum lässigen europäischen Understatement, durfte auf St. Kitts alles leuchten und glänzen. Es machte mir auch Spaß, in Basseterre chinesische, mit Glassteinen und Schleifen verzierte Billigsandalen anzuprobieren.

»Was hältst du von einer Piña Colada?«, fragte Helen.

Pater Fowler sandte seine erste Nachricht aus Dominica per Brief an hunderte Menschen auf der ganzen Welt. Darin beschrieb er sein neues Leben auf der vom Urwald bedeckten Insel Dominica und berichtete von der wohlhabenden Pfarre mit ihren einflussreichen Kirchenmitgliedern und ihrem großzügigen, aber etwas baufälligen

Pfarrhaus. Penibel listete er die anglikanischen Kirchenlieder auf, die sie an den vergangenen Sonntagen gesungen hatten. Ein paar Zeilen sandte er mir persönlich.

Liebe Lisuscha,
obwohl das vergangene Jahr auf St. Kitts eher unrühmlich verlaufen ist, plagt mich schreckliches Heimweh. Ich vermisse unser Dorf St. Pauls und werde sicherlich eines Tages zurückkehren, um dort zu sterben. Statt dankbar für die neue Gelegenheit in Dominica zu sein, bin ich hier verloren ohne Joya. Sie ist jung und unbekümmert und ich sollte nichts von ihr erwarten.
Natürlich ist es nicht fair den Leuten hier gegenüber. Sie sind so liebenswürdig. Aber ich weiß nicht, ob ich das durchhalte. Was soll ich tun? Bitte sag mir nicht, dass ich mich zusammenreißen oder gar beten soll. Bring mir Joya zurück, und ich werde dienen, wie es von mir erwartet wird. Du denkst vielleicht, dass ich lächerlich bin, aber so fühle ich eben.
Nimm dich in acht vor einbeinigen Männern mit »Bienen in ihren Hauben«, wie die Schotten sagen. Auf Deutsch sagt ihr, glaube ich, »Flausen im Kopf«. Sollte es eine Hochzeit zwischen der Brüsseler Diplomatin und dem Honigmann geben, komme ich jedenfalls.
In Liebe, Hugh Fowler

Ich gestand mir ein, wie sehr ich diesen tückischen Pfarrer mit seinen Geistesblitzen vermisste. Im Dorf erzählten sie, dass er alles versuchte, um Joya nach Dominica zu holen. Doch Joya hatte jetzt einen gleichaltrigen Freund. Er war wegen eines bewaffneten Raubüberfalls vorbestraft. Manchmal traf ich das junge Paar in der Stadt, dann winkte sie mir grazil zu. Sie schien verliebt zu sein, soweit das bei ihrer harten Schale erkennbar war. Joya hatte beschlossen, ihr Lolita-Dasein mit Pater Fowler hinter sich zu lassen. Das junge Paar wollte ein neues Leben beginnen und sich gemeinsam beim Militär ausbilden lassen.

Falls ich Kwando zufällig in der Stadt begegnete, wollte ich ihm gefallen. Es war kindisch, dennoch zog ich meinen engen Jeansrock mit den Glitzersteinchen auf den Hintertaschen, ein fuchsiafarbenes Top und bequeme Sandalen in derselben Farbe an. Ich wollte Gemüsesamen kaufen, damit die jungen Leute nach der Tomaten- und Paprikaernte rechtzeitig junge Pflanzen aussetzen konnten.

Kaum war ich aus dem Bus in Basseterre gestiegen, kam Kwando auf mich zu. Er führte mich zum Eissalon. Er stand hinter mir, während ich mich über die Gefriertruhe beugte, um Erdbeereis mit Schokolade auszusuchen.

»Ein Wahnsinn, was mir entgeht«, sagte er.

Als ich mich umdrehte, erkannte ich seinen gierigen Blick.

»Du sprichst von meinem Hintern?«

Er lachte.

Am Hafen setzten wir uns auf eine Bank. Kwando hatte am Vortag dort ein großes Bienennest entfernt.

»Was hast du mit dem Geld gemacht?«, fragte ich.

»Sachen gekauft.« Er zeigte mir sein neues Nokia, während ich nachdenklich in meinem Eisbecher stocherte.

»Pater Fowler hat uns nach Dominica eingeladen.«

»Ich würde deinen Flug gerne bezahlen. Dafür muss ich aber einiges verdienen«, sagte Kwando. Mit seinen großen Fingern hielt er den Miniaturplastiklöffel, mit dem er sein Rumeis mit Rosinen verspeiste.

»Meine Mutter ist aus Dominica«, sagte er. »Ich habe dort gelebt und würde dir gerne alles zeigen.«

»Ich würde gerne sehen, wo und bei wem du heilen gelernt hast.«

Er schüttelte den Kopf.

»Das ist nichts für dich«, sagte er.

»Warum nicht?«

»Diese Welt ist nicht gut für dich. Der Lehrer wohnt im Dschungel, dreißig Meilen entfernt vom nächsten Dorf. Da leben Männer, die seit zwanzig oder dreißig Jahren keinen Kontakt zu den Menschen in der Stadt hatten. Ich will nicht, dass du Leute mit Wespennestern in den Bärten siehst.«

»Wer hat Wespennester im Bart?«

»Mein Lehrer.«

»Das ist ja unfassbar. Warum denn das?«

»Um dem Übel ganz nah und ständig in Meditation zu sein.«

Wir aßen still unser Eis.

»Kwando, wie alt warst du, als du zum ersten Mal gewalttätig warst?«, fragte ich.

»Ich habe es von klein auf selbst abgekriegt. Mein älterer Bruder Robert hat mich fürchterlich geschlagen. Er ist hemmungslos auf mich losgegangen. Mein Vater musste uns voneinander fernhalten, um mich zu schützen. Robert schickte er zu den Kühen und mich zu den Bananen, oder umgekehrt.«

Die Leute waren früher viel verrückter und gewalttätiger, sagte Kwando. Es war ein täglicher Kampf gewesen, zum Land hinauf und wieder hinunter zu kommen. Wenn sie unterwegs angegriffen worden waren, hatte sein Bruder ihn, den Kleinen, in den Kampf geschickt.

»Aber ich wuchs schnell heran und wurde der Größte. In der Schule war ich ein Rambo.« Er lachte über sich. »Die Lehrerin wollte mich züchtigen, weil ich andere Kinder verprügelt hatte. Ich lief davon und schwänzte die Schule. Während die anderen Kinder im Unterricht saßen, genoss ich die Natur und hatte Spaß. Dementsprechend waren meine Leistungen. Meine Eltern wussten nichts davon.« Sein Leben war voll und aufregend und er war ständig gefordert gewesen. Doch er hatte als Kind oft geweint. »Der Einzige, der mich wirklich geliebt hat, war mein Vater. Meine Mutter war auch brutal. Sie hat oft um sich geschlagen.«

Vor einem Regenschauer flüchteten wir unter die Arkaden neben der Eisdiele. Kwandos Erlebnisse als Kind und junger Mann hatten ihn hart gemacht und auch verwundet. Er hatte eine nicht zu bändigende Kraft und ein großes Herz. Sein Heißhunger nach Liebe konnte als Leidenschaft oder auch als Wut ausbrechen. Aber ich liebte ihn so, wie er war, und lernte von ihm. In Sicherheit vor den Blicken Neugieriger nahm mich Kwando in die Arme. Ich zog seinen Kopf an den Dreadlocks nach hinten und küsste ihn.

»Wenn du ein Liebespaar in einem Eck turteln gesehen hast, hast du dir dann manchmal gedacht, wie schön es die beiden gerade haben?«, fragte ich.

»Oft«, sagte er.

»Jetzt sind wir so ein Paar.«

Er atmete schwerer und ich spürte seine Kraft. Seinen Geruch einatmend, konnte ich nicht anders, als diesen Mann zu begehren. Als ich mich an ihn drückte, spürte ich seine Männlichkeit. Er stöhnte leise. Ich ahmte ihn neckisch nach. Unsere Gesichter berührten einander.

Die Diskussionen mit Hermine spitzten sich zu. Sie bezeichnete Feldarbeit als Sklavenarbeit. Ich beharrte darauf, dass das Projekt auch Umsätze abwerfen müsse, bis sie mich eines Tages anschrie.

»Ich will nicht mehr am Feld arbeiten. Du kannst mich mal. Ich gründe eine eigene Landwirtschaftsakademie.«

»So kannst du nicht mit mir reden.« Ich bemühte mich, ruhig zu bleiben. »Du verdienst hier ein gutes Gehalt und wir leisten gute Arbeit«, sagte ich. Vergeblich versuchte ich, sie zum Bleiben zu überreden.

»Ich komme nicht mehr«, brüllte sie. Sie ließ die Handschaufel fallen.

Die jungen Leute sahen ihr befremdet nach.

Was hatte ich falsch gemacht? Warum war sie so böse und warum fühlte sie sich so missverstanden? Justus sagte, dass sie das Projekt gänzlich übernehmen und mich draußen haben wollte. Überreizt wählte ich Kwandos Nummer.

»Hallo Baby«, sagte er.

»Kannst du reden?«

»Ich bin bei einer Patientin.«

»Hermine ist böse auf mich und will nicht mehr. Wann kommst du zu mir?«

»Ich rufe dich in einer Stunde an.«

Sehnsüchtig wartete ich auf Kwando. In Brüssel hätte ich den Frust über meinen Job in mich hineingefressen. Als Kwando eintraf, kamen mir die Tränen.

»Ist ja gut. Ich bin da«, sagte er.

»Ich weiß nicht, was mit Hermine los ist«, sagte ich.

»Du tust das Richtige. Du bist stark bei deinen Entscheidungen. Aber du bist manchmal nicht stark genug, um die Folgen zu tragen.« Er drückte mich gegen sich. »Aber ich bin da, Baby.«

Kwando blieb auch am nächsten Tag. Er spürte, dass ich ihn brauchte.

Ich erfuhr, dass Hermine tatsächlich nicht mehr kommen würde und dass die Fördermittel der Regierung für unser Projekt wegen Sparmaßnahmen endgültig versiegen könnten. Ich hatte nur noch Justus, um die schlimme Trockenzeit zu überstehen, in der selbst zwei Mal täglich gießen nicht ausreichte.

Kwando sah ich in dieser Zeit weniger. Er besuchte jeden zweiten Abend eine gelähmte Patientin und hatte mehrere Bienennester zu entfernen. Es wurde lockerer und ruhiger zwischen uns. Wir lernten, miteinander umzugehen. Kwando beschloss, an sich zu arbeiten. Er wollte ausgeglichen sein und mehr Geld verdienen, damit er für mich sorgen konnte. Er lernte, mit seiner Mutter ruhiger umzugehen. Er hatte sie mit seinen Wunden aus der Vergangenheit konfrontiert. Verziehen war der Tag, als sie die Polizei gerufen hatte, um ihn auf die Psychiatrie abtransportieren zu lassen. Er verstand auch ihre Altersdemenz besser. Er mied die heruntergekommenen Männer im Ghetto und rauchte kein Gras mehr. Sein Körper reagierte auf diese Veränderungen.

Nächtelang hatte er schon nicht geschlafen. Wach lag er am Rücken und bewegte sich nicht. Sein Körper war steif und sein Gesicht steinern. Er reagierte nicht auf meine Berührungen. Er war in einer anderen Welt. Ich legte mich auf seine kalte Brust. Er rührte sich nicht. Die Nacht war kühl und windstill und Kwando schlief endlich ein. Ich hörte dem wildgewordenen Meer zu. Laut wie Eisbrocken krachten die Wellen gegen die Klippen. Kwando fing an zu wimmern. Er hatte einen Albtraum. Ich küsste ihn und streichelte ihm die Stirn, bis er ruhig wurde.

Trotz seiner guten Vorsätze ging Kwando um fünf Uhr morgens verärgert weg, weil ich ihn im Schlaf zurückgestoßen hatte. Er werde sich zurückziehen, sagte er, denn ich bereite ihm Kummer. Ich wollte nur weiterschlafen und ließ ihn wortlos gehen. Seine dramatischen Abgänge nahm ich nicht mehr so ernst. Anscheinend brauchte er das, um Distanz zu mir zu schaffen. Ich verstand ihn. Wenn es gut zwischen uns lief, gab er sich hemmungslos und kannte keine Grenzen. Er war sexuell unersättlich, was mich erschöpfte. Zu Mittag rief Kwando mich an, als ich gerade vom Pfarrgrund nach Hause kam. Er hatte Vincent stark erkältet im Bus getroffen und wollte ihm eine Flasche seiner Buschmedizin bringen.

»Heute muss ich noch zu meiner Patientin, aber morgen besuchen wir ihn«, sagte er.

Es war viel zu heiß für Februar und hatte vier Wochen nicht geregnet. Ein Geruch nach Abwassern und verbrannten Zuckerrohrfeldern lag über allem. Trotz der üppigen Quellen am Vulkan diskutierten Experten im Radio über Wassersparmaßnahmen und verglichen die Situation mit anderen trockenen Inseln der Karibik.

Kwando war angespannt, denn die Angehörigen seiner gelähmten Patientin in Cayon verwehrten ihm den Zutritt zum Haus. Ein Onkel aus St. Croix war angereist und hatte die Situation seiner Nichte in die Hand genommen. Kwandos Behandlungen waren für ihn Humbug. Er fand, dass Kwando dafür kein Geld bekommen solle. Seine Nichte wollte er in die USA schicken.

»Sie werden dort auch nicht wissen, was mit ihr los ist«, sagte Kwando bitter.

Er hatte aufmerksam an ihr gearbeitet und sie hatten zuletzt Fortschritte gemacht. Die Frau hatte Tränen in den Augen gehabt, als sie mit seiner Hilfe zum ersten Mal wieder kleine Schritte machen hatte können.

Wie geplant besuchten wir Vincent. Er erzählte uns, dass Kwandos Schwester Hildred einen Platz in einem Heim für ältere und geistig kranke Menschen bekommen hatte. Kwando hatte einige Brandys getrunken und war berauscht. Wir brachen auf.

»Mary Kay, schau zu, dass Vincent den Buschtee trinkt«, sagte Kwando, als sie uns zur Tür begleitete. Bei der Bushaltestelle sagte Kwando, dass er zu mir nach Hause komme. Ich wollte ihn so nicht bei mir haben. Er fluchte laut. Das alte Ungeheuer war wieder da.

»Wir schlafen uns aus und morgen reden wir weiter«, sagte ich.

So spät in der Nacht war kein Mensch auf der Straße. Ich wollte möglichst ruhig bleiben. Aber Kwando brüllte Schimpfwörter und ging auf seinen Krücken wütend schnaufend hin und her wie ein Tier im Käfig. Sein Gesicht war bis zur Unkenntlichkeit verzerrt und leuchtete unheimlich grün im schwachen Straßenlicht.

»Hör auf, solche Worte zu sagen«, sagte ich.

»Das ist es, was du brauchst«, brüllte er. »Wir gehen jetzt zu dir nach Hause. Ist das klar?«

»Das muss ich mir nicht anhören. Ich gehe zu Vincent und Mary Kay zurück«, sagte ich.

Doch als ich mich umdrehte, hielt er mich mit seiner großen Hand am Nacken fest.

»Du gehst nirgendwohin«, sagte er eiskalt.

»Wie kannst du es wagen, mich so anzugreifen, noch dazu am Nacken?«, sagte ich. Dabei wurde mir weiß vor den Augen. Meine Wut verwandelte sich in Angst, die meinen Körper erschauern ließ.

»Beruhige dich, ist ja gut«, sagte er beschwichtigend und ließ mich los.

»Nein es ist nicht gut, es ist überhaupt nichts gut.«

»Komm wir gehen zu dir nach Hause und versöhnen uns.«

»Ich gehe nirgendwohin mit dir. Ich gehe jetzt allein nach Hause. Kannst du das bitte endlich verstehen?«

Er zischte wütend und holte mit einer Krücke hoch in der Luft aus, um mich zu schlagen. Ich duckte mich, lief über die Straße und hielt ein Auto an.

»Bitte nehmen Sie mich mit.« Meine Finger krallten sich am offenen Fenster des Wagens fest, damit der Fahrer nicht wegfuhr.

Kwando kam mir nach.

»Es ist alles okay«, sagte er zum Fahrer des Wagens.

»Das ist ein Taxi«, sagte der Fahrer. »Aber hinter mir kommt gleich ein Bus.«

Erst als ich den Bus sah, ließ ich zögerlich das Auto los.

»Zu dieser Uhrzeit fahren keine Busse bis nach Saddlers«, sagte Kwando. »Vermutlich muss ich mit dir in St. Pauls aussteigen.«

Adrenalin jagte durch meinen Körper. Ich überlegte, wie ich ihn loswerden konnte.

»Fahren Sie auch nach Saddlers?«, fragte ich den Busfahrer.

»Fahren Sie auch nach Saddlers?«, äffte mich Kwando nach.

Der Fahrer nickte. Als ich einsteigen wollte, riss mich Kwando zurück.

»Wir steigen hinten ein.« Er zog die Schiebetür des Busses auf. Seine Krücken rutschen weg und krachten laut gegen das Autoblech.

»He! So ein Benehmen nicht in meinem Bus«, sagte der Busfahrer.

»Alles okay. Ich bin cool.«

Kwando schob mich in den Bus. Beschämt bemerkte ich die erstaunten, aber gelassenen Blicke der anderen Fahrgäste. Der Fahrer beobachtete Kwando weiter.

»Ich sag dir ganz klar, Mann, so ein Benehmen will ich nicht in meinem Bus haben.«

»Ich bin ruhig.«

Um so weit weg wie möglich von Kwando zu sitzen, ging ich zwischen den Sitzreihen durch und quetschte mich zwischen zwei Männern auf die Hinterbank.

»Hat er dich geschlagen?«, fragte mich einer von ihnen.

»Er hat mich bedroht. Es ist furchtbar.« Ich krümmte mich, die Hände zwischen meinen Beinen eingeklemmt.

Als der Bus in St. Pauls stehenblieb, stolperte ich an Kwando vorbei. Er rührte sich nicht. Mit schlotternden Knien streckte ich dem Busfahrer das Fahrgeld entgegen.

»Du hast mir zu viel gegeben«, sagte er und gab mir mein Wechselgeld zurück.

Ich spürte nichts, als wäre ich gefühlstaub. Roxanna und Helen rieten mir, friedlich auf Distanz zu Kwando zu gehen und vielleicht sogar eine Weile zu verreisen. Vincent meinte, ich solle mir Rat im Frauenministerium der Insel holen. Ich fand das niedrige, bescheidene Haus weit abseits des im Zentrum von Basseterre gelegenen

Hauptgebäudes der Regierung. In einem Konferenzraum mit einem großen Tisch und vielen Sesseln erzählte ich dem vom Ministerium bestellten Frauenberater, was geschehen war. Er erklärte mir, dass Frauen, die vor häuslicher Gewalt flohen, oft gefährdet waren. Die Männer wollten sie zurückhaben und übten noch mehr Gewalt aus. Er legte mir nahe, bei Gericht einen Schutzantrag einzubringen. Dafür müsse ich gleich am nächsten Tag vor Gericht aussagen. Kwando würde daraufhin ein Schreiben von der Polizei erhalten. Darin würde ihm bei Haftandrohung verboten, sich meinem Haus zu nähern und Kontakt mit mir aufzunehmen, auch telefonisch. Eine Woche später müssten wir beide vor Gericht erscheinen. Dort würde Kwando Gelegenheit haben, seinen Standpunkt mit oder ohne Anwalt vorzubringen. Die Richterin würde entscheiden, ob die Schutzanordnung aufrecht blieb.

Kwando rief mich mehrmals an. Einmal hob ich ab. Er bat mich um Vergebung.

»Wir gehören zusammen«, sagte er.

Ich wusste nicht, was ich sagen sollte. Auch wenn es mich tief traurig machte, musste ich Konsequenzen ziehen. Nach meiner Scheidung vor mehr als zehn Jahren hatte ich eigentlich nicht mehr wegen eines Mannes vor Gericht gehen wollen. Dennoch stand ich am nächsten Tag an einem Pult des Gerichtes. Ich schwor auf die Bibel, dass ich die Wahrheit und nichts als die Wahrheit sagen würde.

Nach meiner Aussage vor Gericht hätte ich gerne Pater Fowler gesehen. Er fehlte mir. Gleich neben dem Gericht befand sich die katholische Kirche der Stadt. Ich läutete an der Tür des Pfarrhauses. Ein Mann öffnete mir. Mit seinem langen Bart sah er wie ein Wüstenmönch aus, aber er war zu beleibt dafür. Trotz der Hitze trug er Sutane mit Römerkragen. Welch ein Kontrast zu Pater Fowler.

»Haben Sie etwas Zeit für mich? Ich möchte mit Ihnen sprechen«, sagte ich.

Er bat mich nach drinnen, ohne mir Erfrischungen anzubieten. Er stellte sich als Pater Jan aus Polen vor. Ruhig hörte er zu, während ich ihm von Kwando und mir erzählte. Mein ganzes Leid sprudelte aus mir heraus.

»Ich frage mich, wie ich die Fehler hätte vermeiden können«, sagte ich. »Vermutlich hätte ich mich mit diesem Mann gar nicht erst einlassen dürfen.«

»Etwas an dieser Verbindung muss schön gewesen sein«, antwortete Pater Jan.

Die Klimaanlage war voll aufgedreht. Die Wände waren hellblau, die Möbel modern und kühl. Mein Blick blieb auf den gehäkelten Tischdeckchen haften. Sie sahen polnisch aus.

»Willst du im Meer schwimmen oder hast du Angst, dass man dabei dein Auto stiehlt? Du kannst in der prallen Hitze bei deinem Auto bleiben, aber dann wirst du nicht im wunderbaren Meer schwimmen.« Der Pater lächelte vor sich hin. Wusste er, wie gut mir das Meer tat? Oder liebte dieser bodenständige Priester aus Mitteleuropa das karibische Meer genauso wie ich?

»Es braucht lange, um einen Menschen kennenzulernen«, fuhr er fort. »In Polen sagen wir, dass man mit einem Menschen ein Fass Salz gegessen haben muss, um ihn zu kennen. Manchmal muss man die Entscheidung treffen, dass eine Verbindung falsch ist. Zum Beispiel, wenn ein Mensch gegen deine Person, deine Freiheit und deine Würde verstoßen hat.«

Ich hob weiterhin nicht ab, wenn Kwando anrief. Wenn mein Handy seine Nummer anzeigte, klopfte mein Herz und ich konnte keinen Gedanken zu Ende führen. Hatte er den Schutzantrag noch nicht bekommen oder missachtete er ihn? Als ich zum Busbahnhof ging, bemerkte ich Kwando hinter mir. Er stand bei einer der Getränkebuden und wiegte sich hin und her, um meine Aufmerksamkeit zu erregen. Aber er war für mich gestorben. Niemand durfte so mit mir umgehen, wie Kwando es getan hatte. Zielstrebig ging ich zum Bus. Kwando folgte mir nicht. Er hatte die Nachricht der Polizei offenbar erhalten. Beim nächsten Mal würden wir uns vor Gericht treffen.

Die Verhandlung war für Donnerstag, den 16. März, angesetzt. In der Zwischenzeit bemühte ich mich, an meine Arbeit zu denken. Die Regierung strich wie befürchtet ihre Subventionen für unser Projekt. Ms Hills war auf meiner Seite, doch der Kirchenrat wollte das Projekt aufgeben. Bei einer Sitzung mit Pater Edward sagten sie, dass die Arbeit mit den Jugendlichen sinnlos sei. Ich schwärmte von unseren Erfolgen. Jamilla hatte eine richtige Anstellung in der Landwirtschaft bekommen. Auch Bishen, der direkt aus seiner Haft zu uns gekommen war, hatte einen Job gefunden.

Doch es war zwecklos. Der Kirchenrat hatte sich schon entschieden. Die Frauen saßen mit Pokermienen da und Ms Hills schüttelte den Kopf. Benommen verließ ich die Sitzung. Das Landwirtschaftsprojekt der Kirche, meine Beziehung mit Kwando, alles, was ich mir auf St. Kitts aufgebaut hatte, war zu Ende. Ich war an einem Punkt, an dem ich nicht weiterwusste.

Während ich auf die Gerichtsverhandlung wartete, meditierte ich täglich und ließ das Dach meines Hauses reparieren. Die Fledermäuse hatten es mit ihrem Unrat zersetzt. Es rostete und das Holz darunter war morsch geworden. Zefinaya, der junge Rasta-Tischler, den ich seit meinen ersten Tagen auf St. Kitts kannte, kümmerte sich darum. Er entfernte das Fledermausnest und ersetzte das Holz. Demnächst wollte ich das Haus weiß und die Holzrahmen hellgrün anmalen. Im Garten pflanzte ich schneeweiße Frangipani und strahlend gelbe Dschungeltrompeten aus der Pflanzenschule. Außerdem setzte ich einige der seltenen weißen Bougainvillea, die ich vermehrt hatte. Das Haus sollte mitten im Dorf gelb, weiß und grün für meinen Neustart ohne Kwando und ohne das Kirchenprojekt leuchten.

Um drei Uhr rief mich die Gerichtsdame in den Saal. Kwando hatte bereits Platz genommen. Die Richterin bat mich zu schildern, was sich an jenem Abend vor zehn Tagen zugetragen hatte und warum ich einen Schutzantrag eingebracht hatte. An der Sitzung nahm ein Polizeikommissar teil. Einige Zuhörer saßen auf den Bänken.

»Ich bin vor ihm davongerannt«, gab ich zu Protokoll. »Ich habe ein Auto angehalten. Ich wollte aus Angst um mein Leben in das Auto eines wildfremden Mannes steigen.«

Als diskretes Zeichen seines Verständnisses sah der Kommissar zu mir. Die Richterin sah Kwando an.

»Herr Harvey, möchten Sie jetzt Ihre Sicht der Dinge darlegen?«

Kwando stand auf.

»Madam Magistrate, wir hatten in den Tagen davor Streitereien. Als ich Lisuscha im Bett streichelte ...« Ein Murmeln ging durch den Saal. Der Kommissar sah zu mir. »... da hat sie mich gefragt, ob ich sie nur berühre, weil ich mit ihr Sex haben will.«

Einige Anwesende verließen beschämt den Gerichtssaal. Als ein junger Polizist ebenfalls hinausgehen wollte, rief ihn die Richterin zurück.

»Halt Officer, Sie brauche ich hier noch. Herr Harvey, fahren Sie bitte fort. Und sagen Sie uns nur Dinge, die für das Geschehen an diesem Abend relevant sind.«

»Ich will nur, dass Sie die Hintergründe verstehen«, sagte Kwando.

Die Richterin wandte sich zu mir.

»Ms Karamat, möchten Sie etwas dazu sagen?«

Gepeinigt starrte ich ins Leere. Hat Kwando kein Schamgefühl, fragte ich mich. Noch musste ich kämpfen und ruhig bleiben.

»Was ist es, worüber Paare streiten? Geld, Sex und Zuwendung«, sagte ich. »Der Berater des Frauenministeriums hat mir erklärt, dass es normal ist, dass es aus diesen Gründen zu Spannungen kommt. Aber das ist kein Grund für Terror und Gewalt.«

Der Berater hatte mir den Zyklus in Gewaltbeziehungen geschildert. Es kam zu Spannungen, die Spannungen eskalierten. Sie führten zu Gewaltandrohungen bis hin zum Gewaltausbruch. Danach folgten Reue, Versöhnung, die sogenannte rosige Zeit und eine normale Phase. In der meinte das Paar, dass sich die Beziehung verbessern und weiterentwickeln würde und die Ausbrüche Vergangenheit seien. Doch wenn wieder Spannungen aufkamen, begann der Zyklus von vorne. Genau so hatte ich es erlebt.

Kwando leugnete alles. Er sagte, dass wir beide getrunken hatten. Er habe mich nicht attackiert. Ich müsse das falsch verstanden haben.

»Fahren Sie fort, Herr Harvey«, sagte die Richterin.

Er habe mich nur sicher nach Hause bringen wollen und mich dabei vielleicht an der Schulter berührt, sagte Kwando.

»Ist das wahr, Ms Karamat?«, fragte die Richterin.

»Er hat mich auf offener Straße terrorisiert«, sagte ich. »Ich habe es mit ihm versucht und ihn nach den ersten Vorfällen dieser Art gewarnt. Ich habe ihm klar gemacht, dass sein Verhalten harte Folgen haben wird.«

Der Kommissar bestärkte mich mit einem Blick. Die Richterin kam auf unseren Besuch bei der Psychotherapeutin zu sprechen.

»Ob Kwando eine Therapie macht oder nicht, ist nicht mehr meine Angelegenheit. Ich will nur in Sicherheit leben«, sagte ich.

Kwando ächzte bitter und spöttisch.

Die Richterin schien überzeugt von meiner Darstellung.

»Herr Harvey«, sagte sie. »Sind Sie damit einverstanden, dass die Schutzanordnung aufrecht bleibt?«

»So soll es geschehen«, sagte Kwando. »Ich wollte die Beziehung ohnehin beenden.«

Der Polizeikommissar schielte zu mir, um meine erste Reaktion zu erhaschen.

»Wollen Sie noch etwas sagen?«, fragte mich die Richterin.

Ich schüttelte den Kopf. Kwando gab sich geschlagen, aber er hatte seinen Stolz. Den wollte ich ihm lassen.

»Herr Harvey, die Schutzanordnung bleibt aufrecht«, sagte die Richterin.

»Sehr gut, Madam Magistrate! Halten Sie mich fern von dieser Frau.«

»Das bedeutet für Sie ...«

»Ich weiß, was das bedeutet, Euer Ehren.«

»Ich muss es Ihnen vorlesen. Sie müssen sich fünfzig Meter von Ms Karamat fernhalten. Sie dürfen nicht in die Nähre ihres Hauses kommen. Sie dürfen sie nicht anrufen oder ihr Texte schicken.«

»Ich lösche ihre Nummer gleich.« Kwando holte sein Mobiltelefon aus der Hosentasche.

»Wenn Sie gegen diese Maßnahmen verstoßen, können Sie festgenommen werden.«

»Ist gut. Ich habe verstanden.«

Kwando ging an mir vorbei, ohne mich anzusehen. Noch immer jagte er mir eine Angst ein. Ich blieb eine Minute länger im Gerichtssaal, um meine Sachen zu packen. Draußen sah ich Kwando mit seinen Krücken stramm über den Unabhängigkeitsplatz weggehen.

»Adieu, mein nicht mehr lieber Freund«, sagte ich in Gedanken zu ihm. »Mach's gut in deinem Leben.«

Vor dem Gericht wartete ich, bis ich ihn nicht mehr sehen konnte.

Zu Hause verkroch ich mich in mein Bett und weinte und weinte. Tränen der Angst, der Trauer, der Erleichterung.

20

»Armer Kwando«, sagte Pater Fowler am Telefon. »Es hat sehr traurig geendet mit euch. Ihr wart beide liebestoll. Du warst so verliebt in diesen Mann. Du hast gestrahlt, wenn er bei dir war.«

Er hatte recht. Wie hatte ich diesen Mann geliebt, wie verbunden hatte ich mich ihm gefühlt. Wie sehr hatte ich seinen Körper für den besten auf dieser Welt gehalten. Wie stark hatte ich seine Gefühle gespürt.

»Es ist vorbei«, sagte ich.

»Eines steht fest«, sagte Pater Fowler. »Kwando wird nicht mehr so bald eine österreichische Cremeschnitte bekommen.«

»Vielleicht findet er zum Zuckerkuchen von St. Kitts zurück«, erwiderte ich.

»Vielleicht steht er nicht so darauf.«

Pater Fowlers Humor war die beste Therapie für Liebeskummer. Wenn er noch auf St. Kitts gewesen wäre, hätte dieses Gefühl des Verlustes vielleicht nicht so stark in mir genagt. Mit einem Kloß im Hals schlief ich ein und träumte.

Eine ständige Dunkelheit umgab mich in meiner Traumstadt. Das Haus, in dem ich wohnte, war geprägt von Wohlstand, aber stockdunkel. Dunkle Eiche, große Spiegel, ein wenig wie Batman's Haus in Gotham City. Ich wusste nicht, wie ich zu dem Haus in dieser düsteren Stadt gekommen war. Allmählich spürte ich Kwandos Anwesenheit im Haus. Ich hörte ihn auf und ab gehen. Das klickende, metallische Geräusch seiner Krücken war überall. Zwischen den Wänden, am Dachboden und im Keller.

»Ich glaube, er ist im Haus. Vielleicht hat er sich Kanäle zwischen den Wänden gebaut, um in den Keller und auf den Dachboden zu gelangen.«

Die Polizei nahm meine Meldung ernst. Mit Maschinengewehren bewaffnet rückten sie an. Sie durchsuchten die Nachbarhäuser nach Kwando. Sie gingen in alle Keller, um nach Kanälen oder Gängen zu meinem Haus zu suchen. Mussten sie das wirklich so hart angehen und Kwando so offen den Krieg erklären? Er würde nicht zurückweichen.

Als ich den Schlüssel auf den Tisch legte, sah ich ihn im finsteren Wohnzimmer. Er hatte mir den Rücken zugewandt. Angst packte mich.

»Ich will dir nicht wehtun«, sagte er, ohne sich umzudrehen.

»Was machst du in meinem Haus?«, würgte ich hervor.

»Ich will in deiner Nähe sein. Du wirst mich nicht sehen. Ich werde dir nicht im Weg stehen.« Seine melodiöse Bassstimme beruhigte mich.

Schweigend trat ich näher. Er hatte seine Rastalocken abgeschnitten. Ärmlich sah er aus mit den übriggebliebenen, zerzausten grauen Haaren. Er hatte seine Krone, seine Samson-Mähne abgeschnitten. Zum ersten Mal sah ich seinen dunklen kräftigen Nacken. Er saß aufrecht und bewegte sich nicht. Ich spürte seine Wärme.

»Die Polizei ist informiert. Sie suchen dich, Kwando«, sagte ich. Meine Stimme brach ab.

»Sie können mich nicht abhalten. Du kennst mich doch. Das ist sinnlos.«

Von der Straße hörte ich das Getrappel von einem Dutzend Männern in Stiefeln. Beim Lärm ihrer Geschoße zuckte ich zusammen und lief hinaus.

»Hört auf! Hört mit dem Wahnsinn auf!«

»Wir kriegen ihn. Wenn dieser einbeinige Rasta glaubt, dass er uns an der Nase herumführen kann, irrt er sich.«

»Hört auf!«, schrie ich. »Das ist zu viel. Tut ihm nicht weh.«

Kwando lag regungslos auf der Straße. Ich rannte zu ihm und kniete nieder. Der Asphalt der Straße war noch heiß von der Sonne. Er sah mich an und lächelte leise.

»Lisuscha ...«

»Kwando.«

Sachte legte ich seinen Kopf auf meinen Schoß.

»Es ging nicht mit uns, aber ich liebe dich mehr als das Leben.«

»Ich liebe dich auch, Kwando.«

»Trotzdem konntest du nicht mit mir umgehen.«

Weinend schüttelte ich den Kopf.

Er blickte friedlich zu mir auf.

»Ich habe mich jagen lassen wie ein wildes Tier wegen dir.«

»Ich wollte mich vor dir schützen.« Ich beugte mich zu ihm und legte meine Lippen auf seine heiße Stirn.

»Ich habe mein Bestes gegeben«, sagte ich.

»Das haben wir beide getan«, hauchte er. Seine Finger zuckten ein wenig, als wollte er nach mir greifen. Doch seine Arme bewegten sich nicht mehr.

»Kwando, alle Männer sind kleine Clowns im Vergleich zu dir.«

Er lächelte verschmitzt.

»Ich hab's dir gut gegeben, Baby«, sagte er.

Zärtlich küsste ich seinen Mund und strich ihm über den Bart. Seine Augen wichen nicht von mir, während er immer schwächer wurde. Im Garten des Nachbarhauses breiteten sich Flammen aus. Ein Balken einer Terrasse brach ein. Die Polizisten rannten ziellos umher. Eine Sirene ertönte in der Ferne. Ich kniete auf der Straße und hielt ihn. Der mächtige Kwando schloss die Augen.

»Kwando, nein!« Schmerzverzerrt schrie ich und zuckte im Bett auf. Mein Gesicht war schweißbedeckt. Der Traum war so intensiv gewesen, dass ich Kwandos Kopf noch in meinen Armen spürte. Bauchkrämpfe rissen mich hin und her. Ich dachte pausenlos an Kwando. Es kam mir vor, als würde er seit ein paar Tagen mit mir kommunizieren. Mit meiner Meditation stülpte ich mir eine Glasglocke über den Kopf, um die schlechten Energien abzublocken. Ich errichtete ein Schutzschild, ganz so, wie es mir Ms Janet geraten hatte. Aber waren es wirklich schlechte Energien? Viel eher bohrte sich der Schmerz der Trennung in mein Herz. Koliken und Durchfälle schwächten mich. Im Spital bekam ich Infusionen, weil ich zu viel Wasser verloren hatte. Wochenlang lag ich krank im Bett und an den wenigen Tagen, an denen ich aus dem Haus ging, sah ich Kwando nirgends.

Venus nahm Anteil an meiner Lage. Ich erzählte ihr, dass ich mit dem Kirchenprojekt gescheitert war.

»Wir sollten wirklich zusammenarbeiten«, sagte sie. »Ich wusste immer, dass wir es am Ende tun werden. Aber jetzt musst du dich auskurieren und an nichts anderes denken. Ich schicke dir Cleveland vorbei.«

Schon am nächsten Tag brachte ihr Mann Kräuter.

»Pfefferminze und Salbei für die Darmkrämpfe und Liebesbusch für deine Seele«, sagte er und kochte in meiner Küche einen Aufguss.

Ich war dankbar für die verlässlichen Freunde, die ich auf St. Kitts gewonnen hatte. Auch Vincent erkundigte sich nach meinem Befinden. Ich telefonierte im Bett mit ihm. Er erzählte mir von einer Begegnung mit Kwando am Busterminal.

»Er will sich in die Höhle auf seinem Grund zurückziehen«, sagte Vincent.

»Wie vor zwanzig Jahren nach seinem Motorradunfall«, sagte ich.

Das Ende unserer Beziehung hinterließ Spuren bei uns beiden. Mich plagten Darmprobleme und Kwando zog sich in seine Höhle zurück. Nach seinem Beinverlust hatte er drei ganze Monate dort oben verbracht. Halbherzig hörte ich Vincent zu, der überzeugt war, dass es auf St. Kitts mehr Gewalt als anderswo gab.

»In Europa ist die Gewalt nur nicht so sichtbar, auch weil sich die Frauen mehr schämen, Opfer zu sein«, sagte ich. »Auf St. Kitts wird etwas offener darüber gesprochen.«

Schließlich zwang ich mich, nach Basseterre zu fahren, um meine seit Wochen offenen Rechnungen zu bezahlen. Als ich nach St. Pauls zurückkam, waren die Fensterläden von Ms Cartys Geschäft geschlossen, obwohl es helllichter Tag war. Pralle, dunkelviolette Maschen zierten den alten Balkon. Adio saß auf den Stufen vor dem geschlossenen Geschäft.

Ich fragte ihn zögerlich nach Kwando.

»Keine Ahnung, wo er ist«, sagte Adio. Wenn nicht einmal Adio Kwando gesehen hatte, musste dieser tatsächlich in seiner Höhle untergetaucht sein. Kwando teilte meinen Schmerz. Ich war nicht allein. Bei der Vorstellung, wie Kwando oben auf seinem Land die Rettung verscheucht hatte, lächelte ich unwillkürlich.

»He, Lisuscha, alles okay?« Adio stellte sich vor mich hin und schüttelte mich leicht an den Schultern. »Vielleicht ist Kwando nach Dominica gegangen?«

»Wohin?«

»Nach Dominica, zu seinem Lehrer«, sagte Adio. »Kwando hat immer gesagt, er wird aus St. Kitts weggehen, wenn etwas zwischen euch kommt.«

Kwando war im Dschungel bei seinem Lehrer, mit Männern, die Wespennester im Bart hatten? Würde ich ihn je wiedersehen? Irgendwann wird er sicher zurückkommen, schließlich hat er seinen Grund auf St. Kitts, dachte ich.

Adio merkte, wie mein Blick auf den dunkelvioletten Maschen haftete.

»Ms Carty ist gestern gestorben«, sagte er.

»Was?«

»Am Sonntag musste sie ins Spital. Ihr Herz hat versagt.«

Mit Tränen in den Augen starrte ich auf die geschlossenen Läden. Die alte Frau mit den weißen Zöpfen, die jedes Geschehen im Dorf von ihrem Geschäft aus mitverfolgt hatte, war nicht mehr bei uns. Sie war von ihrer schrecklichen Arthritis erlöst. Wacklig auf den Beinen ging ich nach Hause.

Während ich vor der Bank am Circus auf Helen wartete, sah ich den Polizeikommissar aus der Gerichtsverhandlung. Mit einer Brotstange unter dem Arm ging er an mir vorbei.

»Alles in Ordnung bei Ihnen?«, fragte er. Andeutungsweise legte er seine Hand an den Rand der Mütze.

Ich winkte ihm zu.

»Du bist eine herausragend schöne Frau«, rief mir ein in Lumpen gekleideter Mann zu.

»Danke. Du hast auch ein schönes Gesicht.«

»Hast du ein bisschen Kleingeld für mich?«, fragte er.

Ich gab ihm ein paar Münzen.

Helen und ich gingen ins Balahoo mittagessen. Sie erzählte mir stolz von ihren Töchtern. Miranda und Sharida hatten die Schule in Nevis abgeschlossen und waren an der Universität von Toronto zum Studium zugelassen worden. Helen plante ein Abschiedsfest für die Zwillinge. Die Richterin meiner Verhandlung kam auch ins Balahoo. Ich grüßte sie und fragte sie ein wenig abseits im Lokal, ob sie es peinlich fand, was mir geschehen war.

»Nein, es ist nicht peinlich«, sagte sie. »Es gibt jedes Jahr fünfzig ähnliche Fälle auf der Insel. Solche Dinge passieren im Leben. Sie haben richtig gehandelt.«

Mit einer stummen Geste zeigte ich Helen ein Eck im Restaurant, das mit falschem Bambus abgetrennt war. Dort beugte sich Vincent lächelnd zu einer attraktiven Frau über den Tisch. Er war in ein angeregtes Gespräch mit ihr vertieft.

»Sie ist von hier, ich kenne ihre Familie«, sagte Helen. »Vincent scheint das Mittagessen ja sehr zu genießen. Du meine Güte, diese Typen.« Helen brachte mich nach Hause. Ich fühlte mich immer noch schwach.

»Seit der Gerichtsverhandlung plagt mich eine Darmverstimmung«, sagte ich.

Helen fühlte meine Stirn.

»Oder bist du vielleicht schwanger?«

»Dann wäre Kwando der Vater«, sagte ich. »Zuerst macht mir der Mann Probleme und dann sein Nachwuchs. Das wäre was.«

»Möglich ist alles.« Helen lachte leise.

»Es wäre ein schönes und großes Baby, das man mit einem Kaiserschnitt herausholen müsste.« Wie konnte ich über so etwas scherzen, nach allem, was geschehen war? Ich legte die Hand auf meinen Bauch.

»Du musst ihn vergessen und in deinem Leben weitergehen«, sagte Helen. »Du brauchst einen anderen Mann.«

»Kwando ist immer bei mir und ich könnte stundenlang über ihn sprechen«, sagte ich.

»Er hätte dir wehtun können. Du bist gut davongekommen. Provoziere dein Schicksal nicht.«

Heißer Karamellgeruch verbreitete sich, als wir vor Saddlers an einem brennenden Zuckerrohrfeld vorbeifuhren. Die brennenden Zuckerrohre knallten wie Schweizerkracher. Niemand wusste genau, warum die Felder in letzter Zeit immer wieder brannten. Viele meinten, dass die Feuerwehrmänner die Felder anzündeten, um versteckte Cannabisfelder zu vernichten. Andere meinten, dass Brandstifter am Werk seien. Die kostbare fruchtbare Erde von St. Kitts litt darunter. Wenn die Menschen so rücksichtslos mit ihr umgingen, würde sie ausdörren wie auf anderen karibischen Inseln.

Als wir den Brand hinter uns gelassen hatten und durch Saddlers fuhren, beugte ich mich aus dem Fenster und saugte die frische Luft ein. Ich zeigte auf den Vulkan.

»Sieh, da oben ist Kwandos Land«, sagte ich.

Bei dem Gedanken, dass Kwando vielleicht auf Dominica war, erschien mir sein Grundstück unendlich verlassen. Mein Blick verlor sich im Smaragdgrün der kühlen Hänge.

»Du hast ihn noch nicht überwunden«, sagte Helen.

»Nein. Und wer weiß, wie lange ich dafür brauchen werde.«

»Aber du gehst nicht zu ihm zurück?«

»Auf keinen Fall.«

Helen schwieg.

Ich betrachtete die Palmen. Immer mehr von ihnen starben an der gelben Krankheit. Wie würde St. Kitts aussehen, wenn die toten Stämme der Kokospalmen wie Telegrafenmaste aus der Landschaft ragten? Trist, so trist wie ich mich fühlte?

Cynthia musterte mich grimmig, als ich die Kirche betrat.

»Du kommst zu spät zur Chorprobe«, sagte sie.

Ich hätte mir einen freundlicheren Empfang gewünscht. Verschwitzt stellte ich meinen Rucksack mit den Einkäufen aus Basseterre auf die Kirchenbank. Mehr als ein Monat war ich nicht mehr in die Messe gekommen. Eigentlich war ich noch immer zu schwach für das zweistündige Singen. Die schattige Kirche wirkte nach der erdrückenden Hitze in der Stadt beruhigend auf mich. Kinder spielten auf der Wiese davor und lachten. Schüchtern kam ein Bub in die Kirche und setzte sich ans Schlagzeug. Mit konzentrierter Miene gab er einen Rhythmus wie für einen Militärmarsch an.

»Er lernt es schon noch«, sagte Ms Hills. Sie lächelte mild.

Die Kirchendamen wandten mir den Rücken zu und tratschten, während der Organist versuchte, mir im Schnellkurs die neuen Lieder beizubringen. Er begleitete mich auf der kleinen Orgel. Ich sang einen Psalm. Meine seelischen Wunden heilten allmählich und ein stiller Frieden wuchs in mir. Ich wollte meine Ängste in Offenheit und meine Vorbehalte gegen so viele Menschen in ein Verantwortungsgefühl umwandeln. Der Prozess war schmerzhaft und befreiend zugleich.

»Lisuscha, du singst bei unserem nächsten Benefizkonzert ein Solo«, sagte Steff, unsere Hauptstimme, ohne mich dabei anzusehen.

»Wirklich?« Stolz und Freude überkamen mich.

»Ja. Die Leute werden deine Stimme gern haben.«

Meine Hemmungen, allein vor Leuten zu singen, schwanden allmählich. Bald würde ich für ein Solo bereit sein.

Ein Gefühl der Ruhe und Zufriedenheit keimte in mir auf, während ich betete und meditierte. Es war doch alles gut, wie es war. Was auch geschah, Kwando würde ich immer lieben für das, was er mir großzügig gegeben hatte. Mit ihm hatte mein Herz gelernt, auf eine neue Art zu geben. Ich hatte Lust und Leidenschaft ausgekostet wie noch nie zuvor. Jetzt hatte ich die Möglichkeit, das Leben und die Schöpfung zu lieben und in dankbarer Erwartung anzunehmen, was mir das Universum noch bringen würde. Auf meiner geliebten Insel wollte ich ein Haus kaufen und meine Existenz weiter aufbauen. Eines Tages würden es meine Kinder vielleicht schätzen, ein Standbein außerhalb Europas zu haben.

Für Ende Juli hatte ich einen Heimaturlaub in Österreich gebucht. Bald würde ich meine Kinder wiedersehen. Sie hatten lange darüber geschimpft, dass ich nach St. Kitts gegangen war. Nun fanden sie sich mit der Lage ab. Sie verstanden, dass ich erfüllt war und sie trotz der Distanz nicht im Stich ließ.

Der Flug verging schnell. Ich sah drei Filme an, ging in den Gängen auf und ab und nahm zur Vorbeugung gegen Thrombosen ein halbes Aspirin und viel Flüssigkeit zu mir. In den Parfümerieläden des Flughafens Heathrow suchte ich meine Freundin Laura.

»Das ist das Richtige für Sie«, sagte eine Verkäuferin. Sie hatte rot bemalte Lippen und griff mit ihren knochigen Fingern nach einem Tiegel. »Damit kommen Sie lange aus.«

Das sagen sie immer, dachte ich. Mein Blick streifte durch die Parfümerie auf der Suche nach Laura. Sie war nirgends zu sehen.

Die Verkäuferin hielt mir mit ihren lackierten Krallen die gallertartige Substanz entgegen.

»Das ist ein sanftes und effizientes Fruchtpeeling für Ihre Flecken«, sagte sie.

»Hab ich wirklich so arge Flecken?«, fragte ich. Ich betrachtete mich in einem kleinen Spiegel, der auf dem hell beleuchteten gläsernen Regal mit den Cremen stand.

»Ihre Haut ist stark geschädigt«, sagte die Verkäuferin. »Sie sagen ja selbst, dass Sie in der Sonne leben.« Sie lächelte wie Cruella aus dem Film »101 Dalmatiner«. Ein Grauen beschlich mich, als ich die böse Fratze unter dem maskenhaften Gesicht bemerkte.

»Riecht nach Fruchtsäure«, sagte ich. Die Nase in das orange Gelee gesteckt, suchte ich nach Argumenten, mit denen ich dem Kauf des Produkts entkommen konnte. Auf dem Etikett des Tiegels stand auf Französisch, dass Fruchtsäure die Haut sonnenempfindlich macht. Erlöst übersetzte ich es. »Das ist nichts für die Karibik«, sagte ich.

Die Maske der Verkäuferin fiel ab. Sie riss mir das Peeling aus der Hand.

»Laura?« Auf einmal stand sie vor mir, im gleichen schwarzen Hosenanzug, mit dem gleichen weichen Lächeln und ihren geschwollenen Augensäcken. Nach eineinhalb Jahren hatte ich sie in Heathrow wiedergefunden.

»Sie sind nicht nach St. Kitts gekommen«, sagte ich.

»Ich möchte nächstes Jahr mit meiner Freundin fliegen. Gut sehen Sie aus«, sagte sie.

»Hab ich nicht zu viele Flecken von der Sonne?«

»Ach was, Sie sind vom Flug dehydriert. Kommen Sie, ich mache Ihnen das Gesicht.« Sie tränkte einen Wattebausch mit einer Flüssigkeit aus einer grünen Glasflasche. Eine kühle, nach Rosen duftende Nässe verbreitete sich über meine Wangen. Nach dem langen Flug schloss ich die Augen und schaltete die grellen Lichter und den Wirbel des Flughafens um mich aus. Laura massierte eine himmlische Feuchtigkeitscreme in meine durstige Haut.

»Am besten fliegen Sie im November«, sagte ich. »Da ist es nicht mehr so heiß und die Hurrikanzeit ist vorbei.«

Gestärkt von der Zeit mit meinen Kindern in Wien kam ich aus Europa zurück nach St. Kitts. Die Hälfte der dreißig Mangobäume, die ich für gutes Geld veredeln lassen hatte, war gefällt worden. Pater Edwards hatte sie eines Nachts mit der Machete umgehackt. Seine Frau gestand es mir, als ich mir die Bescherung in der Pflanzenschule ansah. Es war mir ein Rätsel, warum er das getan hatte.

Ich nahm Venus' Angebot an, mit ihr auf Clevelands Farm mit Jugendlichen zu arbeiten. Sie teilte mir den Kräutergarten zu. Gemeinsam mit den Risikojugendlichen sollte ich Kräuter anbauen. Die getrockneten Kräuter sollten wir an Supermärkte und Restaurants als Tees verkaufen und so ein Einkommen für das Projekt schaffen.

An einem Freitag sah ich Kwando wieder. Sechs Monate waren seit der Gerichtsverhandlung vergangen.

21

Wie eine Eule saß Kwando auf der Bank einer Bar und beobachtete das Geschehen. Keine Bewegung am Busterminal entging ihm. Er war also nicht nach Dominica verschwunden. Ich hatte ihn nur lange nicht gesehen. Mein Herz schlug schneller, als ich an ihm vorbeiging. Ernst nickten wir einander zu.

In den Wochen danach fuhr ich jeden Freitag in die Stadt und hoffte, Kwando beim Busterminal zu sehen. Nur sehen wollte ich ihn, sonst nichts. Meistens saß er tatsächlich unter dem Dach immer der gleichen Bar. Manchmal kam meine Wut hoch, wenn ich ihn sah. Dann ging ich böse an ihm vorbei, und er musterte mich, ohne eine Miene zu verziehen. Manchmal sahen wir uns misstrauisch von der Ferne an und er hob bedächtig die Hand zum Gruß. Bevor ich an einem Freitag wieder in die Stadt fuhr, griff ich nach einem neuen rosaroten Rock in meinem Schrank. Ich wusste, es war seine Lieblingsfarbe. Wollte ich damit seine Aufmerksamkeit wecken oder gab ich ihm sogar ein Zeichen? Ich analysierte es nicht weiter, sondern handelte einfach. Doch an diesem Freitag war Kwando von anderen Männern umgeben und ignorierte mich. Enttäuscht fragte ich mich, ob ich mir die stumme Übereinkunft über unsere freitäglichen Begegnungen nur einbildete. Die Luft war stickig heiß und es bahnte sich ein Sturm an. Vielleicht hatte Kwando in der Zwischenzeit eine andere Frau kennengelernt und sich endgültig von mir abgewandt. Justus hatte mir erzählt, dass eine junge amerikanische Affenforscherin auf die Insel gekommen war, um mit den Farmern zu sprechen. Sie hatte angeblich auch Kwando besucht.

Am frühen Abend erlöste ein Wind die Insel von der drückenden Hitze. Die Straßen leerten sich, denn über das Radio verbreitete sich Hurrikanalarm. Meteorologen nannten diesen Hurrikan Igor gemäß ihrer alphabetischen Liste. Er gewann an Stärke im karibischen Meer und würde in einigen Stunden St. Kitts erreichen. Die Sonne verschwand und der Wind bog die Kokospalmen vor dem hellgrauen Himmel. Mein Nachbar kletterte auf seinem Dach herum. Er entfernte herumliegende Stangen, die der Sturm in Geschoße verwandeln würde. Ich fragte mich, was Kwando in diesem Augenblick machte.

Hurrikan Igor näherte sich vom Meer wie eine graue Staubsaugerröhre, die den Himmel und das Meer miteinander verband und alles wegblies, das sich ihr in den Weg stellte. Ich machte die Fenster auf der Meerseite mit hölzernen Läden dicht und kippte die auf der anderen Seite. Auf die Art konnte der Druck im Haus nicht zu groß werden. Es pfiff durch alle Öffnungen meines Hauses. Igor hatte die Insel erreicht. Unter der Tür floss Wasser herein. Der Strom fiel aus. In der Nacht lag ich wach im Bett und starrte auf die flackernden Schatten der Sturmlampe an der Decke.

»Igor ist ein langanhaltender, breit gestreuter Hurrikan, sein Auge ist jetzt in St. Martin«, schrieb mir Helen per SMS. Sie fragte nach, ob bei mir alles in Ordnung sei und ob ich mir gerade einen Mann herbeisehnte.

»Kwando sollte jetzt besser auf seine alte Mutter aufpassen«, tippte ich reflexartig auf meinem Blackberry, der meine einzige Verbindung zur Außenwelt war.

Igor wütete die ganze Nacht.

Am frühen Morgen erwachte ich, überrascht darüber, dass ich trotz des laut aufs Dach hämmernden Regens eingeschlafen war. Der Strom funktionierte noch immer nicht. Igor brauste noch ums Haus. Doch er hatte die Richtung gewechselt. Ich rannte, um die Fenster auf der Landseite des Hauses abzudichten und die an der Meerseite zu kippen. Der Sturm donnerte Einzelteile von Ms Janets umgekipptem Wellblechzaun durch die Straße. Ich war sicher, dass er auch auf den Feldern einigen Schaden angerichtet hatte. Während es draußen grollte, sah ich angespannt auf mein Mobiltelefon, bis ich die Tasten drückte, um Kwando zum ersten Mal seit der Gerichtsverhandlung anzurufen. Ich wusste nicht, was ich ihm sagen sollte. Vielleicht würde ich ihn gar nicht erreichen.

»Hallo Kwando?«

»Hallo.« Er klang verschlafen und ein wenig überrascht über meinen Anruf.

»Alles in Ordnung bei euch in Saddlers?«

Seine Mutter und er würden den Sturm gut überstehen, aber er sei krank, sagte er. Ich fragte mich, ob er von seinem gebrochenen Herzen sprach.

»Was hast du?«, fragte ich.

»Du warst lang genug in meinem Leben, um zu wissen, was ich meine«, sagte er. Er bat mich, ihn anzurufen, wenn er wieder in besserer Verfassung sei.

Ich atmete auf. Die Fenster quietschten noch, obwohl sich Igor allmählich beruhigte. Wir hatten den Hurrikan überlebt. Kwando liebte mich noch immer. Und ich ihn auch.

Wir trafen uns am Strand des Dorfes Halfwaytree, ganz in der Nähe von Venus' Projekt.

»Du hast Muskeln zugelegt«, sagte ich.

»Ich trainiere wieder viel«, sagte er.

Er stand jeden Morgen um fünf Uhr auf und trainierte zwei Stunden lang in einem leeren Zimmer seines Elternhauses. In der Zeit, in der wir uns nicht gesehen hatten, hatten sich sowohl Kwando als auch ich zurückgezogen. Ich hatte nach den vielen Jahren des Herumreisens als Diplomatin endgültig beschlossen, auf dieser kleinen Insel sesshaft zu werden. Kwando hatte nicht nur sein Training intensiviert, er hatte auch zu trinken und zu rauchen aufgehört. Er hatte erkannt, dass das Trinken seine Wut auslöste und alte Wunden seiner Seele aufriss. Und das führte zu seinen Momenten des Kontrollverlustes.

»Warum trainierst du so viel?«, fragte ich ihn.

»Ich will mich endgültig vom Kämpfen verabschieden und mich ganz meinem spirituellen Weg widmen«, sagte er. »Aber vorher will ich noch einen letzten Kampf haben.«

Mit einem alten Taekwondo-Lehrer aus Basseterre, den er von früher kannte, hatte er schon alles besprochen. Es sollte ein Schaukampf werden.

»Es wird mein letzter Kampf sein«, sagte Kwando. »So heißt auch die Veranstaltung.«

»Der letzte Kampf?«

»Genau. Ich habe mich nach meinem Unfall nie richtig vom Taekwondo verabschiedet. Ich war voller Wut und habe weiter trainiert. Immer wieder habe ich mich provozieren lassen. Das wird jetzt ein Ende haben.«

Der alte Taekwondo-Meister wollte sogar das lokale Fernsehen zur Übertragung des Kampfes einladen. Viele Menschen sollten zusehen.

»Men Gegner wird der Ninja sein«, sagte Kwando.

»Wer ist das?«, fragte ich.

»Der Ninja ist der einzige Kämpfer, der mir gewachsen ist«, sagte Kwando.

Der Ninja stammte aus Antigua. Er war seit Kwandos Jugend sein größter Konkurrent gewesen und hatte als der stärkste Taekwondo-Kämpfer der Karibik gegolten.

»Er wird kommen, wenn ich ihn herausfordere«, sagte Kwando.

Es gab noch kein Datum für den Kampf, doch er sollte noch vor Weihnachten steigen.

Vorsichtig tasteten Kwando und ich uns wieder aneinander heran. Wir saßen auf Steinen am Strand und redeten darüber, was zwischen uns geschehen war und was wir seitdem erlebt hatten.

Einmal trafen wir in Basseterre Yvette, die Kwando vor einem Jahr in Nevis behandelt hatte. Das Bild von Kwando, wie er die Bibel verkehrt hielt und Psalmen las, hatte sich mir eingeprägt.
Yvette hatte stark abgenommen und ihre Schwellungen waren verschwunden. Sie wirkte fröhlich und bewegte sich locker. Yvette erzählte, dass sie mit ihren Kindern und ihrem neuen Lebensgefährten St. Kitts verlassen wolle.

»Hast du verstanden, was sie gesagt hat?«, fragte mich Kwando hinterher.

»Nur ungefähr. Sie redet so schnell. Aber ich habe gesehen, dass sie geheilt ist.«

»Erinnerst du dich an Ms Phipps? Ich habe dir von ihr erzählt«, sagte Kwando.

Ich nickte. Ms Phipps war jene Frau, aus deren Haus er Jumbies entfernt hatte. Sie und ihr Sohn hatten behauptet, dass er die falschen Geister entfernt hatte. Mit Hilfe von Dämonen hatten sie ihn töten wollen.

»Was ist mit ihr?«, fragte ich.

»Yvette hat mir erzählt, dass Ms Phipps heute Morgen gestorben ist«, sagte Kwando. »Sie hat ein halbes Jahr gelitten, nachdem ihr linkes Bein auf unerklärliche Weise abgestorben ist. Mein Krieg mit den Phipps ist damit zu Ende.« Der Sohn war bereits vor einem halben Jahr an seinem Gewächs gestorben. Innerhalb eines Jahres waren beide umgekommen, nachdem sie Kwando durch Obeah umbringen hatten wollen und er ihnen ihre böse Energie zurückgesendet hatte.

»Dieser Sumpf aus schlechten Energien hat mich beinahe wahnsinnig gemacht«, sagte Kwando.

Ich dachte an Ms Janet. Sie hatte mir erklärt, dass negative Energien an Kwando hafteten, vor denen ich mich schützen müsse.

»Die Erfahrung mit den Phipps hat mir gezeigt, dass ich besondere Kräfte habe. Ich muss anders leben, wenn ich meine Arbeit gut machen will«, sagte Kwando. »Ich werde auch kein Gras mehr rauchen.« Mit dem Trinken hatte er gleich nach der Gerichtsverhandlung aufgehört. Stattdessen wollte er sich in Zukunft mehr auf seinen Grund oben am Berg zurückziehen, um zu meditieren und seine Kräfte zu entwickeln.

Roxanna erzählte mir per Skype, dass ihre therapeutische Ausbildung abgeschlossen war. Aber mit der Gründung eines Instituts auf Rhodos wollte sie warten. Roxanna ließ sich nach Budapest versetzen. Ein paar Jahre würde sie im Außendienst weiterarbeiten. So lange ihr Sohn studierte, wollte sie den Sprung in die Unabhängigkeit nicht wagen. Das Ministerium hatte ihr angeboten, ihre Coaching-Kenntnisse an der Botschaft einzusetzen, um Konflikte am Arbeitsplatz zu bewältigen. Roxanna hatte ihr Talent dafür schon in unserer gemeinsamen Zeit in Brüssel bewiesen. Nicht jeder muss sein altes Leben so komplett hinter sich lassen wie ich, um Erfüllung zu finden, dachte ich.

»Genug über mich gesprochen. Wie geht es mit dir und Kwando weiter?«, fragte Roxanna.

Kwando hatte ich anfangs noch misstraut, erklärte ich ihr. Ich hatte befürchtet, dass wir im Zyklus der Gewalt nur in der nächsten rosigen Phase waren, mit allem, was hinterher folgen musste. Doch Kwando hatte sich wirklich gewandelt. Monate vergingen, in denen ich ihn beobachtete und in denen wir uns besser verstehen lernten. Er spürte jetzt, wenn ich Distanz brauchte. Er nahm es als etwas Europäisches und respektierte es. Ich verstand, dass es der Lebensart auf St. Kitts entsprach, einander sehr viel räumliche Nähe zu geben. Ich tat mein Bestes, um ihm dabei entgegenzukommen.

»Ich bin noch immer vorsichtig, aber es geht uns gut. Es ist unglaublich. Wie ist es möglich, dass jemand wie Kwando, der solche Wunden hat, Menschen heilen kann?«, fragte ich.

»Nur verwundete Heiler können heilen«, sagte Roxanna.

Ich beschrieb Roxanna, wie Kwando sich nun selbst von den Wunden heilte, die ihn so wütend gemacht hatten. Er ging es gezielt an und ich staunte über die Fortschritte.

»Sein Heilungsprozess verläuft schneller und effizienter als bei Menschen ohne spirituelle Gabe«, sagte Roxanna. »Ich bin so froh …« Ihre Stimme brach ab. Ich wusste, dass sie lautlos weinte. Wir schwiegen beide einen Moment lang. »Das Wunder eurer Liebe heilt alles. Es wird gut.«

Vincents psychisch kranke Schwester in Amerika nahm sich das Leben. Für das Begräbnis fuhr Vincent nach Nebraska. Als er zurück auf der Insel war, zog er sich zurück. In seiner Trauer trank er zu viel, erzählte mir Mary Kay, als ich sie eines Abends anrief. Das war fatal, denn er litt an fortgeschrittenem Diabetes. Mary Kay sagte mir, dass es schlecht lief zwischen ihnen.

»Er ist so negativ. Er zieht mich dabei herunter«, sagte sie. Sie redete viel von ihrem Exmann, der sie viele Jahre lang betrogen und vernachlässigt hatte.

»Vincents Einsatz auf St. Kitts geht bald zu Ende. Ich will noch ein Jahr länger bleiben«, sagte Mary Kay. »Ich will es genießen. Gehen wir doch wieder zum Strand. Kwando wollte, dass ich den Pump-Bay-Strand kennenlerne.«

»Gut, dass wir noch Zeit miteinander haben werden.« Mary Kay war mir ans Herz gewachsen. Das Traumpaar Mary Kay und Vincent schien jedoch auseinanderzugehen.

Eine Woche vor seiner geplanten Rückreise in die USA brach Vincent zusammen und musste ins Spital. Kwando und ich wollten ihn besuchen. Davor holten wir Hildred in ihrem Heim ab. Als wir entlang des Zauns zum Eingang gingen, zeigte Kwando auf einen verlassenen, zerfallenen Trakt.

»Hier waren früher Patienten der Psychiatrie eingesperrt«, sagte er. Die stockfinsteren Zellen hatten keine Fenster, nur verrostete Eisengitter. »Hildred war ganz am Anfang auch hier. Sie haben sie mit Medikamenten fertiggemacht.« Die eine Spritze, die Kwando bekommen hatte, hatte ihm gereicht, um das zu verstehen. »Dann hat sie auch noch ein Wärter vergewaltigt. Sie war damals sechzehn.«

Ich fragte mich, was mit Hildred geschehen würde. Sie konnte nicht in diesem Heim bleiben. In Kwando und mir reifte seit Längerem der Gedanke, dass Hildred eines Tages mit uns auf seinem Grund leben würde.

»Stennett«, rief Hildred von Weitem.

Er lächelte. Die anderen Heiminsassen saßen aufgefädelt auf der Veranda und starrten den seltenen Besuch an. Bruder und Schwester umarmten einander vorsichtig. Kwando packte eine weiße Strickjacke aus.

»Lisuscha sagt, die könnte dir passen«, sagte er.

Zu dritt gingen wir zum Spital.

»Du wirst zu dick, Hildred«, sagte Kwando. »Du machst keine Bewegung.«

Vincents Augen leuchteten kurz auf, als er Kwando und Hildred zusammen sah. Er freute sich auch über die Salami, die ich ihm mitbrachte.

»Du hast keine Ahnung, wie wenig die uns hier zu essen geben«, sagte er. »Ich will nur raus hier und dann endlich weg aus St. Kitts.«

»Meinst du, du kommst einmal nach St. Kitts zurück?«, fragte ich.

»Garantiert nicht.« Vincents Hände zitterten, während er eine Scheibe Salami aß.

Hildred zwinkerte mir zu. Kwando gab mir ein Zeichen, dass ich jeden Kommentar bleiben lassen solle. Wir schwiegen alle für eine Weile. Der Doktor war zum Patienten geworden. Er lächelte uns abwesend an. In seinen Gedanken hatte er mit der Insel abgeschlossen und war schon weit weg.

Als wir das Spital verließen, rief mich Venus an.

»Hi Darling«, sagte sie. »Wo bist du?«

Mit ihr zu arbeiten tat mir gut. Ihre herzliche, zuvorkommende Art war ein Kontrastprogramm zur kühlen Teilnahmslosigkeit der Kirchenleute.

»Wir haben einen Freund im Krankenhaus besucht«, sagte ich.

»Ich habe neue Kräutersamen bekommen«, sagte Venus. »Ich freue mich auf dich.«

Kwando und ich fuhren zum Strand des Marriotthotels an der Atlantikseite der Insel. Er wollte, dass ich die Affenforscherin kennenlernte. Getränke, Essen und Service des einzigen großen Hotels auf der Insel waren für amerikanische Gäste maßgeschneidert. Die Touristen liebten es, ihre Daiquiris an der Pool-Bar zu trinken, während die Sonne ihre Rücken krebsrot brannte. Am anderen Ende des gewundenen Schwimmbads fand gerade eine Wasseraerobicstunde statt. Ein Animator führte eine Gruppe eifrig jauchzender Frauen im Wasser an. Wir fanden Terry, die Affenforscherin, mit einer Frau vom Peace Corps unter einem Sonnenschirm.

»Hi Lisuscha, ich bin Terry«, sagte sie.

Sie schrieb eine Doktorarbeit über Primatenforschung, war viel gereist und hatte das Zusammenleben der Menschen mit den Affen studiert. Sie sagte, dass sie noch nie so eine angespannte Situation zwischen Menschen und Primaten wie auf St. Kitts erlebt hatte. Hunde könnten gezielt trainiert werden, um Affen zu verjagen, meinte sie. Sie hatte braune Locken wie ich und war fit und braungebrannt.

»Lisuscha, sag mir, wo hast du diesen Typen gefunden?«, fragte Terry und tapste Kwando neckisch auf den Oberschenkel. Sie flirtete ungeniert mit ihm.

Ich brachte kein Wort heraus.

»Eigentlich habe ich sie gefunden«, sagte Kwando mit ruhiger, tiefer Stimme. Dankbar sah ich zu ihm.

Terry schwärmte, wie schön sie Kwandos Farm am Berg unter dem Regenwald gefunden hatte. Es war nur die Frage, wie er das Affenproblem in den Griff bekommen konnte. Die Affenforscherin hatte keine Lösung.

»Kwando, du kannst mit Bienen sprechen, also kannst du auch Affen zähmen«, sagte sie. Spielerisch wackelte sie mit ihren violett bemalten Zehen.

Kwando lächelte verlegen.

»Vielleicht bringen wir die Affen so weit, dass sie das Gemüse für uns ernten«, sagte Kwando. »Nach der Arbeit gibt es Bananen und Rum für sie.«

»Das wäre wie Sklaverei«, sagte Terry.

Kwando sah sie daraufhin ernst an. Sie schlürfte unbekümmert an ihrem Kokos-Smoothie.

»Ich liebe die Männer hier«, sagte Terry. »Fantastisch, wie sie gehen, wie sie aussehen. Ihre schwarze Haut glänzt im Wasser, als wären sie mit Diamanten und Perlen übersät.« Sie spähte zu Kwando, der auf der Kante meines Liegestuhls saß. »Und sie sind so entgegenkommend. Als weiße Frau bekomme ich hier sogar mehr Aufmerksamkeit als in Tansania.«

Sie kicherte und legte den Strohhalm des Shakes an ihre Lippen. Kwando bemerkte meinen Unmut und gab das Zeichen zum Aufbruch. Er wollte keine Spielchen spielen und ich liebte ihn dafür.

An diesem Abend kam Kwando zum ersten Mal wieder mit zu mir. Wir aßen einen Fisch, den wir mitgebracht hatten. Als wir am

Bett lagen, glitten Kwandos Lippen meinen Hals entlang und seine großen Hände streichelten meinen Kopf. Durch meinen Körper floss Erregung, als ich seinen starken Drang spürte. Seine rauen Fingerspitzen spielten mit meinen Brüsten. Meine Hand glitt seinen harten, muskulösen Bauch entlang.

»Kwando, komm zu mir«, flüsterte ich. »Du warst immer der Eine und wirst es immer sein.«

Er stöhnte auf, als ich in seine Brustwarze biss. Er führte mich in ein tiefes Labyrinth von Wahrnehmungen, und ich folgte ihm, bis ich selbst meinen Weg fand.

Er war der Mann mit der Fähigkeit, mich an seiner Liebe und seiner Leidenschaft genesen zu lassen. Ich spürte seine wärmende Kraft in mir, als er leise kam. Still lag er auf mir und ich fühlte Frieden wie seit langen Monaten nicht mehr. Als ich ihn kennengelernt hatte, hatte ich gewusst, dass ich mit ihm gehen musste. Sonst hätte ich der Liebe und dem Leben den Rücken gekehrt. Er hatte mein Feuer entzündet, bevor ich in meiner Eiswüste endgültig verlorengegangen war. Mein Körper, der jahrelang von Unbeweglichkeit und Schmerzen im Nacken geplagt gewesen war, heilte unter seinen Händen. Gestärkt und befreit von alten Lasten konnte ich liebevoll in das Licht des Lebens blicken.

Am nächsten Tag gingen wir zum Gericht, um die Schutzanordnung aufheben zu lassen. Die Richterin ermahnte Kwando.

»Sie dürfen Ihre Freundin nicht öffentlich mit Beschimpfungen demütigen oder sie in irgendeiner Weise körperlich angreifen.«

»Es wird nicht mehr vorkommen«, sagte Kwando.

»Es wäre sehr unvorteilhaft für Sie, wenn wir uns deswegen wiedersehen. Habe ich mich klar ausgedrückt, Mister Harvey?«

Danach setzten wir uns schweigend auf eine Bank am Unabhängigkeitsplatz. Kwando hatte Kokosnusswasser mitgebracht.

»Sind wir wieder zurück am Start?«, fragte er nachdenklich.

Nein, das waren wir nicht. Wir hatten schon viel durchgemacht und viel übereinander gelernt. Mein Selbstwertgefühl war im vergangenen halben Jahr gewachsen und deshalb hatten sich auch meine Erwartungen an eine Liebesbeziehung geändert. Ich ging mit mir selbst liebevoller um und bekam das auch von Kwando zurück. Als wir zum Hafen kamen, beobachteten uns einige Touristen. Wir gaben wohl ein seltsames Paar ab. Aber ich genoss die Blicke. Beinahe war ich eine Kittitian geworden. Ich war aus einer Welt gekommen, in der Begegnungen standardisiert und unverbindlich abliefen. Hier konnte ich meine alte Angewohnheit, so vieles abzublocken, endgültig ablegen. Die Touristen sollten nur staunen. Ich war stolz darauf, mit meinem Honigmann am Hafen ein Eis zu essen.

Nicht nur Kwando hatte aufgehört zu kämpfen, sondern auch ich. Mit dieser Liebe konnte ich alles überwinden. Wenn die Touristen mehr über uns gewusst hätten, hätten sie sich vielleicht gefragt, was eine Karrierediplomatin bewegt hatte, alles für einen einbeinigen Rastamann hinter sich zu lassen. Ich kannte die Antwort. Es ging nicht darum, was wir im Leben taten oder besaßen. Unser Beruf, unser Einkommen, auf das die Europäer so viel Wert legten, konnte innerhalb eines Tages schwinden, wie die Wirtschaftskrise zeigte. Ich hatte meinen Seelengefährten und mein Glück auf dieser wunderschönen Insel gefunden. Wie seine Königin blühte ich hier mit ihm auf. Er zeigte mir, wie wunderbar ich war. Nach einem Tag der harten Arbeit fühlte ich mich in seiner Umarmung sicher. Bei ihm konnte mir nichts passieren und meine alten Wunden konnten heilen. Er würde mich nicht im Stich lassen. Er liebte mich ohne Wenn und Aber.

Um mit so einem Mann leben zu können, musste ich selbst spirituell wachsen. Nach den Jahren der Übung nahmen mein Gebet und meine Meditation Form an. Ich gewann an Kraft. Nicht nur ich spürte das.

Eines Nachmittags schaute ich bei Helen vorbei. Als Irina, die Frau, die ihr im Haushalt half, in den Raum kam, riss sie die Augen auf.

»Ihr kennt euch doch«, sagte Helen.

Irina wich einige Schritte vor mir zurück. »Ja, schon.« Ihre Stimme klang dünn.

Helen erzählte ihr, dass ich mit Kwando zusammenlebte und dass Kwando ein Heiler war und verhexten Menschen half.

Irinas Augen wurden feucht.

»Wie schaffst du es mit so einem Mann?«, fragte sie. »Das ist eine große Verantwortung. Sehr viel geht in ihm vor.«

Stark und gütig fühlte ich mich in diesem Moment. Ich streckte meine Hände in ihre Richtung, aber sie reagierte nicht. Sie sah mich nur an mit ihren leuchtenden Augen.

Helen gab mir eine »Ting«-Limonade zu trinken. Wir setzten uns auf die Terrasse und sie erzählte mir, dass sie verreisen wollte. Ihr Bauvorhaben auf St. Kitts lief nicht wie geplant. Die Banken finanzierten es nicht zu den Konditionen, mit denen sie kalkuliert hatte. Es waren wirtschaftlich harte Zeiten und die Banken waren nicht mehr so großzügig wie noch vor einigen Jahren. Helen wollte einen Ortswechsel, um neue Ideen zu bekommen. Zuerst wollte sie ihre Töchter nach Kanada begleiten und danach einige Monate bei ihrer Schwester in Washington verbringen. Ich trank mein Glas leer und wollte schnell zu Kwando nach Hause. Während ich sesshaft werde, bleibt Helen die alte Nomadin, dachte ich, als ich ihr Haus verließ und auf den Bus wartete.

Kwando und ich nahmen Hildred an den Strand mit. Während ich meinen Rücken im heißen Sand wärmte, spielte Kwando mit kleinen Muscheln, die er gesammelt hat. Hildred knüpfte zufrieden einen Korb aus Schraubenbaumblättern, die Kwando für sie abgeschnitten hatte.

»Ich war ein verwundeter Heiler«, sagte er.

Erstaunt sah ich ihn an. Genau das Gleiche hatte Roxanna über ihn gesagt.

»Hab Geduld mit mir, gib mich nicht auf«, sagte er.

»Wann ist dein Kampf mit dem Ninja?«, fragte ich.

»Der Ninja hat zwanzig Kilo zugenommen und kämpft nicht mehr«, antwortete er. »Das macht nichts. Ich brauche keinen Abschlusskampf mehr, um mich zu verabschieden. Ich bin schon weiter.«

Eine friedliche Stille umgab uns am Strand. Nur das rhythmische Rauschen des Meeres war zu hören. Kwando holte eine Plastikflasche aus seinem Rucksack.

»Für dich«, sagte er. »Du liebst doch Sauersacksaft. Ich glaube, ich habe das beste Rezept.«

Kwando hatte beschlossen, auf seiner Farm Bienen zu züchten und ihren Honig zu verkaufen. Mit dem Tischler arbeitete er bereits an den Bienenstöcken.

»Wir brauchen auch zwei Pferde für die Farm«, sagte er. »Wirst du mit mir reiten?«

»Ich weiß nicht.« Ich berührte meinen Nacken.

»Mit mir wirst du wieder reiten, nur auf der Farm«, sagte er. »Ich passe auf dich auf, keine Sorge. Machen wir das?«

Glück durchströmte mich. Ich wusste, ich konnte Kwando vertrauen.

»Das machen wir.« Ich schlang meine Arme um ihn. Das Leben war ein Abenteuer mit Kwando. Ich wollte den holzigen und blumigen Duft in der kleinen Grube seines Halsansatzes bis in alle Ewigkeit einatmen.